ANONYMUS

Traktat über die drei Betrüger

Traité des trois imposteurs
(L'esprit de Mr. Benoit de Spinosa)

Kritisch herausgegeben, übersetzt,
kommentiert und mit einer Einleitung
versehen von

Winfried Schröder

Französisch – deutsch

FELIX MEINER VERLAG
HAMBURG

PHILOSOPHISCHE BIBLIOTHEK BAND 452

Die Deutsche Bibliothek – CIP-Einheitsaufnahme

Traktat über die drei Betrüger : französisch-deutsch = Traité
des trois imposteurs / Anonymus. Übers., kritisch hrsg.,
kommentiert und mit einer Einl. vers. von Winfried Schröder.
– Hamburg : Meiner, 1992
    (Philosophische Bibliothek ; Bd. 452)
    Einheitssacht.: Traité des trois imposteurs
    ISBN 3-7873-1174-2
NE: Schröder, Winfried [Hrsg.]; PT; GT

INHALT

ANONYMUS

Traité des trois imposteurs
Traktat über die drei Betrüger

Text und Übersetzung

EINLEITUNG

*Jamais vingt volumes in folio feront une
révolution; ce sont les petits livres portatifs
qui sont à craindre.*   Voltaire

I

Die Aufklärung hat aufs Ganze gesehen, so entschieden sie sich
der Vorurteilskritik und der Emanzipation von rational nicht zu
rechtfertigenden Traditionen verschrieben hatte, dennoch nicht
den völligen Bruch mit der christlich geprägten Tradition ange-
strebt. Ihre Protagonisten ebenso wie die Mehrzahl ihrer weniger
prominenten Vertreter verstanden sich, auch indem sie sich um
die Abtragung der supranaturalen und abergläubischen Überfor-
mungen des Christentums bemühten, eher als Sachwalter seines
rational affirmierbaren Kerns denn als Totengräber der Religion
überhaupt. Schon früh jedoch formierten sich am Rande der viel-
gestaltigen historischen Bewegung, die wir retrospektiv ›Aufklärung‹ nennen, Strömungen, die den emanzipatorischen Impuls
zu einem Radikalismus vorantrieben, der sich nicht mehr mit einer läuternden – und damit ›rettenden‹ – Kritik des Hergebrachten begnügte, sondern auf dessen Abschaffung aus war.[1] Im
Gegensatz zu der Spätphase der Aufklärung, in der diese in einen

---

[1] Über diese zumeist im Untergrund zirkulierenden und deshalb mit
dem Sammelbegriff ›littérature clandestine‹ zusammengefaßten Texte der
Radikalaufklärung vgl. I. O. Wade: *The Clandestine Organization and
Diffusion of Philosophic Ideas in France from 1700 to 1750.* [¹1938] New
York 1967; weitere Literatur bei O. Bloch (Hrsg.): *Le matérialisme du
XVIIIᵉ siècle et la littérature clandestine.* Paris 1982; M. Benítez: *Maté-
riaux pour un inventaire des manuscrits philosophiques clandestins des
XVIIᵉ et XVIIIᵉ siècles.* In: Rivista di storia della filosofia 43 (1988)
S. 501–531; hier auch Hinweise auf Neuausgaben clandestiner Texte.
Für die deutsche Aufklärung vgl. die Textsammlung *Philosophische*

ausführlichen Prozeß der Selbstverständigung über ihr Programm eintreten sollte[2], hat die radikalaufklärerische Strömung,
die im späten 17. Jahrhundert einsetzte, keinen Text hinterlassen,
der ausdrücklich als ihre Programmschrift intendiert gewesen
wäre. Kein anderer Text aber könnte diesen Titel mit größerem
Recht beanspruchen als der *Traité des trois imposteurs*. In diesem
wohl im letzten Viertel des 17. Jahrhunderts entstandenen Text
wird die Vorurteilskritik verschärft und auf Bereiche ausgedehnt,
die bis dahin von ihr weitgehend verschont geblieben waren und
die die gemäßigte Aufklärung auch weiterhin unangetastet lassen
sollte. Nicht allein auf die üblichen Gegenstände der Vorurteilskritik wie Aberglaube, Intoleranz, Wunder- und Dämonen-
glaube, sondern auch auf die zentralen Glaubensinhalte und
Geschichten der christlich-jüdischen Religion und sogar auf die
beiden Stifterfiguren Moses und Christus, von denen zumindest
der letztere bis dahin eine nahezu allgemein respektierte Immu-
nität genossen hatte, richtet sich der Angriff. Überboten wird
auch die Offenbarungskritik des Deismus: Nicht allein bestimmte Inhalte der Offenbarungsreligionen werden verworfen,
sondern der vermeintliche Vorgang einer Offenbarung Gottes als
solcher wird mit dem Verdacht des Betruges belegt. Der Radikalismus des *Traité* zeigt sich vollends darin, daß nicht nur die
Offenbarung, sondern auch jene Lehren von Gott, die man ohne
Rückgriff auf übernatürliche Quellen, allein mit philosophischen Mitteln gewonnen zu haben beanspruchte und deshalb
›natürliche Theologie‹ bzw. ›natürliche Religion‹ nannte, als ein
Bündel von Vorurteilen entlarvt wird, die der rationalen Prüfung
nicht standhalten. Während viele Religionskritiker dieser Zeit
eine solche Vernunftreligion bzw. ›natürliche Religion‹ als un-
entbehrliches Korrektiv der Offenbarungsreligionen betrachte-
ten, destruiert der *Traité* ihre wichtigsten Elemente: die Lehre

Clandestina der deutschen Aufklärung, unter Mitarb. von U. Meyer
hrsg. M. Pott. Stuttgart-Bad Cannstatt 1992ff.
    [2] Vgl. W. Schneiders: *Die wahre Aufklärung. Zum Selbstverständnis
der deutschen Aufklärung.* Freiburg / München 1974; N. Hinske
(Hrsg.): *Was ist Aufklärung? Beiträge aus der Berlinischen Monatsschrift.*
Darmstadt [4]1990.

von einem persönlichen, d. h. freien und intelligenten Welturheber, von der Freiheit und Verantwortlichkeit des Menschen sowie von Strafen und Belohnungen für sein Handeln im Jenseits, von der Vorsehung und der zweckmäßigen, auf den Menschen bezogenen Einrichtung der Schöpfung, von der Unsterblichkeit der Seele.

Mit diesem radikalen, in der Zurückweisung der Annahme der Existenz Gottes gipfelnden Programm ist der *Traité des trois imposteurs* zugleich ein frühes Schlüsseldokument der Geschichte des Atheismus[3], der in der europäischen Philosophie bis weit in die Neuzeit hinein eine Ausnahmeerscheinung war. Das von Anbeginn spannungsreiche Verhältnis zwischen Philosophie und Religion ist zwar durch eine bereits bei den Vorsokratikern einsetzende Tradition der Mythen- und Religionskritik mitgeprägt. Diese zielte jedoch in der Regel auf *bestimmte* Glaubensformen und -inhalte, Mythen oder heilige Bücher, *bestimmte* Vorstellungen vom Göttlichen, kaum je aber ging es um die Preisgabe des Göttlichen selbst. Auch diejenigen Strömungen der neuzeitlichen Philosophie, die die Geschichtsschreibung gewöhnlich als Etappen auf dem Wege der Emanzipation von Religion und Theologie versteht, ließen die Annahme der Existenz Gottes nicht allein unangetastet, sondern wiesen ihr zumeist eine systematisch tragende Funktion im Rahmen metaphysischer Theorien des Ganzen zu. Wo Philosophie und christlich-jüdische Religion in Konflikt miteinander gerieten, geschah dies auf seiten der Philosophie mit dem Anspruch, rationale Theorie sei dem Gegenstand Gott angemessener als auf Autorität und Offenbarung sich stützender Glaube. Diese die frühneuzeitliche Religionskritik weithin prägende Spielart des Konflikts zwischen Philosophie und Religion läßt sich als *Konkurrenz* um den Titel des geeigneten Sachwalters des beiden gemeinsamen Gegenstandsbereichs – Gottes und der Pflichten des Menschen – beschreiben. Bis ins frühe 18. Jahrhundert war kaum ein Religionskritiker Atheist – fast möchte man meinen, die Philosophiegeschichte bestätige damit den Topos der theologischen

---

[3] Vgl. J. E. Force: *The Origins of Modern Atheism.* In: Journal of the History of Ideas 50 (1987) S. 161 f.

Apologetik, es habe zu allen Zeiten eine Übereinstimmung aller Menschen im Hinblick auf die Existenz eines höchsten Wesens gegeben. Daß der Atheismus tatsächlich eine Ausnahmeerscheinung war, zeigt sich augenfällig darin, daß dort, wo das seit der Antike gebräuchliche Wort ›Atheist‹ fällt, fast durchweg von Freidenkern, Nonkonformisten und Heterodoxen die Rede ist. ›Atheist‹ hieß, wer die *wahre* Religion nicht anerkannte. Dementsprechend rubrizierten alte Handbücher wie Jakob Friedrich Reimmanns großangelegte *Historia universalis atheismi et atheorum* (Hildesheim 1725) unter diesem Stichwort einen Großteil des Spektrums abweichenden Denkens in Religionsangelegenheiten. Im heutigen Sinne verwendet, hätte dem Begriff ›Atheismus‹ noch zur Zeit der beginnenden Aufklärung kaum eine Strömung ihres philosophischen Spektrums entsprochen.[4]

Den vielfältigen Gründen für die Exzeptionalität des Atheismus ist an dieser Stelle nicht im einzelnen nachzugehen. Man griffe aber sicher zu kurz, wollte man nur die Dominanz der mit allen Repressionsinstrumenten versehenen christlichen Theologie und Kirche hierfür verantwortlich machen. Ein von außen auferlegtes Denk- und Artikulationsverbot allein kann das Aufkommen atheistischer Tendenzen nicht unterbunden haben. Verboten und Sanktionsdrohungen unterlagen alle, auch die harmloseren heterodoxen Strömungen. Obwohl Dissidententum im dogmatischen Detail denselben Sanktionen ausgesetzt war wie der Atheismus, gab es allen Sanktionen zum Trotz immer wieder Bestreiter aller möglichen Glaubenssätze (die denn auch nicht selten für ihre dogmatische Abweichung mit dem Leben bezahlten). Atheisten hatten auch nicht Schlimmeres zu befürchten als Häretiker, und doch wissen wir nur von äußerst wenigen erklärten Atheisten. Es müssen also theorieinterne

---

[4] Vgl. R. Mortier: *L'athéisme en France au XVIIIᵉ siècle: progrès et résistances.* In: Ders.: Le cœur et la raison. Paris u. a. 1990, S. 364–382; A. Ch. Kors: *Atheism in France I.* Princeton 1990. Zum Atheismusbegriff in der frühen Neuzeit vgl. J. F. Reimmann: *Historia universalis atheismi et atheorum,* hrsg. W. Schröder. Stuttgart-Bad Cannstatt 1992, Einleitung, S. VII ff.

Gründe im Spiel sein. Ein solcher liegt sicher in dem trivial anmutenden Sachverhalt, daß auch für eine philosophische Welter-
klärung die Annahme eines göttlichen Welturhebers so unver-
zichtbar erscheinen mußte, daß für die frühneuzeitliche Philosophie auch ohne die Restriktionen, denen sie unterworfen war,
der Atheismus kaum eine erwägenswerte Option gewesen wäre.
Allein schon die jedenfalls dem Augenschein sich darbietende
Zweckmäßigkeit der Einrichtung der Welt, besonders der durch
die Biologie seit dem 17. Jahrhundert zunehmend erschlossenen
Welt des Lebendigen, mußte den Atheismus als völlig abwegige
metaphysische Basisannahme erscheinen lassen. Noch die Philosophen der Aufklärungszeit standen vor der Alternative zwischen der Annahme eines intelligenten Welturhebers (die immerhin die Entstehung des Lebens erklären konnte) und dem
Rückfall in dubiose Vorstellungen wie etwa die Lehre von der
Urzeugung (generatio aequivoca), die Leben aus anorganischer
Materie entstanden sein läßt. Es kann nicht verwundern, daß
kaum jemand die atheistische Option wählte; wer es wie der
Materialist Julien Offray de la Mettrie doch tat, hatte nicht nur
die Theologie, sondern auch die sie stützende Naturwissenschaft
gegen sich. So konnte um die Mitte des 18. Jahrhunderts einer
der maßgeblichen Advokaten der natürlichen Religion mit Blick
auf La Mettrie und seinesgleichen triumphierend feststellen, daß
»die Patronen der *Generationis aequivocae*, durch unleugbare
Beobachtungen, [...] in die Enge getrieben« seien und es folglich
keinen ernstzunehmenden Gegenentwurf zur traditionellen
Schöpfungslehre gebe.[5] Zwar standen die Gottesbeweise, die in
der Geschichte der philosophischen Theologie entwickelt worden waren, in ständig wechselndem Ansehen, aber als Erklä-
rungsgrund für die Entstehung und die Struktur der Welt, vor
allem der Biosphäre, war Gott bis zu dem Zeitpunkt unverzicht-
bar, als die Naturwissenschaften natürliche Erklärungen der bis
dahin nur unter theistischen Prämissen verstehbaren Prozesse

---

[5] H. S. Reimarus: *Die vornehmsten Wahrheiten der natürlichen Religion* II, 2 ([1]1754), hrsg. G. Gawlick. Göttingen 1985, S. 87; zu diesem
Zusammenhang insgesamt Kap. II, S. 82 ff.

und Strukturen vorlegten. Obwohl der Theismus also noch im
18. Jahrhundert die guten – durch die exakten Wissenschaften
gestützten – Gründe auf seiner Seite hatte, kam es schon bald
nach der Mitte ebendieses Jahrhunderts, zentriert um den französischen Materialisten Paul-Henri Thiry d'Holbach, zu einer
ersten großen Welle des Atheismus. Einen entscheidenden Platz
in deren Vorgeschichte nimmt der vorliegende Text ein, der im
späten 17. Jahrhundert entstand (zur Textgeschichte vgl. unten
Abschnitt II) und seine größte Verbreitung im 18. Jahrhundert
erfuhr (zur Wirkung des *Traité* unten Abschnitt IV). Sein doku-
mentarischer Wert beruht zumal darauf, daß an ihm abzulesen
ist, welche Strömungen der Philosophie des 17. Jahrhunderts die
Entstehung des modernen Atheismus begünstigten. An diesem
Text läßt sich das wie wohl an kaum einem anderen studieren, da
er zu großen Teilen eine Montage aus Werken verschiedener Autoren des 17. Jahrhunderts ist (dazu unten Abschnitt III).

II

Der Titel des Traktats über die drei Betrüger stellt ihn in eine
zum Teil legendäre und unsicher bezeugte Geschichte, die weit,
bis ins Mittelalter, zurückreicht. Sie beginnt mit einer Unterstel-
lung. Friedrich II., der Stauferkaiser, soll, so jedenfalls warf es
ihm Papst Gregor IX., der ihn mit dem Kirchenbann belegt
hatte, in einem Schreiben vom 21. Mai 1239 vor, gesagt haben,
»von drei Schwindlern, nämlich Jesus Christus, Moses und Mohammed sei die ganze Welt betrogen worden« (»a tribus baratta-
toribus [...] scilicet Christo Jesu, Moyse et Mahometo totum
mundum fuisse deceptum«[6]). Aus dem unterstellten Diktum

---

[6] Der Wortlaut des Schreibens ist abgedruckt in: F. Graefe: *Die Publi-
zistik der letzten Jahre Kaiser Friedrich II.* Heidelberg 1909, S. 33–36.
Der Gedanke, daß die Religionen ihre Entstehung dem Betrug ihrer
Stifter verdanken, ist in der islamischen Welt schon früh verbreitet gewesen; vgl. O. H. Bonnerot: *L'»imposture« de l'Islam et l'esprit des Lumières.* In: Études sur le XVIIIᵉ siècle (1980) S. 101–114; F. Niewöhner:

wurde bald mehr. Das Gerücht machte aus ihm ein Buch, das, in Friedrichs Umkreis oder gar von ihm selbst verfaßt, die Stifter der drei Buchreligionen als Betrüger denunziert haben sollte. Nach diesem Buch wurde jahrhundertelang angestrengt gefahndet. Zahllose Autoren von zweifelhafter Rechtgläubigkeit gerieten in den Verdacht, es verfaßt zu haben: Boccaccio, Pomponazzi, Pietro Aretino, Rabelais, Giordano Bruno und Campanella sind nur die Bekanntesten unter ihnen.[7] Seit dem 16. Jahrhundert taucht immer häufiger das Gerücht auf, Handschriften des Traktats seien gesichtet worden. Es fehlt auch nicht an Meldungen von Drucken[8] des Textes. Über das bekannte Schlagwort hinaus gibt es aber keine Auskünfte, die die Existenz des Buches verbürgen könnten. Oft sind es Berichte aus zweiter Hand, manchmal auch Bekenntnisse vorgeblicher Besitzer auf dem Sterbebett, wie das des schwedischen Diplomaten Johann Adler Salvius, der es allerdings nicht versäumt hatte, dieses »schlimmste Buch« zuvor den Flammen zu überantworten.[9] Inhaltsangaben oder Zitate werden nie gegeben. Dies gilt für alle bisher bekannt gewordenen Quellen, die vor dem späten 17. Jahrhundert von der Existenz eines Betrügerbuchs sprechen.[10]

Veritas sive Varietas. Lessings Toleranzparabel und das Buch von den drei Betrügern. Heidelberg 1988.

[7] Einen Überblick über die als Autoren Verdächtigten geben V. Placcius: *Theatrum anonymorum et pseudonymorum.* Hamburg 1708, S. 184–197; W. Gericke: *Das Buch »De Tribus Impostoribus«.* Berlin (DDR) 1982, S. 17–22; ausführlich F. Berriot: *Athéismes et athéistes au XVIe siècle en France.* Lille 1984, S. 310–545.

[8] Vgl. Gericke: *Das Buch* [Anm. 7] S. 42 ff.

[9] Vgl. B. de la Monnoye: *Lettre à Monsieur Bouhier [...] sur le prétendu livre des trois Imposteurs.* In: Menagiana, ou les bons mots et remarques [...] de Monsieur [Gilles] Menage. Bd. 4. Paris ¹1715, S. 297; J. M. Mehlig: *Das erste schlimmste Buch, oder [...] Abhandlung von der Religionslästerlichen Schrift De tribus impostoribus.* Chemnitz 1764, S. 23 f.

[10] Über die Versuche, einen der zwei heute noch erhaltenen Betrügertraktate ins 16. Jh. zu datieren, vgl. unten Anm. 15. – Die Bekanntheit des Diktums von den drei Betrügern führte im übrigen bereits im 17. Jahrhundert dazu, daß ›De tribus impostoribus‹ als Titel zahlreicher polemischer Bücher aus allen Bereichen auftauchte. Am bekanntesten ist

Der mittelalterliche oder frühneuzeitliche Traktat über die drei
Betrüger muß, solange nicht verläßliche Zeugnisse beigebracht
werden und wenn man die üblichen Kriterien für die Glaubwür-
digkeit von Testimonien nicht eigens in diesem Falle ermäßigt,
als ein Phantom gelten. Es konnte jedoch kaum ausbleiben, daß
der so lange kolportierten Legende von einem Buch mit einer so
ungeheuren Botschaft eine wenn auch späte Bestätigung nachge-
liefert wurde. Gleich zwei voneinander unabhängige Texte
tauchten am Ende des 17. Jahrhunderts auf, die beide mit dem
Gerücht lanciert wurden, es handele sich um den so lange ge-
suchten mittelalterlichen Traktat.

Der eine, ein erstmals im späten 17. Jahrhundert bezeugter[11]
lateinischer Text mit dem Titel *De tribus impostoribus* bzw. *De
imposturis religionum*[12], wurde mit der Bibliothek seines ersten
bekannten Besitzers, des Greifswalder Theologen Johann Friedrich Mayer, 1716 versteigert und in den folgenden Jahren durch
zahlreiche Abschriften[13] und Drucke[14] in Umlauf gebracht. Die

Ch. Kortholts *De tribus impostoribus magnis liber* (Kiel [1]1680 u. ö.), in
dem Herbert von Cherbury, Hobbes und Spinoza bekämpft werden; zu
weiteren Büchern mit diesem Titel vgl. Gericke [Anm. 7], S. 23 f.

[11] Vgl. H. von Balthasar: *Bericht von dem Mayerischen Manuscript:
De Imposturis Religionum.* In: J. C. Dähnert (Hrsg.): Critische Nachrichten 3 (1752) S. 289–296.

[12] Der im 18. und 19. Jh. mehrmals gedruckte Text liegt in drei neue-
ren Editionen vor: J. Presser: *Das Buch ›De tribus impostoribus‹.* Amsterdam 1926, S. 136–146; G. Bartsch (Hrsg.): *De tribus impostoribus
anno MDIIC. Von den drei Betrügern 1598.* Berlin (DDR) 1960; W. Gericke (Hrsg.): *Das Buch »De Tribus Impostoribus«* [Anm. 7] S. 60–70.

[13] Vgl. W. Gericke: *Über Handschriften des Buches »De tribus Impostoribus«.* In: Marginalien 54 (1974) S. 45–59; Ders.: *Die handschriftli-
che Überlieferung des Buches von den Drei Betrügern.* In: Studien zum
Buch- und Bibliothekswesen 6 (1988) S. 5–28.

[14] Um 1753 erschien eine mit dem Druckdatum 1598 versehene Ausgabe des Traktats (*De tribus impostoribus MDIIC*); vgl. dazu Gericke:
Das Buch [Anm. 7] S. 35 f., ein weiterer Druck in dem Sammelband:
*Zwey seltene antisupernaturalistische Manuscripte eines Genannten und
eines Ungenannten* [hrsg. von C. Ch. E. Schmid]. Berlin 1792, S. 1–34.
In die Mitte der 1640er Jahre setzt Gericke einen undatierten, aber aufgrund typographischer Merkmale sicher aus dem 18. Jahrhundert stam-

Zeit und das Umfeld seiner Entstehung sind unbekannt. Speku-
lativ sind die erst jüngst wieder unternommenen Versuche, ihn
ins 16. Jahrhundert zu datieren[15], da die Zeugnisse, die in dieser
Zeit von einem ›Traktat über die drei Betrüger‹ sprechen, ganz
allgemein gehalten sind und keine Angaben oder Zitate enthalten, die ihren dokumentarischen Wert belegen könnten. Es wäre
also, auch wenn man diesen Testimonien nicht jeden Realitätsge-
halt absprechen wollte (es ist ja durchaus möglich, daß heute
verschollene Texte unter diesem Titel in Umlauf waren), völlig
offen, von welchem Text in ihnen die Rede ist. Der Titel des lateinischen Traktats umreißt genau sein Programm: Die drei geof-
fenbarten Buchreligionen, deren Wahrheitsansprüche sich allein
auf die einander widersprechenden und damit entkräftenden
Zeugnisse ihrer Stifter und ihrer Anhänger stützen, werden auf
den Betrug ihrer Stifter zurückgeführt. Die Kritik der Offenbarungsreligionen mündet aber nicht in Atheismus. An der Möglichkeit einer von Offenbarung unabhängigen Gotteserkenntnis
(»religio naturalis«) wird sogar ausdrücklich festgehalten.[16]
    Der andere, hier vorliegende Text, eine französisch geschrie-
bene und von dem lateinischen Traktat völlig unabhängige Abhandlung, ist thematisch breiter angelegt. Zwar wird in ihr auch
von der Betrugshypothese Gebrauch gemacht, doch holt sie thematisch erheblich weiter aus. Anders als im lateinischen Traktat
ist im *Traité* die Religionskritik in eine umfassende Kritik der
traditionellen Metaphysik eingebettet, die den Begriff eines per-

menden Druck (*De tribus impostoribus Mose Christo, et Mahumet breve
compendium*. o. O., o. J.), der sich als Unicum in der Bibliothek des Ev.
Predigerseminars Wittenberg (Sign.: S. Th. 8° 1) befindet; er liegt seiner
Ausgabe von 1982 [Anm. 12] zugrunde.
    [15] Gericke hält den lateinischen Traktat für eine gegen Calvin gerich-
tete Kampfschrift des Genfers Jacques Gruet; vgl. Gericke: *Wann entstand das Buch »Von den Drei Betrügern«?* In: Theologische Versuche 8
(1977) S. 129–155; ders.: *Die Wahrheit über das Buch von den drei Betrügern*. In: Theologische Versuche 4 (1972) S. 89–114. F. Niewöhner
([Anm. 6], S. 390) meint, er sei im frühen 16. Jh. von einem »Marranen
der zweiten oder der dritten Generation« verfaßt worden.
    [16] *De tribus impostoribus* [Anm. 12], hrsg. Bartsch, S. 52, hrsg. Ge-
ricke, S. 66.

sonalen Gottes, der menschlichen Freiheit, die Unsterblichkeit
der Seele und die Teleologie, also wesentliche Lehrstücke der
traditionellen Metaphysik zugunsten eines materialistischen
Pantheismus aufhebt. Entstehungszeit, Urheberschaft und Textgeschichte des *Traité* sind bis heute nicht befriedigend aufge-
hellt.

Verschiedentlich ist angenommen worden, daß eine Urfassung des Textes schon um die Mitte des 17. Jahrhunderts oder
wenig später in Umlauf war. R. H. Popkin hält die Existenz einer
solchen »embryonic form«[17] des *Traité*, die schon wesentliche
Partien des heute vorliegenden Textes enthalten habe, durch einen Brief Heinrich Oldenburgs aus dem Jahre 1656 für bezeugt[18]. Dem ist ebenso widersprochen worden wie seiner
weitergehenden These, daß Spinoza von einem solchen ›Ur-Trai-
té‹ Kenntnis genommen und mit seinem *Tractatus theologico-
politicus* einen Gegenentwurf zu dessen radikaler Religionskritik
entwickelt habe.[19] Für die Zeit um 1672 setzt F. Charles-

---

[17] Vgl. R. H. Popkin: *Some New Light on the Roots of Spinoza's Science of Bible Study*. In: M. Grene / D. Nails (Hrsg.): Spinoza and the
Sciences. Dordrecht u. a. 1986, S. 180

[18] Vgl. R. H. Popkin: *Spinoza and the Conversion of the Jews*. In: C.
de Deugd (Hrsg.): Spinoza's Political and Theological Thought. Amsterdam / Oxford / New York 1984, S. 176; ders: *Un autre Spinoza*. In:
Archives de philosophie 48 (1985) S. 56. Den ältesten, bereits 1656 vorliegenden Teil des *Traité* meint Popkin im III. Kapitel ausmachen zu
können. Aufgrund der in das III. Kapitel des *Traité* eingearbeiteten
Stücke aus Hobbes' *Leviathan* ist Popkins Frühdatierung dieses Teils des
Traité jedoch unhaltbar. Der Verfasser des *Traité* benutzte nämlich nicht,
wie Popkin offenbar meint, einen der drei englischen Drucke des *Leviathan* von 1651, sondern eine der lateinischen Ausgaben, deren erste 1668
erschien. Dies geht aus dem nicht ausgewiesenen Zitat aus dem *Appendix
ad Leviathan* hervor, der erst in den lateinischen Ausgaben des *Leviathan* enthalten ist (vgl. komm. Anm. 36).

[19] Vgl. Popkin: *Spinoza and the Conversion of the Jews*, a. a. O.
S. 177; *Some New Light*, a. a. O. S. 180; dagegen F. Charles-Daubert:
Le TTP, une réponse au Traité des trois imposteurs? In: Les études philosophiques (1987) S. 385–391; S. Berti: »*La Vie et l'Esprit de Spinosa*
(1719) e la prima traduzione francese dell' »Ethica«. In: Rivista storica
italiana 93 (1986) S. 44; B. E. Schwarzbach / A. W. Fairbairn: *Sur les rap-*

Daubert die Existenz einer Urfassung des *Traité* an, aber auch
für diese Vermutung gibt es keine zweifelsfreien Indizien.[20] Es ist
zwar nicht ausgeschlossen, daß der bekannten Form des *Traité*
ältere Versionen voraufgingen, doch ist dies durch kein Dokument auch nur wahrscheinlich gemacht. Fest steht dagegen, daß
der *Traité* in der in allen bekannten Manuskripten und Drucken
vorliegenden Form nicht vor 1677 entstanden sein kann. Denn in
diesem Jahr erschien die *Ethik* Spinozas, die der jüngste von
mehreren Texten ist, aus denen Teile in den *Traité* eingearbeitet
wurden; andere Texte, aus denen sich Stücke im *Traité* finden,
stammen gleichfalls aus dem letzten Drittel des 17. Jahrhunderts.

Die älteste zweifelsfreie Bezeugung des *Traité* stammt aus dem
Jahre 1700. Aus einem vom 12. August jenes Jahres datierten
Brief des Pietisten Johann Wilhelm Petersen[21], dem eine Hand-
schrift des Textes vorlag, zitierte Wilhelm Ernst Tentzel 1704

---

*ports entre les éditions du »Traité des trois imposteurs« et la tradition
manuscrite de cet ouvrage.* In: Nouvelles de la république des lettres
(1987) S. 113. – In Oldenburgs Brief ist im übrigen nicht von einem
entsprechenden Text, sondern nur von einer offenbar mündlichen und
ganz allgemein wiedergegebenen Blasphemie gegen die Religionsstifter
die Rede; *The Correspondance of Henry Oldenburg*, hrsg. A. R. Hall /
M. B. Hall, Bd. 1. Madison / Milwaukee 1965, S. 89 f. Die These, daß
das Betrügerbuch für Spinoza der Anstoß zur Entwicklung seiner eigenen Religionsphilosophie war, vertrat schon S. von Dunin-Borkowski:
Der junge De Spinoza. Münster 1910, S. 488.
  [20] Sie stützt diese Annahme auf die 40 Jahre später niedergeschriebe-
nen Erinnerungen von M.-A. Oudinet (abgedruckt in: Wade: *The Clandestine Organization* [Anm. 1] S. 136–138, auch in: F. Charles-
Daubert: *Les Traités des trois imposteurs et L'Esprit de Spinosa*. In: Nouvelles de la république des lettres (1988) S. 48–50), der um 1672 ein Buch
dieses Titels in Händen gehabt haben will. Die Angaben Oudinets haben
jedoch, was übrigens schon Wade, a. a. O. S. 136, festgestellt hat, keine
im Hinblick auf die Datierungsproblematik beweiskräftigen Entsprechungen im *Traité*.
  [21] Zur Identität des von Tentzel namentlich nicht genannten Brief-
schreibers vgl. W. Vogt: *Abhandlung von dem gottlosen Buche, De tribus
impostoribus, und den verschiedenen Handschriften desselben*. In: Brem-
und Verdisches freiwilliges Hebopfer (1751) S. 891.

ausführliche Angaben zu Inhalt und Aufbau des *Traité*[22]. Die
Datierungsversuche in der Literatur zum *Traité* sind an diesem
Dokument – wohl wegen seines entlegenen Publikationsortes –
vorbeigegangen; deshalb hier der entscheidende Passus:

»Es bestehet das gantze Buch in acht Bogen / und tractiret der
Auctor im ersten Capitel von der allgemeinen Unwissenheit der
Menschen / daß sie mit praejudiciis angefüllet. Im andern Capitel deduciret er weitläufftig die Ursachen / die den Menschen
bewogen / ein unsichtbares Wesen ihme einzubilden / welches
man GOtt nennete: Worauff er auff die Bibel kommet / und
liederlich davon discurriret. Im dritten Capitel wird erwiesen /
was eigentlich *religio* / und daß sie aus den Ehrgeitzigen entstanden. Hiebey nimmet er Gelegenheit / auff Mosis und Christi
Personen zu kommen / davon er sehr lästerlich redet / welches
[ich] mich billig scheue zu schreiben: Und denn füget er von
Mahumet bey. Discurriret endlich [Kap. IV] sehr subtil de in-
ferno, diabolo, & aliis.« (a. a. O. S. 493 f.)

Petersens zutreffende und präzise Angaben über den Inhalt
und die Überschriften der ersten vier Kapitel und auch die Um-
fangsangabe (»acht Bogen«) lassen keinen Zweifel daran, daß
ihm die in der Folgezeit mehrfach bezeugte[23] und den Druckaus-
gaben im Wesentlichen zugrundeliegende Version des *Traité* vor-

[22] W. E. Tentzel: *Curieuse Bibliothec*. Des ersten Repositorii fünfftes
Fach. Frankfurt / Leipzig 1704, S. 493–495. Bald nach (und unabhängig
von) Petersens Bericht meldet B. G. Struve (Praes.)/ J. Ch. Dorn
(Resp.): *Dissertatio historico-litteraria de doctis impostoribus* ([1]Jena
1703) S. 20, er habe in Halle eine französische Handschrift des *Traité*
gelesen. Erst in der 2. Auflage seiner *Dissertatio* (Jena o. J. [1710], S. 21)
weiß Struve von Petersens Manuskript. Die Datierung eines Lübecker
Manuskripts des *Traité* mit 1697 (vgl. M. Grunwald: *Spinoza in Deutschland*. Berlin 1897, S. 291) kann angesichts dieser Zeugnisse zutreffen.

[23] Diese 6 bzw. 8 Kapitel umfassende Version war auch in Deutschland vor dem Erstdruck von 1719 recht weit verbreitet; vgl. J. F. Budde:
Theses theologicae de atheismo et superstitione. Jena 1717, S. 112;
J. F. Reimmann: *Versuch Einer Einleitung in die Historie der Theologie
insgemein und der Jüdischen Theologie insbesondere*. Magdeburg / Leipzig 1717, S. 647; Reimmanns Manuskript ist ausführlich beschrieben in
seinem *Bibliothecae theologicae catalogus*. Hildesheim 1731, S. 1029 f.

lag. Die Entstehung des *Traité* wird also in das letzte Viertel des 17. Jahrhunderts zu setzen sein.[24]

In das Bewußtsein einer breiteren Öffentlichkeit trat der *Traité* aber erst, als 1716 in den Niederlanden ein Duodezheftchen[25] (das auch auswärts Aufsehen erregte[26]) erschien, in dem behaup-

---

[24] Dagegen geht der jüngste Datierungsvorschlag von Schwarzbach / Fairbairn von der Annahme aus, daß der *Traité* von einem im Jahre 1709 erschienenen Werk (J. M. Schramm: *De vita et scriptis famosi athei Julii Caesaris Vanini*. Küstrin 1709) abhängig ist; *Notes sur deux manuscrits clandestins*. In: Dix-huitième siècle 22 (1990) S. 435 f. Der *Traité* enthält zahlreiche Paraphrasen von Vaninis *De admirandis naturae* (1616). Diesen Paraphrasen nun soll, so Schwarzbach / Fairbairn, nicht direkt Vaninis Buch von 1616, sondern die Vanini-Zitate in Schramms Schrift von 1709 (diese erschien zuvor übrigens schon als Dissertation i. J. 1708 [Praes.: H. S. Plesmann] und später in vermehrter Aufl. 1715 in Küstrin) zugrundeliegen. Den Vanini-Paraphrasen im *Traité* entsprechen jedoch nur zum Teil Vanini-Zitate in Schramms Abhandlung. So fehlt bei Schramm Vaninis Schilderung einer Episode aus dem Leben Mohammeds, die im *Traité* paraphrasiert wird; vgl. unten die komm. Anm. 100. Der *Traité* ist folglich nicht von Schramms Schrift abhängig, und diese bietet keinen Anhaltspunkt für die Datierung des *Traité*.

[25] *Réponse à la dissertation de Mr. de la Monnoye Sur le Traité De Tribus Impostoribus*. Den Haag 1716. Die Verfasserschaft dieser Schrift ist umstritten. Als Autoren werden zumeist P. F. Arpe und J. Rousset de Missy genannt (vgl. M. C. Jacob: *The Radical Enlightenment. Pantheists, Freemasons and Republicans*. London 1981, S. 219). Die *Réponse* ist in den meisten Ausgaben des *Traité* im Anhang abgedruckt. Für die Verfasserschaft Roussets spricht eine entsprechende Mitteilung von C. Fritsch in seinem Brief an P. Marchand vom 7.11.1737, abgedruckt in: Ch. Berkvens-Stevelinck: *Les Chevaliers de la Jubilation: Maçonnerie ou libertinage?*. In: Quaerendo 13 (1983) S. 65.

[26] Noch im selben Jahr machte es in Deutschland ein Abdruck in J. G. Krauses *Umständliche[r] Bücherhistorie* (II. Th., 1716, S. 284 bis 296) bekannt. Krause wurde daraufhin verhaftet und der betreffende Band seiner *Bücherhistorie* konfisziert; vgl. L. Uhl (Hrsg.): *Thesaurus epistolicus Lacrozianus*. Leipzig 1742–1746, Bd. 1, S. 19 f.; eine ausführliche Darstellung der Ereignisse sowie Dokumente bei A. Kobuch: *Zensur und Aufklärung in Kursachsen*. Weimar 1988, S. 58–64; 247–251. Durch die *Réponse* wurde Leibniz in seinem Todesjahr auf den *Traité* aufmerksam gemacht; vgl. seinen bei Dunin-Borkowski: *Der junge De Spinoza*, [Anm. 19], S. 600 f.) abgedruckten Brief vom 30.4.1716.

tet und in einer offensichtlich erfundenen Geschichte erzählt
wurde, ein mittelalterliches Manuskript des Betrügerbuchs sei
entgegen allen Zweifeln an seiner Existenz[27] endlich gefunden,
ins Französische übersetzt worden und liege zur Veröffentlichung bereit. Interesse verdient diese Schrift allein wegen ihrer
genauen Angaben über Aufbau und Inhalt des *Traité*, denen der
drei Jahre später erfolgende Druck des Betrügerbuchs entsprach.
Auf die Fiktion einer Übersetzung des mittelalterlichen Traktates
hatte man inzwischen verzichtet und mit dem Namen Spinozas
einen wirksameren Aufhänger gewählt; der Titel des Traktats
lautete nun *L'esprit de Mr. Benoit de Spinosa*.[28] Der je nach Ein-
teilung aus 6 bzw. 8 Kapiteln bestehende Text wurde um Auszüge aus Schriften von Gabriel Naudé und Pierre Charron[29]
vermehrt und umfaßte nun 20 Kapitel. Ein Großteil der Auflage,
dreihundert Exemplare, wurde von Prosper Marchand, dem sie
durch eine Erbschaft zugefallen war, verbrannt[30]. So war sie bereits im 18. Jahrhundert überaus selten, «presque inconnue»[31],

---

27 Ein im Ergebnis negatives Resumé der schon damals kaum überschau-
baren Diskussionen über die Existenz des Betrügerbuchs gab 1715 B. de la
Monnoye in seiner *Lettre [...] Sur le prétendu livre des trois imposteurs*
[Anm. 9] S. 283–312. Eine kürzere Fassung war bereits im Februar 1694 in
der *Histoire des ouvrages des savans* (S. 278–281) erschienen. Auf de la
Monnoyes *Lettre* bezieht sich die oben zitierte *Réponse*.
28 *La vie et l'esprit de Mr. Benoit de Spinosa*. o. O. 1719. Vorangestellt
ist die J.-M. Lucas zugeschriebene Lebensbeschreibung Spinozas
(S. 1–44). Der *Esprit de Spinosa* findet sich auf S. 49–208. Den Titel
L'esprit de Spinosa tragen aber auch schon mehrere Handschriften vor
1719, so z. B. die 1717 von Reimmann (Versuch einer Einleitung
[Anm. 23] S. 647) beschriebene.
29 Vgl. dazu die textkrit. Anm. 210 und die synoptische Übersicht
über die Kapiteleinteilung des *Esprit* und des *Traité* unten S. XXVIf.
30 Vgl. P. Marchand: Art. ›*Impostoribus (Liber de tribus)*‹, Dictionaire historique. Bd. 1. Den Haag 1758, S. 325.
31 Marchand [Anm. 30] S. 325. Das *Freydenker-Lexicon* von
J. A. Trinius (Leipzig / Bernburg 1759, S. 27f.), die materialreichste und
verläßlichste einschlägige Bibliographie, führt den Text sogar als »eine
ungedruckte Schrift« auf. Zu den wenigen in Bibliotheken der Zeit nach-
weisbaren Exemplaren des Drucks von 1719 gehört dasjenige der reichen
Sammlung J.Ch. G. Jahns. Der Katalog seiner Bibliothek gibt eine aus-

LA VIE

ET

L'ESPRIT

DE

M^R. *BENOIT*

DE SPINOSA.

Si faute d'un pinceau fidéle,
Du fameux SPINOSA l'on n'a pas peint les traits;
La Sageſſe étant immortelle,
Ses Ecrits ne mourront jamais.

CIƆ IƆ CCXIX.

und noch in jüngster Zeit galt sie als verschollen.[32] Zur Zeit sind
mehrere Exemplare bekannt[33]. Eine mehrfach bezeugte Neuauf-
lage aus dem Jahre 1721 ist bisher nicht wieder aufgetaucht.[34]
Über mehrere Jahrzehnte war der Text also im wesentlichen nur
in Abschriften – und zwar unter den beiden Titeln *L'Esprit de
Spinosa* und *Traité des trois imposteurs* verbreitet. Deren Anzahl
aber war, wie an der beachtlichen Zahl der heute noch erhaltenen
Manuskripte abzulesen ist (vgl. unten Anm. 73), erheblich. Die
Manuskripte bieten sehr verschiedene Textversionen: Es handelt
sich zum einen um Abschriften des Drucks von 1719, zum anderen um Handschriften mit Textversionen, die den Drucken seit
1768 mehr oder weniger nahekommen, daneben auch um einige
durch Kürzungen oder Ergänzungen veränderte Fassungen.[35]

führliche und erstaunlich objektive Inhaltsangabe; *Verzeichnis der Bücher so gesamlet [!] Johann Christian Gottfried Jahn*. Frankfurt / Leipzig
1755–1757, S. 2074–2093.

[32] Vgl. Jacob: *The Radical Enlightenment* [Anm. 25] S. 219.

[33] Ein Hinweis W. Schmidt-Biggemanns (*Baruch de Spinoza.
1677–1977. Werk und Wirkung* [Ausstellungskataloge der Herzog August Bibliothek, Nr. 19]. Wolfenbüttel ²1977, S. 62) auf das Exemplar in
der UB Frankfurt (Sign.: Einband-Slg. 703) blieb erstaunlicherweise
weithin unbeachtet. Ein weiteres Exemplar besitzt die Königl. Bibliothek in Brüssel; vgl. J. Vercruysse: *Bibliographie descriptive des éditions
du Traité des trois imposteurs*. In: Tijdschrift van de Vrije Universiteit
Brussel 17 (1974 / 75) S. 66 f. S. Berti entdeckte das Exemplar des Spino-
zaforschers Abraham Wolf in Los Angeles; vgl. Berti [Anm. 19], S. 12 f.;
vgl. dazu auch A. Wolf: *The Oldest Biography of Spinoza*. Edited with
Translation, Introduction, Annotations etc. ¹1927, Reprint: Port Washington, N. Y. / London 1970, S. 28 f. Das bei A. van der Linde (*Spinoza. Bibliografie*. Den Haag 1871, n. 99, S. 31) verzeichnete Exemplar
der UuLB Sachsen-Anhalt, Halle, ist verschollen.

[34] *De tribus impostoribus, des trois imposteurs*. ›A Francfort sur le
Mein [!], aux dépens du traducteur‹, 1721; vgl. Marchand [Anm. 30]
S. 324; A. van der Linde: *Spinoza. Bibliografie*, a. a. O., n. 100, S. 31.

[35] Ein solches Manuskript von 1735 (Le Fameux Livre des Trois Imposteurs Traduit du latin En françois, Ms. B.382 der Stadtbibl. Bern) mit
entsprechend späten Zusätzen liegt der Ausgabe von H. Dübi (*Das
Buch von den drei Betrügern und das Berner Manuskript*. Bern 1936,
S. 21–70) zugrunde.

Auch Übersetzungen sind schon früh angefertigt worden. Die vermutlich älteste ist eine bereits 1716 bezeugte, nur handschriftlich verbreitete lateinische Übersetzung; sie ist heute verschollen.[36] Erhalten hat sich eine andere Übersetzung ins Lateinische[37], eine weitere ins Englische[38]. Eine 1745 entstandene deutsche Übersetzung wurde um 1787/88 in Berlin unter dem auf den ersten Blick rätselhaften Titel *Spinoza II. oder Subiroth Sopim. Rom, bey der Wittwe Bona Spes. 5770* gedruckt[39]; die hebräisch anmutenden Worte erweisen sich, rückwärts gelesen, als Anagramm des Wortes ›impostoribus‹. Dieser Übersetzung liegt eine Textversion zugrunde, die textgeschichtlich zwischen dem Druck von 1719 und der Bearbeitung von 1768 einzuordnen ist.

Die eigentliche Verbreitung des *Traité* im Druck beginnt mit

[36] Vgl. *Neue Zeitungen von Gelehrten Sachen* (Juni 1716) S. 192. Aus der lateinischen Übersetzung werden längere Zitate gegeben (Kapitel I,1 vollständig, sowie der Schluß des *Traité*), aus denen hervorgeht, daß es sich um eine andere als die in Halle vorhandene lateinische Übersetzung (s. die folgende Anm.) handelt.

[37] Das einzige erhaltene Manuskript besitzt die UuLB Halle (Sign.: Misc. 4° 22). Es trägt den Vermerk, daß nur zwei Abschriften dieser Übersetzung in Umlauf waren (fol. 2ʳ).

[38] Zu dieser Übersetzung (Brit. Mus., Ms. Stowe 47), der die Ausgabe des *Traité* von 1775 zugrundeliegt, vgl. J. S. Spink: *La diffusion des idées matérialistes et antireligieuses au début du XVIIIᵉ siècle: le »Theophrastus redivivus«*. In: Revue d'histoire littéraire de la France (1937) S. 253. Die in der *Bibliographie* aufgeführten englischen Übersetzungen des 19. Jh. (dazu Berti [Anm. 19] S. 12) und des 20. Jh. habe ich nicht einsehen können.

[39] Die Datierung 1787 bei van der Linde [Anm. 33], S. 31. Dagegen teilt K. H. Heydenreich im 1788 datierten Vorwort seiner Schrift *Natur und Gott nach Spinoza* (Leipzig 1789) mit, die Übersetzung sei »in diesem Jahre herausgekommen« (S.LXXX). Zur Datierung der dem Druck zugrundeliegenden Handschrift von 1745 vgl. *Subiroth Sopim* S. X. Den Titel *Subiroth Sopim* trugen auch Manuskripte der französischen Originalversion; vgl. dazu J. W. Blaufuß: *Vermischte Beyträge zur Erweiterung der Kentniß seltener und merkwürdiger Bücher*. Jena 1753, Bd. 1, S. 388. Weitere im Druck erschienene Übersetzungen des 19. und 20. Jh. in der *Bibliographie*.

der bei Marc-Michel Rey in Amsterdam gedruckten,[40] erheblich
bearbeiteten Ausgabe von 1768. Sie war vermutlich durch P.-H.
Th. d'Holbach angeregt[41] und erschien in zeitlicher Nähe zu
anderen seiner Schriften mit ähnlicher Stoßrichtung wie *De l'imposture sacerdotale* (1767) oder *La contagion sacrée* (1768) und
somit wohl auch im Rahmen derselben atheistischen Propagan-
dakampagne. Weitere Drucke dieser Version folgten bis zum
Ende des Jahrhunderts (vgl. *Bibliographie*). Textgeschichtlich
markiert die Ausgabe von 1768, deren Textgestalt die sich an-
schließenden Ausgaben weitgehend übernehmen, die wichtigste
Zäsur. Die in der Ausgabe von 1719 eingeschobenen Fragmente
aus Werken von Naudé und Charron wurden weggelassen, die
interne Gliederung der nun 6 Kapitel leicht geändert (vgl. die
synoptische Übersicht S. XXVIf.). Während die Version von
1719 *vier* Figuren des Religionsbetrugs bezichtigt hatte, nämlich
zu den drei Geläufigen noch den römischen König Numa Pompilius, dem ein eigenes Kapitel gewidmet war (vgl. textkrit.
Anm. 142), wurde der Text nun dem programmatischen Titel
Traité des trois imposteurs angepaßt. Das Numa-Kapitel entfiel,
und das Moses gewidmete Kapitel (III,10) wurde erheblich im
Sinne der Betrugshypothese erweitert (vgl. textkrit. Anm. 129).
Vor allem aber der Text der Kapitel I – IV wurde einer starken
inhaltlichen Bearbeitung unterzogen. An ihr ist der Wandel des
Denkstils zwischen Anfang und Mitte des 18. Jahrhunderts ab-
lesbar. Begriffe und Denkfiguren der traditionellen Metaphysik,
die den Editoren von 1719 noch geläufig waren, wurden ausge-
schieden: Von ›entia rationis‹ oder der ›lex continuitatis‹ (textkrit. Anm. 63 und 67), aber auch von Spinozas Begriff einer
nicht teilbaren Ausdehnung (textkrit. Anm. 68) ist nun nicht
mehr die Rede. Stärker als zuvor wird die Notwendigkeit und
die Möglichkeit hervorgehoben, das einfache Volk aufzuklären;

---

[40] Vgl. *Correspondance littéraire, philosophique et critique par
Grimm, Diderot, Raynal, Meister, etc.*, hrsg. M. Tourneux. Bd. 8. Paris
1897 [Reprint Nendeln 1968] S. 321 (1.4.1769).
[41] Vgl. Jacob [Anm. 25], S. 261; Schwarzbach/Fairbairn [Anm. 19],
S. 117.

in der Ausgabe von 1719 klang in dieser Hinsicht bisweilen noch eine gewisse Skepsis durch (textkrit. Anm. 11). Hinzu kommen viele kleine, aber sachlich nicht unbedeutende Änderungen, von denen manche einzelne den Wandel der Aufklärung und ihrer programmatischen Begriffe widerspiegelt: So taucht an exponierter Stelle (I,2; textkrit. Anm. 5) ein Schlüsselbegriff der französischen Aufklärung auf: Unter dem Namen »philosophes« versammelten sich Vertreter der französischen Aufklärung, die in Absetzung von der akademischen, spekulativen Philosophie ihr Selbstverständnis in praxisbezogener »Reflexion«, dem Insistieren auf »Gerechtigkeit« und »Moralität« fanden und damit den Vorgänger-Typus des modernen Intellektuellen schufen: »Le philosophe est [...] un honnête homme qui agit en tout par raison, et qui joint à un esprit de réflexion & de justesse les mœurs & les qualités sociables«.[42] Alle diese Eingriffe verliehen dem Text insgesamt ein neues Gesicht.

Der Verfasser des *Traité* ist nicht bekannt; bis heute ist die Forschung trotz angestrengter Suche über Mutmaßungen nicht hinausgekommen. Zwar können einige Namen aus der Liste der mutmaßlichen Autoren gestrichen werden, so vor allem der des häufig genannten Comte de Boulainvilliers[43]. Auf Skepsis stieß

---

[42] Anon.: *Le philosophe*, erstmal erschienen in dem Sammelband: *Nouvelles libertés de penser*. Amsterdam 1743, S. 173–204; Zit. S. 200; dtsch. im Anhang zu C. Ch. Du Marsais/P. H. Th. d'Holbach: *Essay über die Vorurteile*, hrsg. W. Schröder. Leipzig 1972, S. 271 ff. Überbl. und Lit. bei: H. U. Gumbrecht/R. Reichardt: Art. ›Philosoph, Philosophie‹. In: Handbuch politisch-sozialer Grundbegriffe in Frankreich 1680–1820, H. 3. München 1985, S. 7–82; U. Dierse: Art. ›Philosophie (französische Aufklärung)‹. Historisches Wörterbuch der Philosophie, hrsg. J. Ritter/K. Gründer, Bd. 7, Basel/Stuttgart 1989, Sp. 698–709.
[43] Diese Zuschreibung ist – wohl aufgrund der Autorität Ira O. Wades ([Anm. 1], S. 127) – noch heute weit verbreitet, aber unhaltbar, da den Schriften des Grafen (*Œuvres philosophiques*, hrsg. R. Simon. Den Haag 1973) die atheistische Tendenz des *Traité* völlig fremd ist; vgl. N. L. Torrey: *Boulainvilliers: the Man and the Mask*. In: Studies on Voltaire and the 18th Century 1 (1955) S. 161. Im übrigen weisen die ausgedehnten Paraphrasen aus Spinozas *Ethik* in *Traité* II,2–9 keine sprachlichen Übereinstimmungen mit Boulainvilliers *Ethik*-Übersetzung (*Éthique*.

Synoptische Übersicht der Kapiteleinteilung der Ausgaben 1719 und 1768 ff.

Esprit de Spinosa (Ausg. 1719)		*Traité des trois imposteurs* (Ausg. 1768 ff.)	
I. De Dieu	§§ 1–6	I. De Dieu	§§ 1–6
II. Des raisons qui ont porté les hommes à se figurer un Etre invisible qu'on nomme communément Dieu	§§ 1–9	II. Des raisons qui ont engagé les hommes à se figurer un Etre invisible qu'on nomme communément Dieu	§§ 1–9
III. Ce que c'est que Dieu	§§ 1–2		§§ 10–11
IV. Ce que signifie ce mot *Religion*	§§ 1–8	III. Ce que signifie ce mot *Religion*	§§ 1–8
V. De Moyse	§§ 1–3		§§ 9–10
VI. De Numa Pompilius	*(ohne Entsprechnung)*	*(ohne Entsprechnung)*	§ 11
VII. De Jésus-Christ			§ 12
VIII. De la politique de Jésus-Christ	§§ 1–6		§§ 13–16
	§ 7	*(ohne Entsprechnung)*	
IX. De la morale de Jésus-Christ	§ 1	*(ohne Entsprechnung)*	
	§§ 2–3		§§ 17–18
	(ohne Entsprechnung)		§ 19
X. De la Divinité des Jésus-Christ	§§ 1–2		§§ 20–21
XI. De Mahomet	§§ 1–3		§§ 22–23
XII. Des religions		*(ohne Entsprechnung)*	
XIII. De la diversité des religions		*(ohne Entsprechnung)*	
XIV. Des divisions des Chrétiens		*(ohne Entsprechnung)*	

Margaret C. Jacobs Zuschreibung an Jean Rousset de Missy und Charles Levier, von denen die Dokumente nur eine Teilnahme an der Besorgung des Drucks von 1719 berichten.[44] Den Hinweis des im allgemeinen bewährten Informanten Marchand auf einen gewissen Johan Vroese[n] sieht Silvia Berti durch neu aufgefundene Dokumente bestätigt.[45] Für die Verfasserschaft des damals als Freidenker bekannten Jean-Maximilien Lucas (1636/46–1697) spricht eine entsprechende Angabe im Erstdruck des *Traité*.[46] Lucas gilt allgemein als Autor der ältesten Spinoza-Bio-

---

Traduction inédite du Comte Henri de Boulainvilliers, hrsg. F. Colonna d'Istria. Paris 1907) auf.

[44] Jacob [Anm. 25], S. 161; Dies.: *The Knights of Jublilation – Masonic and Libertine. A Reply.* In: Quaerendo 14 (1984) S. 72; vgl. dagegen Berti [Anm. 19], S. 28.

[45] Vgl. Marchand [Anm. 30], S. 325; vgl. auch A.-A. Barbier: *Dictionnaire des ouvrages anonymes*. Bd. 7. Paris 1879, S. 788 f.; S. Berti: *Jan Vroesen, autore del »Traité des trois imposteurs«.* In: Rivista storica italiana 103 (1991) S. 528–543.

[46] *La vie et l'esprit de Mr. Benoit de Spinosa* [Fußnote in *La vie de Spinosa*], S. 25. Lucas ist aber auch schon vorher mehrfach als Autor des *Traité* genannt worden; vgl. J. F. Reimmann: *Versuch einer Einleitung* [Anm. 23], S. 647.

graphie, jener *Vie de Spinosa*, die im Druck von 1719 dem *Esprit de Spinosa* vorangestellt ist.[47] Als gesichert kann aber auch diese Zuschreibung nicht gelten. Der bis heute also offenen Frage nach der Verfasserschaft des *Traité* wäre die bisherige Forschung vermutlich nicht so angestrengt nachgegangen, wenn bekannt gewesen wäre, in wie geringem Umfang der *Traité* das Werk eines Autors im landläufigen Sinne ist.

III

Der *Traité* ist zu beträchtlichen Teilen aus Paraphrasen und gelegentlich wortgetreuen Übersetzungen von Passagen aus verschiedenen Texten des 17. Jahrhunderts montiert. Dunin-Borkowski scheint das Richtige geahnt zu haben, als er den *Traité* als einen »aus allen möglichen zeitgenössischen philosophischen Machwerken abgeschriebenen, etwas spinozistisch aufgeputzten« Text bezeichnete[48]. Ganz im Klaren war er sich über die Sachlage indessen offensichtlich nicht, denn die Fragmente der nicht genannten Autoren, aus denen der *Traité* montiert ist, sind nicht irgendwelche Machwerke, sondern stammen immerhin von Autoren wie Lucilio [Julius Caesar] Vanini, dem Skeptiker François de la Mothe le Vayer, dem Mediziner Guillaume Lamy und vor allem Hobbes und Spinoza. Die folgende Liste verzeichnet die wichtigsten aus Texten Dritter entlehnten Passagen des *Traité*:

[47] Die *Vie de Spinosa* erschien im selben Jahr parallel in den *Nouvelles littéraires* X / 1 (Amsterdam 1719) S. 40–74. Krit. Ausgabe in: J. Freudenthal (Hrsg.): *Die Lebensgeschichte Spinoza's*. Leipzig 1899, S. 1–25; vgl. dazu: Ders.: *Über den Text der Lucasschen Biographie Spinozas*. In: Zeitschrift für Philosophie und philosophische Kritik 126 (1905) S. 189–208; übers. C. Gebhardt, in: *Spinoza. Lebensbeschreibungen und Gespräche*, hrsg. M. Walther [PhB 96b]. Hamburg 1977, S. 8–38.
[48] S. von Dunin-Borkowski: *Nachlese zur ältesten Geschichte des Spinozismus*. In: Archiv für Geschichte der Philosophie 24, N. F. 17 (1911) S. 66.

I, 5   Hobbes; Vanini
   6   Spinoza: Tract. theol.-pol.
II, 1   Hobbes: Leviathan
   2–9 Spinoza: Ethik
   10   Spinoza: Brief 73
   11   Spinoza: Tract. theol.-pol.; Vanini
III, 2–9 Hobbes
   10   Vanini
   11   Hobbes; La Mothe le Vayer
   12   La Mothe le Vayer
   13–15 Vanini
   17–18 La Mothe le Vayer
   22   Vanini
IV, 3   Spinoza: Ethik
V, 2–7 Lamy
VI, 1–6 Hobbes

Trotz seiner vielfältigen Quellen bietet der *Traité* eine durchaus homogene Weltanschauung. Mit der Verbindung eines theoretisch anspruchslosen, aber griffigen Materialismus einerseits
und einer radikalen Kritik der Offenbarungsreligion und der
traditionellen Metaphysik andererseits ist der *Traité* geradezu
das Modell für jene Spielart der oppositionellen Philosophie, die
ein halbes Jahrhundert später, in den Werken Holbachs und seines Kreises, den linken Rand des Spektrums der Aufklärung
prägte. Der *Traité* stellt die Urform der Popularphilosophie des
radikalen Untergrunds dar: »Alles, was die französische Philosophie des siebzehnten und achtzehnten Jahrhunderts in der
theologischen Sphäre Verneinendes entwickelt hat, findet sich
hier involvirt und oft mit einer frappanten Kürze hingestellt.«[49]
Auch wenn man die Simplizität der Weltanschauung des *Traité*
der theoretischen Unbedarftheit seines unbekannten Verfassers
zuschreiben möchte, so ist sie in erster Linie doch Vorsatz (II,11,
S. 36). Sie folgt der emphatisch artikulierten (I,4, S. 8) und für

[49] K. Rosenkranz: *Der Zweifel am Glauben. Kritik der Schriften: De
Tribus Impostoribus.* Halle / Leipzig 1830, S. 26.

die *littérature clandestine* typischen Abkehr von der als spekula-
tive Wissenschaft sich verstehenden Philosophie. Hiermit bereitet sie den Philosophiebegriff der französischen »philosophes«
der Mitte des 18. Jahrhunderts vor, mit dem diese sich auf eine
nicht auf den akademischen Rahmen beschränkte, der Gesellschaft vor allem durch Vorurteilskritik nützliche intellektuelle
Aktivität festlegten. Im *Traité* entspricht der Abkehr von der
akademischen Philosophie die Absicht, das Volk (»peuple«) aufzuklären (I,3, S. 8). Daß dies auf theoretisch ermäßigtem Niveau
geschehen mußte und der Appell an den »bon sens« manches
Mal die Kraft rationaler Argumente ersetzt (vgl. etwa I,4, S. 8),
hat daher auch pragmatische Gründe. Der Anschein, der *Traité*
biete die hausgemachte Weltanschauung eines Unprofessionel-
len, trügt ebenso wie das Pathos des Selbstdenkens, das mit fast
an Kant gemahnenden Tönen anklingt (I,1–3). Wir haben es
vielmehr mit dem Versuch zu tun, das die christliche Tradition
sprengende Potential der Philosophie des 17. Jahrhunderts frei-
zusetzen, mit kritisch-eklektischem Zugriff zu bündeln und in
popularisierter Fassung subversiv an ein außerakademisches Publikum zu lancieren.

Die Popularmetaphysik des *Traité* ist vor allem von Spinozas
Ethik abhängig.[50] Schon die Herausgeber des Erstdrucks von
1719 hatten den Text ja als ›Esprit de Spinosa‹, also im Sprachgebrauch der Zeit als Quintessenz der Philosophie Spinozas auf
den Markt gebracht. Bei den Passagen, die der *Traité* der *Ethik*
Spinozas verdankt, handelt es sich um Paraphrasen[51], die durch
z. T. erhebliche Akzentverschiebungen und Verkürzungen in
den Rahmen der Philosophie des *Traité* eingepaßt wurden (vgl.
die komm. Anm. 26–28, 33). Das Interesse des Anonymus gilt
trotz einiger terminologischer Anklänge (so die Bestimmung

---

[50] Zur Einordnung der Spinoza-Rezeption des *Traité* in die Wir-
kungsgeschichte Spinozas vgl. vom Vf. *Spinoza in der deutschen Frühaufklärung.* Würzburg 1987, S. 135–138.
[51] Es handelt sich nicht um Übersetzungen, wie es der irreführende
Titel der im übrigen materialreichen Studie von Silvia Berti [Anm. 19]
nahelegt.

Gottes als »immanente Ursache« S. 112, oder des Universums
als »suite necessaire de la nature divine« S. 34) nicht dem metaphysischen System der *Ethik*, das ja tatsächlich zu sperrig ist, um
auf ermäßigtem Reflexionsniveau einer populären Philosophie
des Untergrunds ihre metaphysischen Basisannahmen zu lie-
fern. Manche Stellen wie etwa die an die Formel »Deus sive
natura« erinnernde Wendung »Dieu, c'est-à-dire la nature« sind,
auf den ersten Blick begreiflich, aber zu Unrecht, als spinozisti-
sche Reminiszenzen aufgefaßt worden[52]. Der Verfasser des *Traité* greift fast ausschließlich auf die im System der *Ethik* impli-
zierte Kritik an Lehrstücken der traditionellen Metaphysik
zurück. Spinozas im *Appendix* zu Buch I der *Ethik* entfaltete
Kritik am anthropomorphistischen Gottesbild, am Freiheits-
begriff, an der Teleologie, an den Wertbegriffen wie ›gut‹ und
›böse‹ ist in Kap. II, 2–9 des *Traité* in engem Anschluß an den
Text der *Ethik* rekapituliert. Im Gegensatz zur Philosophie Spinozas läßt sich auf die des *Traité* wirklich das wörtlich verstan-
dene Etikett ›Pantheismus‹ beziehen: Das raumzeitliche Universum, von dem Spinoza Gott noch als dessen immanente Ursache
unterschieden hatte, wird hier schlicht mit Gott identifiziert.
Die Formel »tout est Dieu« (S. 34/36) will wörtlich verstanden
sein: Gott ist das Aggregat aller – obendrein materiellen – Einzeldinge: »l'assemblage de tous les êtres« (IV,2). Das Wort ›Gott‹
steht nicht mehr für die Ursache oder das Prinzip, sondern, der
Sache nach überflüssig geworden, für die *Gesamtheit* alles dessen, was existiert (»l'Etre universel«, II,10; IV,3).

Der Materialismus des *Traité* speist sich nicht allein aus der
Ethik Spinozas, deren materialistisch verkürzte Interpretation in
der Aufkärung häufig anzutreffen ist. Auch Hobbes (II,10 und
III,2, S. 36 und 46), am Rande auch pantheistische Tendenzen
Vaninis (II,11, S. 40; vgl. komm. Anm. 38), haben in dieser Hin-

---

[52] So etwa Schwarzbach/Fairbairn: *Sur les rapports* [Anm. 19],
S. 117. Diese Stelle (unten S. 40; dazu komm. Anm. 38) war jedoch
schon als fast wörtliche Vanini-Übersetzung erkannt worden; vgl.
A. Nowicki: *Studia nad Vaninim IV. O »ukrytej obecności« Vaniniego w
Subiroth Sopim i u Mesliera.* Euhemer 50 (1966) S. 27 f.

sicht Spuren hinterlassen. Von größerem Gewicht sind die Einflüsse des auf Pierre Gassendi zurückgehenden Atomismus. Die materialistische Psychologie des V. Kapitels folgt in ihren Grundzügen den *Discours anatomiques* (¹Rouen 1675) des gassendistischen Mediziners Guillaume Lamy (1644–1682)[53]. Die Descartes-Kritik des *Traité* (V,6) ist ein geraffter Auszug aus Lamys Werk. Lamys These von der Materialität der vegetativen Seele und der für die Sinneswahrnehmung zuständigen »âme sensitive« nahm ausdrücklich die »Vernunftseele« (»âme raisonnable«) aus (vgl. komm. Anm. 124): Philosophisch sei ihre Unsterblichkeit zwar nicht beweisbar, doch sei sie als Glaubenssatz mit Gewißheit anzunehmen[54]. Die Nähe dieses Lavierens zwischen Wissen und Glauben zur Denkfigur der doppelten Wahrheit, die Lamys tatsächliche Überzeugung im Zwielicht beläßt, wird in der Adaption durch den Verfasser des *Traité* beseitigt: Die Unkörperlichkeit und Unsterblichkeit wird der Seele insgesamt abgesprochen (V,7).

Die Eckpfeiler Atheismus, Bestreitung der Weltschöpfung, der Willensfreiheit und der Unsterblichkeit der Seele markieren den Grundriß einer Anti-Metaphysik, die auf allen Teilgebieten der ›metaphysica specialis‹ – der natürlichen Theologie, der Kosmologie und der Rationalpsychologie bzw. Pneumatologie – die Gegenposition zum Grundkonsens der öffentlich akzeptierten Philosophien einnimmt. Es ist nicht ohne Paradoxie, daß dies mit Theoriestücken maßgeblicher Metaphysiken des 17. Jahrhunderts geschah, die allerdings transformiert und manchmal tendenziös zugerüstet wurden.

Auch die historischen Wurzeln der durchaus nicht originellen Religionskritik des *Traité* lassen sich freilegen. Von den Autoren, die der Verfasser des *Traité* beerbt hat, verfolgte wohl nur einer annähernd radikale Ziele wie dieser: der 1619 als Ketzer ver-

---

[53] Über Lamy vgl. J. S. Spink: *French Free-Thought from Gassendi to Voltaire*. London 1960. S. 114–119; seinen weitreichenden Einfluß belegt etwa J. O. de la Mettrie: *L'homme machine*, hrsg. A. Vartanian. Princeton 1960, S. 178.
[54] Lamy: *Discours anatomiques*. Rouen 1675, S. 147.

brannte Lucilio (Julius Caesar) Vanini[55], der übrigens selbst des öfteren als Verfasser des Buchs über die drei Betrüger verdächtigt worden war.[56] Sein Werk inspirierte die *libertins érudits* des 17. Jahrhunderts wie Gabriel Naudé (vgl. die textkrit. Anm. 202 u. 210 und die komm. Anm. 65 u. 100) und strahlte ins 18. Jahrhundert aus[57]. Vanini vermittelte der Folgezeit eine bereits ideologiekritisch anmutende Sicht der Religion, die etwa von Machiavelli (vgl. komm. Anm. 8) vertreten wurde. Pragmatisch und ohne Respekt vor den supranaturalen Wahrheitsansprüchen der Offenbarungsreligionen und ihrer verschiedenen Konfessionen, sahen diese in der Religion ein Machtinstrument, das es wegen seiner Konfliktträchtigkeit zu neutralisieren galt. Durch Vanini vermittelt, gelangt dieser Gedanke in den *Traité* und wird zu einem Leitmotiv seiner Religionskritik. Auch die natürliche Erklärung der Wundergeschichten der biblischen Bücher (vgl. bes. die Entmythologisierung der Figur des Moses in Kap. III,10) ist u. a. durch Vanini angeregt, der sich das entsprechende Programm der Schrift *De naturalium effectuum causis sive de incantationibus* von Pietro Pomponazzi (1462–1524) zu eigen gemacht hatte[58]. Vaninis Ruf als »fameux Averroïste«[59], den er

[55] Vgl. Spink: French Free-Thought [Anm. 53] S. 28–42.

[56] Vgl. dazu P. F. Arpe: *Apologia pro Iulio Caesare Vanino Neapolitano.* ›Cosmopoli‹ [Rotterdam] 1712, S. 42–44.

[57] Dies nicht zuletzt durch Vermittlung des monumentalen, aus der Mitte des 17. Jahrhunderts stammenden anonymen Werkes *Theophrastus redivivus*, (hrsg. G. Canziani / G. Paganini. Florenz 1981 / 82). Die bisweilen behauptete Abhängigkeit des *Traité* vom *Theophrastus redivivus* ist aufgrund von eindeutigen Textbefunden (vgl. komm. Anm. 38, 36, 100) auszuschließen.

[58] Vgl. P. Pomponazzi: *De naturalium effectuum causis sive de incantationibus.* Basel 1567 [Reprint: Hildesheim / New York 1970]; dazu L. Vanini: *De admirandis naturae.* Paris 1616, S. 367: »ad naturales causas illa omnia [d. h. die vorgeblichen Wunder] reducam«; zu Pomponazzi vgl. S. 373 f. u. ö.; vgl. auch: H. Dethier: *Introduction à l'œuvre de Pietro Pomponazzi et de Giulio Cesare Vanini.* In: Tijdschrift voor de studie van de verlichting 14 / 15 (1986 / 87) S. 103–140.

[59] D. Durand: *La vie et les sentimens de Lucilio Vanini.* Rotterdam 1717, S. 20; vgl. auch S. 31 ff.

mit Pomponazzi teilte, fand jedoch in den philosophisch entscheidenden Hinsichten, etwa der Lehre von der Einheit des
Intellekts, der doppelten Wahrheit oder der Ewigkeit der Welt
keinen Niederschlag im *Traité*. Daher kann der *Traité* nicht als
Kronzeuge für die Herleitung der neuzeitlichen Abkehr von der
christlichen Tradition aus dem Averroismus gelten, wie sie im
Gefolge von Ernest Renans *Averroès et l'Averroïsme* ([1]1852) häufig vorgenommen wurde.

Tendenziös wird man den Gebrauch nennen müssen, den der
Verfasser des *Traité* von den Schriften des François de la Mothe le
Vayer (1588–1672)[60] macht. Dieser Skeptiker, einer der Haupt-
vertreter des ›nouveau pyrrhonisme‹, war zwar eine schillernde
Figur. Daß Motive aus seinen Schriften wie etwa sein Widerspruch gegen die Behauptung, daß die antike Ethik der christlichen Moral unterlegen ist (vgl. komm. Anm. 93), dazu benutzt
werden könnten, einem Angriff auf die Religion überhaupt zu-
sätzliche Plausibilität zu verleihen, konnte er weder ahnen noch
hätte er das gebilligt (vgl. komm. Anm. 86). Im Wesentlichen bezieht der Verfasser des *Traité* aus La Mothes Werk Materialien für
eine religionsgeschichliche Kritik des Christentums, dessen
übernatürlichen Ursprung er durch allerlei Analogien aus der
Religionsgeschichte in Zweifel setzen will (III,12 und 17). La
Mothes erkenntnistheoretischer Skeptizismus dagegen ist in der
endgültigen Textgestalt des *Traité* nicht manifest. Die – abgesehen von La Mothe – auch von Pierre Charron repräsentierte
Spielart des frühneuzeitlichen Skeptizismus ist jedoch ausweislich der Textversion von 1719 eine der wichtigsten Inspirations-
quellen des *Traité*. Gegen die Intentionen dieses fideistischen
Skeptizismus, der die Validität der rationalen Argumente für die
wesentlichen Glaubensinhalte erschütterte, um gläubiger Unter-

---

[60] Vgl. R. H. Popkin: *The History of Scepticism from Erasmus to Spinoza*. Berkeley / Los Angeles 1979, S. 90 ff.; dort weitere Lit. In diesem
Zusammenhang ergiebig: J.-E. d'Angers: *Stoicisme et »libertinage« dans
l'œuvre de François la Mothe le Vayer*. In: Ders.: Recherches sur le stoicisme aux XVIe et XVIIe siècles, hrsg. L. Antoine. Hildesheim / New
York 1976, S. 481–506.

werfung und Gehorsam (»soumission & obeïssance«[61]) Platz zu
schaffen, lag in den Werken Charrons und La Mothes ein reich-
haltiges Arsenal religionskritisch verwertbarer Argumente bereit. Es wundert nicht, daß die zugespitztesten Formulierungen
dieses Skeptizismus, der die christliche Religion als mit Philosophie
und Vernunft unvereinbar bezeichnet (»contraire à toute Philosophie et discours de la raison«), ausführlich in der Urfassung unseres
Textes zitiert werden (textkrit. Anm. 165). Als eigenes Kapitel
wurde ein Abschnitt mit gleichgerichteter Tendenz aus Charrons
Hauptwerk in den Druck von 1719 eingerückt.[62]

Ebensowenig im Sinne ihres Urhebers ist die Rezeption von
Gedanken des Thomas Hobbes, vor allem aus dem 12. Kapitel
seines *Leviathan*, das eine Religionspsychologie des Aberglaubens vorlegt (vgl. III,2–9), aber nicht auf eine Preisgabe der
Religion überhaupt gerichtet ist. Das 45. Kapitel des *Leviathan*
lieferte dem *Traité* die wesentlichen Argumente gegen den Glauben an Dämonen, Hexen und Besessenheit (VI, 1–6).

Auffällig sparsam macht der anonyme Verfasser des *Traité* von
Spinozas *Tractatus theologico-politicus* Gebrauch. Einige Stellen
meinte er gegen den Offenbarungsanspruch und die Dignität der
Bibel ins Feld führen zu können (komm. Anm. 10, 17, 19, 20, 39,
104).[63] Daß aber Spinozas Religionsphilosophie in ihrem
Hauptanliegen, das auf eine Bereichstrennung von Philosophie

---

[61] P.Charron: *La sagesse* 2,5,24. (¹1601). Paris 1671, S. 338.
[62] Charron: *La sagesse* 2,54ff., a. a.O. S. 326 ff. [zit. im *Esprit de Spinosa* Kap. 13: »De la diversité des religions«; vgl. den Überblick
S. XXVI f.]. Der Tenor dieses Kapitels: »Toutes les religions ont cela,
qu'elles sont estranges & horribles au sens commun, car elles proposent
[...] de pieces desquelles les unes semblent au jugement humain basses,
indignes & messeantes [...]; ou bien trop hautes, éclatantes, miraculeu-
ses, & mysterieuses«, a. a. O. S. 327.
[63] Eine Paraphrase von Spinozas schroffem Kommentar zum Inkar-
nationsdogma (*Brief* 73, Opera, hrsg. C. Gebhardt. Heidelberg o. J.,
Bd. 4, S. 308) findet sich nur in der Textversion von 1719: »Mais d'ailleurs, si Jésus-Christ étoit Dieu, il ensuiveroit, [...] que Dieu *auroit été
fait Chair*, & auroit pris la Nature humaine, ce qui renferme une aussi
grande contradiction, que si l'on disoit, que le Cercle a pris la Nature du
Quarré, ou que le Tout est devenu Partie.«; vgl. textkrit. Anm. 194.

und Theologie mit dem Ziel einer störungsfreien Koexistenz beider gerichtet war, keine Spuren im *Traité* hinterlassen hat, kann in Anbetracht der Radikalität der in ihm vorgetragenen Religionskritik nicht verwundern.

In manchen Fällen reichen die Wurzeln der Religionskritik des *Traité* weiter zurück. So ist Hobbes' Theorie der »superstition« eine Explikation der schon in der Antike geläufigen These, die Furcht sei der Ursprung des Götterglaubens[64]. Vanini und La Mothe le Vayer (komm. Anm. 63, 67, 90, 93) wiederholen nicht selten bloß Argumente, die der Platoniker Kelsos (2.Jh.) in seinem fragmentarisch, aber zu erheblichen Teilen in Origenes' Schrift *Contra Celsum* erhaltenen Werk gegen das Christentum[65] formuliert hatte. Der Verfasser des *Traité* griff aber auch direkt auf die Kelsos-Fragmente zurück (III,18, S. 90; vgl. auch komm. Anm. 1, 69, 84; textkrit. Anm. 143). Es verdient hervorgehoben zu werden, daß schon der antike Platoniker Kelsos, zwar kein Zeitgenosse des entstehenden Christentums, aber doch Angehöriger derselben Epoche, Stiftung und Ausbreitung des Christentums als betrügerische Machenschaften beschrieben hat, denn dieses grobe Geschütz der Religionskritik ist immer wieder als Beleg für die angeblich unhistorische Perspektive der Aufklärung auf die Religion ins Feld geführt worden.

Die Vielzahl der im *Traité* rezipierten Einflüsse der frühneuzeitlichen Philosophie muß bedacht werden, wenn nach dem Ursprung des modernen Atheismus gefragt wird. Mit den meisten dieser Tendenzen konnte das christliche Weltbild bestehen: zwar nicht mit Vaninis Entlarvung der Stifter der Offenbarungs-

---

[64] Vgl. den vielzitierten Vers »primus in orbe deos fecit timor« (überliefert bei Petronius, *Fragm.* 22, und Statius: *Thebais* 3,661). Er wurde oft fälschlich Lukrez zugeschrieben (vgl. Vanini [Anm. 58] S. 366), in dessen Werk dieses Motiv allerdings auch eine Rolle spielt; vgl. das Lukrez-Zitat in *Traité* II,1.

[65] Ἀληϑὴς λόγος, hrsg. O. Glöckner. Bonn 1924; dtsch.: Wahres Wort, hrsg. Th. Keim. Zürich 1873 [Reprint München 1984]. Die andere der beiden überlieferten antiken Streitschriften gegen das Christentum, Κατὰ Γαλιλαίων von Julian Apostata, hat der Verfasser des *Traité* ebenfalls gekannt; vgl. die textkrit. Anm. 187.

religionen, auch wenn sie eine philosophische, ›natürliche‹
Theologie nicht ausschloß, und mit Spinozas Metaphysik, die
den personalen Gottesbegriff preisgab, auch wenn sie die Sy-
stemstelle des von den Einzeldingen des Universums unterschie-
denen Prinzips beibehielt, wohl aber mit dem Skeptizismus der
›nouveaux pyrrhoniens‹, die das dogmatische Wissen von Gott
zugunsten des Glaubens als eitel erwiesen, desgleichen mit der
hobbesianischen Religionspsychologie, die den Aberglauben,
aber nicht den Kernbestand der christlichen Religion treffen
sollte, auch mit der cartesianischen, von Spinoza übernomme-
nen Kritik an der Teleologie, schließlich mit der medizinischen
Anthropologie Guillaume Lamys, die die Spiritualität der Vernunftseele unangetastet ließ. Im Milieu des von allen Restriktionen freien literarischen Untergrunds jedoch konnten diese Strömungen eine kumulative Wirkung entfalten, deren Resultat der
Atheismus war. Das theoretisch eher dürftige Niveau dieses
frühen Dokuments des Atheismus, unmittelbare Folge der Ver-
bannung radikal oppositionellen Denkens in den nichtakademi-
schen Untergrund, hebt es deutlich von der durch die Historio-
graphie kanonisierten Philosophie der Neuzeit ab. Deshalb und
in Anbetracht des Gefälles zu den Philosophien, die dem *Traité*
gegen die Intentionen ihrer Urheber das gedankliche Material
lieferten, wäre der Atheismus am ehesten das illegitime Kind der
neuzeitlichen Philosophie zu nennen. Seine genealogische Einordnung ist indessen unzweifelhaft.

IV

Der Einfluß eines Textes, der sich wie der *Traité* nicht an das
akademische Publikum, sondern an eine breite, großenteils anonyme Leserschaft wendet, für die die Lektüre nicht ohne Risi-
ken war[66], ist schwer zu fassen. Zahlreich sind allerdings erwar-
tungsgemäß die Gegenschriften, die zum Teil schon erschienen,

---

[66] Vgl. M. Benítez: *Autour du »Traité des trois imposteurs«: l'affaire
Guillaume*. In: Studi francesi 91 (1987) S. 21–36.

bevor mit der Ausgabe von 1768 die eigentliche Verbreitung des *Traité* im Druck begann[67]. Die wenigsten dieser Schriften, die zumeist nicht mehr als den zu erwartenden Widerspruch der Theologie artikulieren, sind von Interesse, manche stammen immerhin aus prominenter Feder. So hat Johann Melchior Goeze – rund dreißig Jahre vor seiner Fehde mit Lessing im Fragmentenstreit – eine Widerlegung des *Traité* verfaßt.[68] Ablehnung und Widerspruch erfuhr der *Traité* aber auch von einigen Exponenten der Aufklärung. Viele stießen sich an den gegen Jesus gerichteten »Blasphemien, vor denen auch das dreusteste Herz zurückbebt«[69], und sogar Johann Christian Edelmann, der wohl unerschrockenste Freidenker im Deutschland der Mitte des 18. Jahrhunderts, nahm »den gantz unschuldigen JEsum« gegen den Verdacht betrügerischer Machenschaften in Schutz[70]. Solche Reaktionen, kaum bloß Ausdruck verletzter religiöser Gefühle, machen sinnfällig, in welchem Maße die Kritik an der institutionalisierten christlichen Religion und der orthodoxen Theologie auf die von den gemäßigten Aufklärern zum Morallehrer stilisierte Jesus-Figur und die entsprechend geläuterte Religion Jesu angewiesen war. Voltaire sah noch mehr auf dem Spiel: Wohl auch deshalb, weil er den *Traité* als Repräsentanten der zu seiner Besorgnis anwachsenden atheistischen Tendenzen sah, verfaßte

[67] Vgl. etwa J. W. von Goebel: *Dissertatio de certamine inter Michaelem archangelum et diabolum de corpore Mosis.* Helmstedt 1738.

[68] J. M. Goeze: *Wiederlegung eines Einwurfs, welchen der ungenannte Verfasser eines in französischer Sprache geschriebenen Buches, so den Titel führet: Des trois imposteurs, wieder die Göttlichkeit der Sendung des Moses gemacht.* In: Compendium historiae litterariae novissimae oder Erlangische gelehrte Anmerkungen und Nachrichten (1746) S. 281–284; 289–290; 297–301; 305–308.

[69] W. L. Wekhrlin: *De tribus impostoribus. Eine Recension.* In: Das graue Ungeheur [!] 3 (1784) S. 232.

[70] *Abgenöthigtes Jedoch Andern nicht wieder aufgenöthigtes Glaubens-Bekentniß.* o. O. 1746. Sämtliche Schriften, hrsg. W. Grossmann. Stuttgart-Bad Cannstatt 1969ff. Bd. 9, S. 93; vgl. auch Edelmann: *Sechs Briefe an Georg Christoph Kreyssig,* hrsg. Ph. Strauch. Halle 1918, S. 9f.; 12.

er gegen diesen Text, den er als »un plat ouvrage« abtat[71], eigens ein polemisches Lehrgedicht. Wie sich überhaupt am *Traité* die gemäßigten von den kühnen Geistern unter den Aufklärern schieden, so wurde dieser Text für Voltaire zum Anlaß, seiner funktionalistischen Begründung der Notwendigkeit von Religion bündigen und seither sprichwörtlichen Ausdruck zu geben: Der vielzitierte Satz, daß man Gott, wenn er nicht existierte, erfinden müßte (»Si Dieu n'existait pas, il faudrait l'inventer«) steht in jener *Épitre à l'auteur du livre des trois imposteurs[72]*, mit der Voltaire bereits 1769 auf den *Traité* reagierte. Hatte der *Traité* die Religion schlechthin als Machwerk machthungriger »princes et prêtres« (II,11, S. 40) entlarven wollen, indem er sie auf das Interesse der politischen und kirchlichen Institutionen an Stabilität und Verhaltensregulation zurückführte, so streicht Voltaire eben diese Funktion als unverzichtbaren Vorzug religiösen Glaubens, als »le fruit d'une utile croyance« heraus. Ohne Religion keine Bindungen in der Gesellschaft, keine Gerechtigkeit, weder

---

[71] *Brief an H. Rieu*, 9.5.1768. Correspondance, hrsg. Th. Besterman [n. 14054]. Bd. 69. Genf 1961, S. 117; *Brief an D. M. A. Chardon*, 17.4.1768 [n. 13989]. Bd. 69, S. 40. Voltaire besaß die Ausgabe von 1768; vgl. G. R. Havens / N. L. Torrey (Hrsg.): *Voltaire's Catalogue of His Library at Ferney*. In: Studies on Voltaire and the 18th Century 9 (1959) S. 115 [n.406]. Kurioserweise wurde Voltaire anfangs der Verfasserschaft verdächtigt; vgl. seinen Brief an M. P. G. Chabanon, 16.4.1768 [Best. n. 14005], a. a. O. Bd. 69, S. 56f. Diderot, der die Attitude des kämpferischen Atheisten bereits hinter sich gelassen hatte (vgl. dazu Mortier [Anm. 4], S. 372), ging entsprechend gelassen und nur beiläufig auf den *Traité* ein; vgl. seinen *Brief an Falconet* vom 6.9.1768, Correspondance, hrsg. G. Roth. Bd. 8. Paris 1962, S. 116.

[72] Œuvres complètes. Bd. 10. Paris 1877, S. 402–405. Da Voltaire aus, wie er meinte, stichhaltigen Gründen von der Existenz Gottes überzeugt war, ist dieser Satz nicht, wie es scheinen könnte, der Offenbarungseid eines Philosophen, dem mangels valider Argumente nur noch der Ausweg bleibt, sich auf den *Nutzen* der nicht mehr als wahr ausweisbaren Annahme der Existenz Gottes zu berufen; vgl. dazu H. Dieckmann: *Religiöse Voraussetzungen in Voltaires Philosophie*. In: H. Baader (Hrsg.): *Voltaire* [Wege der Forschung 286]. Darmstadt 1980, S. 80ff.

Abschreckung für den Verbrecher noch Hoffnung für den Gerechten:

»C'est le sacré lien de la société,
Le premier fondement de la sainte équité,
Le frein du scélérat, et l'espérance du juste.«

Um all dies nicht zu gefährden, votiert der Patriarch von Ferney
gegen das Vorhaben seiner radikalen Zeitgenossen, das kritische
Geschäft der Aufklärung auch auf die affektgeleitete und durch
die Religion verfestigte Heteronomie des Volkes zu richten. Die
Gott und dem Jenseits geltende Furcht und Hoffnung, die der
Traité als Quelle der Unmündigkeit identifiziert hatte, sieht Voltaire als Garanten der Ordnung im Moralischen und Gesell-
schaftlichen; man soll sie den Menschen, jedenfalls den Vielen,
nicht nehmen:

»Ah! laissons aux humains la crainte et l'espérance.«

Der Einfluß des *Traité* ging zunächst einmal, statt in den Werken professioneller Philosophen ihren Niederschlag zu finden,
in die Breite. Rezipiert wurde er von einer Leserschaft, die an
den philosophischen Diskussionen des 18. Jahrhunderts nicht
aktiv teilnahm, jenem quantitativ schwer abschätzbaren Kreis
von Besitzern und Lesern des Traktats, der ausweislich der zah-
reichen, auch heute noch in großer Zahl erhaltenen Drucke und
Abschriften[73] nicht klein gewesen ist. Der *Traité* hat zunächst
weniger dokumentarisch faßbare Philosophiegeschichte gemacht, sondern eher Mentalitäten in einer Sphäre von Rezipien-
ten geprägt, die keine Philosophen waren. Im wesentlichen sind
von dieser Wirkung nur indirekte Zeugnisse erhalten. Um die
Mitte des 18. Jahrhunderts berichtet ein Kenner der Freidenker-
Szene in Deutschland: »Zu meiner Zeit war in Halle ein Mensch,
der seinem Lehrbegriffe nach ein Edelmannianer, und seiner
Aufführung nach ein porcus Epicuri war, welcher mit diesem

---

[73] Vgl. M. Benítez: *Liste et localisation des traités clandestins*. In:
O. Bloch (Hrsg.): Le matérialisme du XVIIIᵉ siècle et la littérature clandestine. Paris 1982, S. 25; ders.: *Matériaux pour un inventaire des manuscrits philosophiques clandestins du XVIIᵉ et XVIIIᵉ siècles*. In: Rivista di
storia della filosofia 43 (1988) S. 519.

Mscrt. [Manuskript] einen gottlosen Handel trieb.«[74] Im Œuvre
eines anderen, nicht anonym gebliebenen ›porcus Epicuri‹ – dies
eher seinem Lehrbegriffe als seiner Aufführung nach – hat der
Traité nachhaltige Spuren hinterlassen: Der Marquis de Sade hat
viele Motive, darunter immer wieder das des Priesterbetrugs, aus
dem *Traité* aufgegriffen. Wie zentrale Stücke – vor allem zur
Kritik des Gottesbegriffs und der traditionellen Seelenlehre –
zeigen, die er fast unverändert in die *Histoire de Juliette* einmon-
tierte[75], geschah dies in direktem Rückgriff auf unseren Text. Im
libertinage des Marquis überschlägt sich gewissermaßen das
Freidenkertum, wie es im *Traité* sich artikuliert, und führt gera-
dewegs zu gegenläufigen Konsequenzen. De Sade meint, das
aufklärerische Emanzipationsprojekt zu überbieten, das nicht
ausgewiesene Autoritäten im Namen von Rationalität und Moralität kritisiert: Nun soll nach dem religiösen Glauben auch die

---

[74] A. G. Masch: *Nachrichten von dem Buche De tribus impostoribus.*
In: Brem- und Verdische Bibliothek (1757) S. 837. Über den Vertrieb der
Drucke des *Traité* vgl. R. Darnton: *Livres philosophiques.* In: G. Barber / C. P. Courtney: *Enlightenment Essays in Memory of Robert Shackleton.* Oxford 1988, S. 89–107, bes. 103.
[75] Œuvres complètes, hrsg. A. Le Brun / J.-J. Pauvert. Bd. 8. Paris
1987.
    S. 557f.: »Le prétendu Dieu des hommes n'est que l'assemblage de
tous les êtres, de toutes les propriétés, de toutes les puissances; il est la
cause immanente et non distincte de tous les effets de la nature; [...] c'est
parcequ'on l'a cru tour à tour bon, méchant, jaloux, vindicatif, qu'on a
supposé de là qu'il devait punir ou récompenser; mais Dieu n'est que la
nature; tous les êtres qu'elle produit sont indifférents à ses yeux,
puisqu'ils ne lui coûtent pas plus à créer l'un que l'autre, et qu'il n'y a plus
de mal à détruire un bœuf qu'un homme«; vgl. *Traité* IV,2.
    S. 558: »[...] l'âme de l'homme, absolument semblable à celle de tous
les animaux, mais autrement modifiée dans lui, à cause de la différence de
ses organes, n'est autre chose qu'une portion de ce fluide éthéré, de cette
matière infiniment subtile dont la source est dans le soleil. Cette âme, que
je regarde comme l'âme générale du monde, est le feu le plus pur qui soit
dans l'univers, il ne brûle point par lui-même [...]«; vgl. *Traité* V,7. Zu
den Anregungen de Sades durch den *Traité* vgl. L. G. Crocker: *An Age of
Crisis. Man and World in Eighteenth Century French Thought.* Baltimore
1959, S. 15.

Moral als Vorurteil entlarvt und beseitigt werden.[76] – In das intellektuelle Klima der Spinoza-Renaissance des späten 18. Jahrhunderts, in die die Veröffentlichung der bisher einzigen deutschen Übersetzung unseres Textes fällt (vgl. oben S. XXIII), paßte seine atheistische und materialistische Tendenz denkbar schlecht. Man kannte den *Traité* bzw. *Esprit de Spinosa*, stellte aber zu Recht fest, daß »die Meynungen des Verfassers [...] nur selten mit dem wahren Spinozismus zusammen[kommen]«[77].

Philosophiegeschichtlich bedeutsam ist vor allem[78] der Einfluß des *Traité* auf den seit der Mitte des 18. Jahrhunderts sich formierenden französischen Materialismus. Der *Traité* liest sich geradezu wie die straffe Skizze des breit ausgeführten *Système de la nature* Holbachs.[79] So finden wir dort in auffälliger Entspre-

---

[76] Schließlich führt das Prinzip der Lustmaximierung durch Normübertretung, Quälerei usf. – eigentlich konsequent – dazu, daß die Existenz Gottes wünschbar wird: Jedenfalls als derjenige, der ewige Höllenqualen verhängt, verleiht er dem Sadisten, der sich diese vorstellt, einen immerhin zerebralen Genuß. Dieser Logik folgend, wird denn auch in der *Histoire de Juliette* von einem Protagonisten die Existenz dieses strafenden Gottes ausdrücklich postuliert; Œuvres, a.a.O., Bd. 8, S. 421–426.

[77] Heydenreich: *Natur und Gott* [Anm. 39], S. LXXX.

[78] Allerdings ist der *Traité*, wie zu erwarten, auch im Freidenker-Milieu nachweisbar. Anthony Collins etwa besaß eine Handschrift unseres Textes; vgl. J. O'Higgins: *Anthony Collins. The Man and His Work.* Den Haag 1970, S. 37. In Deutschland ist etwa K. von Knoblauch zu nennen, einer der wichtigsten Vertreter des linken Flügels der deutschen Spätaufklärung. Der Titel *Spinoza der Dritte*, den er seinem materialistischen Credo, dem 1. Teil seiner dreiteiligen *Nachtwachen des Einsiedlers zu Athos* (o.O. 1790, S. 9–52) gab, nimmt augenfällig Bezug auf die deutsche Übersetzung des Traité, die 1787 unter dem Titel *Spinoza II. oder Subiroth Sopim* erschienen war [s. oben Anm. 39].

[79] Im *Système de la nature* finden sich mehrere Entsprechungen zum *Traité*, auch in nebensächlichen, aber im Hinblick auf Holbachs Vertrautheit mit unserem Text beweiskräftigen Details. Entsprechungen vieler zentraler Gedanken und ein ähnlicher Aufbau verbinden den *Traité* auch mit Holbachs Schrift *La contagion sacrée, ou histoire naturelle de la superstition.* ›London‹ 1768. [Die Zuschreibung dieser Schrift an

chung nicht allein dasselbe Ensemble von Argumenten gegen die Offenbarungsreligionen und die natürliche Religion. Auch die Eckpfeiler seines philosophischen Gegenentwurfs zum »théisme« entsprechen dem Atheismus, Determinismus, Antifinalismus und Materialismus des *Traité*. An der Rezeption des *Traité* im Holbach-Kreis läßt sich am deutlichsten ablesen, welche Rolle dieses *patch-work* aus Versatzstücken der Philosophie des 17. Jahrhunderts als deren Transformator und Vermittler an das Jahrhundert der Aufklärung spielte.

J. Trenchard, den Verfasser einer *Natural History of Superstition.* o. O. 1709 (*La contagion*, Vorwort, n. p.), ist eine bewußte Irreführung.].

EDITORISCHE HINWEISE

Die vorliegende Ausgabe bietet den Text der seit 1768 mehrmals im Druck erschienenen und deshalb am weitesten verbreiteten Version des *Traité des trois imposteurs*. Im *textkritischen Apparat* sind die Varianten der unter dem Titel *L'esprit de Mr. Benoit de Spinosa* erschienenen Erstausgabe von 1719 (= E) und der Ausgaben des *Traité* von 1768 bis 1793 (= T; vgl. Bibliographie) aufgeführt. Inhaltlich unerhebliche stilistische Änderungen wurden nicht notiert. Folgt dem Kürzel »T« eine Jahreszahl, so findet sich die betreffende Variante nur in der jeweiligen Ausgabe des *Traité* aus dem genannten Jahr; Varianten, die sich in allen Drukken des *Traité* finden, sind ohne Zusatz einer Jahreszahl mit »T« vermerkt. Die Passagen, zu denen Textvarianten (Zusätze: *add.*; Weglassungen: *om.*) vorliegen, sind im Text durch Häkchen ⌈ ⌉ gekennzeichnet. Die uneinheitliche Orthographie und Interpunktion wurde beibehalten; offensichtliche Druckfehler wurden stillschweigend korrigiert.

Die Ausgaben von 1719 bzw. 1768 ff. enthalten neben dem Text des *Traité* noch einige Zusätze: In den *Esprit de Spinosa* wurden längere Passagen aus Werken von Pierre Charron und Gabriel Naudé, gezählt als Kap. XII–XVII, aufgenommen (vgl. die Einleitung, S. XX, und die synoptische Übersicht, S. XXVI f.); im Anhang der Ausgaben des *Traité* von 1768 ff. finden sich Auszüge aus B. de la Monnoyes *Lettre [...] Sur le prétendu livre des trois imposteurs* und der anonymen *Réponse à la Dissertation de Mr. de la Monnoye* (vgl. dazu die Einleitung, S. XIX f.). Diese Zusätze sind nicht in die vorliegende Ausgabe aufgenommen worden.

Im Text der *Übersetzung* verweisen die hochgestellten Anmerkungsziffern auf die im Anschluß zusammengefaßten kommentierenden Anmerkungen, S. 143 ff.

BIBLIOGRAPHIE

Titel, die mir nicht zugänglich waren, sind mit einem Asteriscus [*]
versehen. Abteilung B. der Bibliographie enthält ausschließlich Studien, die für den *Traité des trois imposteurs* bzw. *Esprit de Spinosa*
einschlägig sind. Nicht berücksichtigt wurden Arbeiten zur Geschichte der Betrugshypothese im allgemeinen oder zu dem lateinischen Traktat *De imposturis religionum / De tribus impostoribus*.

A. Ausgaben und Übersetzungen des Traité des trois imposteurs / Esprit de Spinosa

a) Ausgaben

- La vie et l'esprit de Mr. Benoit de Spinosa. o.O. 1719,
  S. 49–208.
- *De tribus impostoribus, des trois imposteurs. ›A Francfort sur le
  Mein [!], aux dépens du traducteur‹, 1721.
- Traité des trois imposteurs. Yverdon, de l'imprimerie du Profes-
  seur de Felice [Amsterdam] 1768.
- Traité des trois imposteurs. o.O. 1775.
- Traité des trois imposteurs. Amsterdam 1776.
- Traité des trois imposteurs. o.O. 1777.
- Traité des trois imposteurs. o.O. 1780.
- Traité des trois imposteurs. ›en Suisse, de l'imprimerie philosophi-
  que‹ 1793.
- *Traité des trois imposteurs, des religions dominantes et du culte.
  Philadelphia / Paris 1796.
- Traité des trois imposteurs Moïse, Jésus-Christ, Mahomet, par le
  Baron d'Holbach. Herblay 1932 [orthographisch modernisierter
  Nachdruck der Ausgabe o.O. 1777].
- Le Fameux Livre des Trois Imposteurs Traduit du latin En fran-
  çois, in: H. Dübi: Das Buch von den drei Betrügern und das
  Berner Manuskript. [Neujahrsbl. der Lit. Ges. Bern IX / 14] Bern
  1936, S. 21–70. [Transskription des Ms. B.382 der Stadtbibl.
  Bern].

– Traité des trois imposteurs (o. O. 1777), avec une préface par P.
  Rétat [Images et témoins de l'âge classique 3]. Saint-Étienne
  1973.

b) Übersetzungen

– Spinoza II. oder Subiroth Sopim. Rom, bey der Wittwe Bona
  Spes. 5770 [Berlin 1787?].
– *The Three Impostors. Translated from the French Edition, Pub-
  lished at Amsterdam. Dundee 1844.
– *The Three Impostors. New York 1846.
– *De Tribus Impostoribus, A. D. 1230. The Three Impostors.
  Translated from a French Manuscript of the Work Written in the
  Year 1716, hrsg. S. Briggs. Cleveland 1904.
– Anonimnye ateističskie traktaty, hrsg. A. S. Gulyga. Moskau
  1969, S. 133–193.
– Trattato sui tre impostori. Nota introduttiva di F. Brunetti. Mai-
  land 1981.

B. Sekundärliteratur

a) Ältere Literatur und frühe Bezeugungen
des Traité des trois imposteurs

Anon.: Rez.: V. Placcius: Theatrum anonymorum et pseudonymo-
  rum. (Hamburg 1708). In: Acta eruditorum (1709) S. 34–40.
Anon.: Nova librorum rariorum conlectio. Fasc. I. Halle 1709
  (S. 12 f.).
Anon.: Réponse à la dissertation de Mr. de la Monnoye Sur le Traité
  De Tribus Impostoribus. Den Haag 1716.
Anon.: (Nachricht über eine lateinische Übersetzung des Traité). In:
  Neue Zeitungen von Gelehrten Sachen (Juni 1716) S. 192.
Blaufuß, J. W.: Vermischte Beyträge zur Erweiterung der Kentniß selte-
  ner und merkwürdiger Bücher. Jena 1753 (Bd. 1, S. 86–96; 388).
Budde, J. F.: Theses theologicae de atheismo et superstitione. Jena
  1717. (S. 111–113).
Fabricius, J. A.: Delectus argumentorum et syllabus scriptorum qui
  veritatem religionis christianae [. . .] asseruerunt. Hamburg 1725.
  (S. 474 f.).

Goebel, J. W. von: Dissertatio de certamine inter Michaelem archangelum et diabolum de corpore Mosis. Helmstedt 1738.

Goeze, J. M.: Wiederlegung eines Einwurfs, welchen der ungenannte Verfasser eines in französischer Sprache geschriebenen Buches, so den Titel führet: Des trois imposteurs, wieder die Göttlichkeit der Sendung des Moses gemacht. In: Compendium historiae litterariae novissimae oder Erlangische gelehrte Anmerkungen und Nachrichten (1746) S. 281–284; 289–290; 297–301; 305–308.

Gottsched, J. Ch. (Übers.): Peter Baylens Historisches und Critisches Wörterbuch, Art. ›Aretin (Peter)‹, rem. G. [Anm. Gottscheds]. Bd. 1. Leipzig 1741 (S. 307).

Grimm, F. M. u. a.: Correspondance littéraire, philosophique et critique par Grimm, Diderot, Raynal, Meister, etc., hrsg. M. Tourneux. Bd. 8. Paris 1897 (S. 321).

Heydenreich, K. H.: Natur und Gott nach Spinoza. Leipzig 1789. (S. XXI–XXV; LXXX).

Jahn, J. Ch. G.: Verzeichnis der Bücher so gesamlet Johann Christian Gottfried Jahn. Frankfurt/Leipzig 1755–57 (S. 2074 bis 2093).

Krause, J. G.: Die neueste Nachricht von dem Buche de Tribus Impostoribus. In: Ders.: Umständliche Bücher-Historie. II. Theil. Leipzig 1716, S. 280–296.

Marchand, P.: Art. ›Impostoribus (Liber de tribus)‹. In: Ders.: Dictionaire historique. Bd. 1. Den Haag 1758, S. 312–329.

Maréchal, S.: Dictionnaire des athées anciens et modernes. (¹Paris, an VIII). ²Brüssel 1833 (S. 307).

Masch, A. G.: Nachrichten von dem Buche De tribus impostoribus. In: Brem- und Verdische Bibliothek (1757) S. 831 bis 848.

Andreas Gottlieb Masch: Beschlus [!] der Abhandlung von der Religion der Heiden und der Christen. Nebst einem Anhange eines Verzeichnisses der erheblichsten freigeisterischen Schriften. Halle 1753 (S. 83–86, 99 f.).

Mehlig, J. M.: Das erste schlimmste Buch, oder Historisch-Critische Abhandlung von der Religionslästerlichen Schrift De tribus impostoribus. Chemnitz 1764.

Pratje, J. H.: Nachlese einiger Nachrichten und Anmerkungen wegen des berufenen Buchs De tribus impostoribus. In: Brem- und Verdisches Hebopfer 4 (1752) S. 909–938.

Reimmann, J. F.: Versuch Einer Einleitung in die Historie der Theo-

logie insgemein und der Jüdischen Theologie insbesondere. Magdeburg / Leipzig 1717. (S. 647).

Reimmann, J. F.: Bibliothecae theologicae catalogus systematico-
criticus. Hildesheim 1731 (S. 1029 f.)

Schelhorn, J. G.: Commercii epistolaris Uffenbachiani selecta.
Bd. 2. Ulm / Memmingen 1753. (P. F. Arpe an Z. K. von Uffen-
bach, 13.7.1728, S. 443–449)

Stolle, G.: Kurtze Nachricht Von den Büchern Und Deren Urhe-
bern In der Stollischen Bibliothec. Bd. 1. Jena 1732 (S. 453 f.).

Struve, B. G. (Praes.) / Dorn, J.Ch. (Resp.): Dissertatio historico-
litteraria de doctis impostoribus. Jena ¹1703; Jena ²o. J.(1710).

Struve, B. G. / Jugler, J. F.: Bibliotheca historiae litterariae selecta.
Bd. 3. Jena 1763. (S. 1660–66).

Tentzel, W. E.: Curieuse Bibliothec. Des ersten Repositorii fünfftes
Fach. Frankfurt / Leipzig 1704, S. 487–498.

Trinius, J. A.: Freydenker-Lexicon. Leipzig / Bernburg 1759
(S. 27 f.)

Uhl, L. (Hrsg.): Thesaurus epistolicus Lacrozianus. Leipzig
1742–46.
(J. C.Wolf an M. V. de la Croze, 8.7.1719, Bd. 1, S. 19 f.;
Ders. an Dens., 8.6.1719, Bd. 2, S. 145; vgl. auch Bd. 3, S. 206 u.
208).

Vogt, W.: Abhandlung von dem gottlosen Buche, De tribus impostoribus, und den verschiedenen Handschriften desselben. In:
Brem- und Verdisches freiwilliges Hebopfer (1751) S. 867–908.

Voltaire: Épitre à l'auteur du livre des trois imposteurs. Œuvres
complètes. Bd. 10. Paris 1877, S. 402–405.

Wekhrlin, W. L.: De tribus impostoribus. Eine Recension. In: Das
graue Ungeheur [!] 3 (1784) S. 219–235.

Wolf, J.Ch.: Bibliotheca Hebraea. Bd. 4. Hamburg 1733 (S. 796).

b) Neuere Forschungsliteratur

Allen, D. C.: Doubt's Boundless Sea. Baltimore 1964.

Barbier, A.-A.: Dictionnaire des ouvrages anonymes. Bd. 7. Paris
1879 (S. 788 f.).

Benítez, M.: Liste et localisation des traités clandestins. In: Bloch
(Hrsg.): Le matérialisme [s. d.], S. 17–25.

–: Autour du »Traité des trois imposteurs«: l'affaire Guillaume. In:
Studi francesi 91 (1987) S. 21–36.

–: Matériaux pour un inventaire des manuscrits philosophiques clandestins des XVIIe et XVIIIe siècles. In: Rivista di storia della filosofia 43 (1988) S. 501–531.

Berkvens-Stevelinck, Ch.: *Les Chevaliers de la Jubilation*: Maçonnerie ou libertinage? A propos de quelques publications de Margaret C. Jacob. In: Quaerendo 13 (1983) S. 50–73; 124–148.

Berriot, F.: Athéismes et athéistes au XVIe siècle en France. Lille 1984.

Berti, S.: »La Vie et l'Esprit de Spinosa« (1719) e la prima traduzione francese dell' »Ethica«. In: Rivista storica italiana 93 (1986) S. 6–46.

–: Jan Vroesen, autore del »Traité des trois imposteurs«. In: Rivista storica italiana 103 (1991) S. 528–543.

Betts, C. J.: Early Deism in France. From the so-called ›déistes‹ of Lyon (1564) to Voltaire's ›Lettres philosophiques‹. Den Haag / Boston / Lancaster 1984.

Bloch, O. (Hrsg.): Le matérialisme du XVIIIe siècle et la littérature clandestine. Paris 1982.

Bonnerot, O. H.: L'»imposture« de l'Islam et l'esprit des Lumières. In: Études sur le XVIIIe siècle (1980).

Brunetti, F.: Introduzione. In: Ders.: (Hrsg. u. übers.): Trattato sui tre impostori. Mailand 1981, S. I–VII.

Busson, H.: La religion des classiques (1660–1685). Paris 1948.

Canziani, G. / Paganini, G.: Introduzione. Nota storico-critica. In: Dies. (Hrsg.): Theophrastus redivivus. Edizione prima e critica. Florenz 1981 / 82, Bd. 1, S. XV–CXXIII.

Charles-Daubert, F.: Libertinage, litérature clandestine et privilège de la raison. In: Recherches sur le XVIIe siècle 7 (1984) S. 45 bis 57.

–: Le *TTP* une réponse au *Traité des trois imposteurs*? In: Les études philosophiques (1987) S. 385–391.

–: Les Traités des trois imposteurs et *L'Esprit de Spinosa*. In: Nouvelles de la république des lettres (1988) S. 21–50.

–: L'image de Spinoza dans la littérature clandestine et l'Esprit de Spinoza, in: O. Bloch (Hrsg.): Spinoza au XVIIIe siècle. Paris 1990, S. 51–74.

–: Note sur l'*Esprit de Spinoza* et le *Traité des trois imposteurs*. In: Archives de philosophie (1990) S. 10–13.

Clair, P.: Libertinage et incrédules [Recherches sur le XVIIe siècle, 6] Paris 1983.

Cotoni, M.-H.: L'image du Christ dans les courants déiste et matérialiste du XVIIIᵉ siècle. In: Studies on Voltaire and the 18th Century 192 (1980) S. 1092–1100.

–: L'exégèse du Nouveau Testament dans la philosophie française du dix-huitième siècle [Studies on Voltaire and the 18th Century 220]. Oxford 1984.

Crocker, L. G.: An Age of Crisis. Man and World in Eighteenth Century French Thought. Baltimore 1959.

Darnton, R.: Livres philosophiques. In: G. Barber / Courtney, C. P.: Enlightenement Essays in Memory of Robert Shackleton. Oxford 1988, S. 89–107.

Dunin-Borkowski, S. von: Der junge De Spinoza. Münster 1910.

–: Nachlese zur ältesten Geschichte des Spinozismus. In: Archiv für Geschichte der Philosophie 24, N. F. 17 (1911) S. 61–98.

Dübi, H.: Das Buch von den drei Betrügern und das Berner Manuskript [Neujahrsbl. der Lit. Ges. Bern IX / 14]. Bern 1936.

Faak, M.: Die Verbreitung der Handschriften des Buches »De Imposturis Religionum« im 18. Jahrhundert unter Beteiligung von G. W. Leibniz. In: Deutsche Zeitschrift für Philosophie 18 (1970) S. 212–228.

Flam, L.: De Toland à d'Holbach. In: Tijdschrift voor de studie van de verlichting 1 (1973) S. 33–50.

Fontius, M.: Littérature clandestine et pensée allemande. In: Bloch (Hrsg.): Le matérialisme [s. d.], S. 251–262.

Force, J. E.: The Origins of Modern Atheism. In: Journal of the History of Ideas 50 (1987) S. 153–162.

Genthe, F. W.: Litterarischer Versuch über die Schriften de Tribus Impostoribus. In: Ders. (Hrsg.): De Impostura religionum breve compendium seu liber de tribus impostoribus. Leipzig 1833, S. 1–40.

Grunwald, M.: Spinoza in Deutschland. Berlin 1897.

Jacob, M. C.: The Radical Enlightenment. Pantheists, Freemasons and Republicans. London 1981.

–: The Knights of Jubilation – Masonic and Libertine. A Reply. In: Quaerendo 14 (1984) S. 63–75. (zu dem Aufs. von Ch. Berkvens-Stevelinck; s. d.)

Kobuch, A.: Zensur und Aufklärung in Kursachsen. Weimar 1988.

Lanson, G.: Questions diverses sur l'histoire de l'esprit philosophique en France avant 1750. In: Revue d'histoire littéraire de la France 19 (1912) S. 1–29; 293–317.

Mauthner, F.: Der Atheismus und seine Geschichte im Abendlande. Bd. 1. Stuttgart/Berlin 1920.

McKenna, A.: De Pascal à Voltaire [Studies on Voltaire and the 18th Century 276/277]. Oxford 1990.

Möller, W./Benrath, K.: Art. »Impostoribus, de tribus«. Realencyklopädie für protestantische Theologie und Kirche, begr. von J.J. Herzog, hrsg. von A.Hauck. Leipzig ³1896ff., Bd. 9, S. 72–75.

Niderst, A. (Hrsg.): L'âme matérielle. Edition critique avec une introduction et des notes. Paris 1973.

Nisbet, H. B.: De Tribus Impostoribus: On the Genesis of *Lessing's Nathan der Weise*. In: Euphorion 73 (1979), S. 365–387.

–: Spinoza und die Kontroverse »De tribus impostoribus«. In: K. Gründer/W. Schmidt-Biggemann (Hrsg.): Spinoza in der Frühzeit seiner religiösen Wirkung. Heidelberg 1984, S. 227–244.

Nowicki, A.: Studia nad Vaninim IV. O »ukrytej obecności« Vaniniego w Subiroth Sopim i u Mesliera. In: Euhemer 50 (1966) S. 23–32.

O'Higgins, J.: Yves de Vallone: The Making of an esprit-fort. Den Haag/London/Boston 1982.

–: Anthony Collins. The Man and His Work. Den Haag 1970.

Popkin, R. H.: Spinoza and the Conversion of the Jews. In: C.de Deugd (Hrsg.): Spinoza's Political and Theological Thought. Amsterdam/Oxford/New York 1984, S. 171–183.

–: Rez.: M. C. Jacob [s. d.]. In: Journal of the History of Philosophy 22 (1984) S. 241244.

–: Un autre Spinoza. In: Archives de philosophie 48 (1985) S. 37–57.

–: Some New Light on the Roots of Spinoza's Science of Bible Study. In: M.Grene/D.Nails (Hrsg.): Spinoza and the Sciences. Dordrecht u. a. 1986, S. 171–188.

–: Spinoza and *The Three Imposters*. In: E.Curley/P.-F. Moreau (Hrsg.): Spinoza. Issues and Directions. The Proceedings of the Chicago Spinoza Conference. Leiden u. a. 1990, S. 347–358.

Presser, J.: Das Buch ›De tribus impostoribus‹. Amsterdam 1926.

Rétat, P.: Préface zu: Traité des trois imposteurs [Images et témoins de l'âge classique 3]. Saint-Étienne 1973, S. 7–20.

Ricuperati, G.: L'esperienza civile e religiosa di Pietro Giannone. Mailand/Neapel 1970.

Rosenkranz, K.: Der Zweifel am Glauben. Kritik der Schriften De tribus impostoribus. Halle 1830.

Schmidt-Biggemann, W.: Baruch de Spinoza. 1677–1977. Werk und Wirkung [Ausstellungskataloge der Herzog August Bibliothek 19]. Wolfenbüttel ²1977.

Schröder, W.: Spinoza in der deutschen Frühaufklärung. Würzburg 1987.

Schwarzbach, B. E. / Fairbairn, A. W.: Sur les rapports entre les éditions du »Traité des trois imposteurs« et la tradition manuscrite de cet ouvrage. In: Nouvelles de la république des lettres (1987) S. 111–136.

–: Notes sur deux manuscrits clandestins. In: Dix-huitième siècle 22 (1990) S. 433–440.

Spink, J. S.: La diffusion des idées matérialistes et antireligieuses au début du XVIIIᵉ siècle: le »Theophrastus redivivus«. In: Revue d'histoire littéraire de la France (1937) S. 248–255.

–: Libertinage et ›Spinozisme‹: La théorie de l'âme ignée. In: French Studies 1 (1947) S. 218–231.

–: French Free-Thought from Gassendi to Voltaire. London 1960.

Torrey, N. L.: Boulainvilliers: the Man and the Mask. In: Studies on Voltaire and the 18th Century 1 (1955) S. 159–173.

Vercruysse, J.: Bibliographie descriptive des éditions du *Traité des trois imposteurs*. In: Tijdschrift van de Vrije Universiteit Brussel 17 (1974/75) S. 65–70.

Vernière, P.: Spinoza et la pensée française avant la Révolution. Paris 1954.

Wade, I. O.: The Clandestine Organization and Diffusion of Philosophic Ideas in France from 1700 to 1750. [¹1938] New York 1967.

Wolf, A.: The Oldest Biography of Spinoza. Edited with Translation, Introduction, Annotations etc. [¹1927], Reprint: Port Washington, N. Y. / London 1970.

Zanier, G.: Cardano e la critica delle religioni. In: Giornale critico della filosofia italiana 54 (1975) S. 89–98.

TRAITÉ

DES TROIS

IMPOSTEURS.

A YVERDON.

De l'Imprimerie du Professeur DE FELICE.

M. DCC. LXVIII.

TRAITÉ DES TROIS IMPOSTEURS

TRAKTAT ÜBER DIE DREI BETRÜGER

Inhalt

sel. Les attributs qu'on lui donne dans toutes les Religions, sont
pour la plupart incompatibles avec son essence, & ne conviennent qu'à l'homme. Opinion d'une vie à venir & de l'Existence
des Esprits, combattue & rejettée.   [§§ 1–4]

Chapitre V. De l'Ame. Opinions différentes des Philosophes de
l'antiquité sur la nature de l'Ame. Sentiment de Descartes réfuté.
Exposition de celui de l'Auteur.   [§§ 1–6]

Chapitre VI. Des Esprits qu'on nomme Démons. Origine &
fausseté de l'opinion qu'on a de leur existence.   [§§ 1–7]

Chapitre I
De Dieu

§ 1

Quoiqu'il importe à tous les hommes de connoître la vérité, il y
en a très-peu cependant, qui jouissent de cet avantage: Les uns
⌈sont⌉[1] incapables de la rechercher par eux-mêmes, les autres ne
veulent pas s'en donner la peine. Il ne faut donc pas s'étonner si le
monde est rempli d'opinions vaines & ridicules; rien n'est plus
capable de leur donner cours que l'ignorance; c'est-là l'unique
source des fausses idées que l'on a de la Divinité, de l'Ame, des
Esprits & ⌈de presque tous les autres objets qui composent la
Religion⌉[2]. L'usage a prévalu, l'on se contente des préjugés de la
naissance, & l'on s'en rapporte sur les choses les plus essentielles
à des personnes ⌈intéressées qui se font une loi de soutenir opini-

---

[1] E: se croyent
[2] E: de toutes les erreurs qui en dépendent

stellung von einem allumfassenden Sein. Die Eigenschaften, die man ihm in allen Religionen beilegt, sind größtenteils unvereinbar mit seinem Wesen und passen allein auf den Menschen. Kritik und Zurückweisung der Auffassung von einem künftigen Leben und der Existenz von Geistern. [S. 110–117]

Kapitel V. Von der Seele. Verschiedene Auffassungen der Philosophen des Altertums von der Natur der Seele. Widerlegung der Ansicht des Descartes. Darlegung der Ansicht des Autors. [S. 118–129]

Kapitel VI. Über die Geister, die man Dämonen nennt. Ursprung und Falschheit der verbreiteten Meinung, daß es solche gibt. [S. 130–141]

KAPITEL I
Von Gott

§ 1

Obwohl die Erkenntnis der Wahrheit wichtig für alle Menschen ist, verfügen nur sehr wenige über diesen Vorzug. Die einen können sie nicht selbständig erforschen, die anderen wollen sich nicht darum bemühen. Kein Wunder also, daß die Welt voll ist von grundlosen und lächerlichen Meinungen, die durch nichts wirksamer befördert werden als durch die Unwissenheit. Sie ist die einzige Quelle der falschen Vorstellungen von Gott, der Seele, den Geistern und von nahezu allem, was die Religion ausmacht. Die Gewohnheit hat die Oberhand gewonnen, man begnügt sich mit den von Geburt an überkommenen Vorurteilen, und in den wichtigsten Angelegenheiten verläßt man sich auf eigennützige Leute, die es sich zum Grundsatz gemacht haben, hartnäckig die hergebrachten Meinungen aufrechtzuerhalten,

âtrement les opinions reçues, & qui n'osent les détruire de peur
de se détruire eux-mêmes]³.

§ 2

Ce qui rend le mal sans remède, c'est qu'après avoir établi les
fausses idées qu'on a de Dieu, on n'oublie rien pour engager le
peuple à les croire, sans ⌈lui permettre de]⁴ les examiner; au
contraire on lui donne de l'aversion pour ⌈les Philosophes ou]⁵
les véritables Savans, ⌈de peur que la raison qu'ils enseignent ne
lui fasse]⁶ connoître les erreurs où il est plongé. Les partisans de
ces absurdités ont si bien réussi qu'il est dangereux de les com-
battre. Il importe trop à ces imposteurs que le peuple soit ignorant, pour souffrir qu'on le désabuse. Ainsi on est contraint de
déguiser la vérité, ou de se sacrifier à la rage des faux Savans, ou
des ames ⌈basses &]⁷ intéressées.

§ 3

Si le peuple pouvoit comprendre en quel abîme l'ignorance le
jette, il secoueroit bientôt le joug de ⌈ses indignes conducteurs]⁸,
car il est impossible de laisser agir la raison sans qu'elle découvre
la vérité.

⌈Ces imposteurs l'ont si bien senti, que pour empêcher les
bons effets qu'elle produiroit infailliblement, ils se sont avisés de
nous la peindre comme un monstre qui n'est capable d'inspirer

---

³ E: payées pour soutenir les Opinions reçues, & par conséquent
intéressées à les persuader au Peuple, soit qu'elles soyent vrayes, soit
qu'elles soyent fausses

⁴ *add.* T

⁵ *add.* T

⁶ E: qui pourroient lui faire

⁷ *add.* T

⁸ E: ces Ames vénales qui, pour leur intérêt particulier, l'y entre-
tiennent

und es nicht wagen, diese zu beseitigen, weil sie fürchten, selbst beseitigt zu werden.

§ 2

Gegen dieses Übel ist kein Mittel gewachsen; denn nachdem man die falschen Vorstellungen von Gott gebildet hat, hat man nichts versäumt, um das Volk dazu zu bringen, an sie zu glauben, ohne ihm ihre Überprüfung zu erlauben.[1] Man hat ihm im Gegenteil eine Abneigung gegen die Philosophen bzw. die wahren Gelehrten[2] eingeflößt, denn die Vernunft, die diese lehren, könnte (so fürchtet man) das Volk zur Erkenntnis der Irrtümer führen, in denen es befangen ist. Der Erfolg der Verfechter dieser Absurditäten ist so groß, daß es gefährlich ist, sie zu bekämpfen. Diese Betrüger haben ein zu großes Interesse an der Unwissenheit des Volkes, als daß sie es hinnehmen könnten, daß man ihm die Augen öffnet. Man ist also gezwungen, die Wahrheit zu verhehlen oder der Wut von falschen Gelehrten[2] oder Primitiven und Eigennützigen zum Opfer zu fallen.

§ 3

Wäre das Volk imstande zu begreifen, in welchen Abgrund die Unwissenheit es stürzt, würde es das Joch seiner nichtswürdigen Führer abschütteln, da die Vernunft, wenn man ihren Gebrauch zuläßt, unvermeidlich die Wahrheit aufdeckt.

Diese Betrüger hatten dafür ein so gutes Gespür, daß sie, um die unausweichlichen nützlichen Wirkungen der Vernunft zu unterbinden, darauf verfielen, uns die Vernunft als eine Mißgeburt darzustellen, die uns keinen vernünftigen Gedanken eingeben

aucun bon sentiment, & quoiqu'ils blâment en général ceux qui sont déraisonnables, ils seroient cependant bien fâchés que la vérité fut écoutée. Ainsi l'on voit tomber sans cesse dans des contradictions continuelles ces ennemis jurés du bon sens; & il est difficile]⁹ de savoir ce qu'ils prétendent. S'il est vrai que la droite raison soit la seule lumière que l'homme doive suivre, & si le peuple n'est pas aussi incapable de raisonner qu'on tâche de le persuader, il faut que ceux qui cherchent à l'instruire s'appliquent à rectifier ses faux raisonnemens, & à détruire ses préjugés; alors on verra ses yeux se desiller peu-à-peu & son esprit se convaincre de cette vérité, que Dieu n'est point ce qu'il s'imagine ordinairement.

§ 4

Pour en venir à bout, il n'est besoin ni des hautes spéculations, ni de pénétrer fort avant dans les secrets de la nature. On n'a besoin que d'un peu de bon sens pour juger que Dieu n'est ni colère ni jaloux; que la justice & la miséricorde sont des faux titres qu'on lui attribue; & que ce que les Prophêtes & les Apôtres en ont dit ne nous apprend ni sa nature ni son essence.

En effet, à parler sans fard & à dire la chose comme elle est, ne faut-il pas convenir que ces Docteurs n'étoient ni plus habiles ni mieux instruits que le reste des hommes; que bien loin de là, ce qu'ils disent au sujet de Dieu est si grossier, qu'il faut être toutà-fait peuple pour le croire? Quoique la chose soit assez évidente d'elle-même, nous allons la rendre encore plus sensible, en examinant cette question: S'il y a quelque apparence que les Prophê-

---

⁹ E: Il est vrai, que pour l'empêcher d'en faire usage, on la lui réprésente comme un Guide qui égare ceux qui s'abandonnent à sa conduite, & comme un Feu follet, dont la lüeur trompeuse aboutit au Précipice. Mais ces Gens, dont le metier est de déclamer contre la Raison, ne laissent pas, après avoir bien crié contre elle, & après avoir soûtenu qu'elle est entiérement pervertie, de faire tous leurs efforts

kann. Obwohl sie im allgemeinen die Unvernünftigen tadeln, wären sie dennoch sehr verärgert, wenn die Wahrheit Gehör fände. So sieht man, wie sich diese eingeschworenen Feinde des gesunden Menschenverstandes[3] immer wieder in unaufhörliche Widersprüche verstricken, und man kann nur schwer verstehen, was sie eigentlich wollen. Wenn es aber zutrifft, daß die rechte Vernunft[4] allein das Licht ist, dem der Mensch folgen soll, und wenn das Volk nicht so unfähig zu denken ist, wie man ihm einreden will, müssen diejenigen, die es belehren wollen, sich um die Korrektur seiner falschen Meinungen und die Beseitigung seiner Vorurteile kümmern. Dann wird man sehen, daß das Volk allmählich die Augen öffnet und zu der Überzeugung gelangt, daß die landläufigen Vorstellungen von Gott falsch sind.

§ 4

Zu diesem Zweck sind weder verstiegene Spekulationen noch ein tiefes Eindringen in die Geheimnisse der Natur erforderlich. Man braucht bloß ein wenig gesunden Menschenverstand[5], um zu sehen, daß Zorn und Neid Gott fremd sind, daß Gerechtigkeit und Barmherzigkeit ihm zu Unrecht zugeschrieben werden, und daß die Aussagen der Propheten und Apostel uns keine Erkenntnis von seiner Natur und seinem Wesen vermitteln.

Um es ungeschminkt und nüchtern zu sagen: Muß man nicht tatsächlich zugeben, daß jene Lehrer den übrigen Menschen weder an Fähigkeiten noch an Bildung überlegen waren, daß ihre Aussagen über Gott im Gegenteil derart plump sind, daß man völlig unkultiviert sein muß, um an sie zu glauben? Obwohl der Sachverhalt an sich klar genug ist, wollen wir ihn dennoch veranschaulichen, indem wir der Frage nachgehen, ob die Propheten

---

pour la mettre de leur côté, & pour persuader que ceux qui combattent leurs Sentimens ne sont pas raisonnables. Ainsi, tombant dans des contradictions perpétuelles, il est mal-aisé

tes & les Apôtres ayent été autrement conformés que les ⌐autres⌐[10] hommes?

§ 5

Tout le monde demeure d'accord que pour la naissance & les fonctions ordinaires de la vie, ils n'avoient rien qui les distinguât du reste des hommes; ils étoient engendrés par des hommes, ils naissoient des femmes, & ils conservoient leur vie de la même façon que nous. Quant à l'esprit, on veut que Dieu ⌐animât bien plus celui des Prophêtes que des autres hommes⌐[11], qu'il se communiquât à eux d'une façon toute particulière: on le croit d'aussi bonne foi que si la chose étoit prouvée; & sans considérer que tous les hommes se ressemblent, & qu'ils ont tous une même origine, on prétend que ces hommes ont été d'une trempe extraordinaire; & choisis par la Divinité pour annoncer ses oracles. Mais outre qu'ils n'avoient ni plus d'esprit que le vulgaire, ni l'entendement plus parfait, que voit-on dans leurs écrits qui nous oblige à prendre une si haute opinion d'eux? La plus grande partie des choses qu'ils ont dites est si obscure que l'on n'y entend rien, & en si mauvais ordre qu'il est facile de s'appercevoir qu'ils ne s'entendoient pas eux-mêmes, & qu'ils n'étoient que des ⌐fourbes⌐[12] ignorans. Ce qui a donné lieu à l'opinion que l'on a conçuë d'eux, c'est la hardiesse qu'ils ont euë de se vanter de tenir immédiatement de Dieu tout ce qu'ils annonçoient au peuple; créance absurde & ridicule, puisqu'ils avouent eux-mêmes que Dieu ne leur parloit qu'en songe. ⌐Il n'est rien de plus naturel à l'homme que les songes⌐[13], par conséquent il faut qu'un

---

[10] *om.* T 1777. 1780
[11] E: le dirigeoit par une *Inspiration* immédiate, & que leur Entendement étoit bien plus éclairé que le nôtre. Il faut avoüer que le

und die Apostel von den übrigen Menschen verschieden waren.

§ 5

Nach allgemeiner Auffassung gibt es zwischen ihnen und den übrigen Menschen keinen Unterschied hinsichtlich Geburt und Lebensweise. Sie waren von Männern gezeugt, von Frauen geboren und lebten genauso wie wir. Den Geist der Propheten aber soll Gott mehr als den der anderen Menschen inspiriert und sich ihnen auf eine ganz außergewöhnliche Weise mitgeteilt haben. Man glaubt das mit so voller Überzeugung, als wäre der Sachverhalt bewiesen, und ohne die Gleichartigkeit der Menschen und ihren gemeinsamen Ursprung zu bedenken, unterstellt man, diese Menschen seien von einem ganz außergewöhnlichen Schlage gewesen und von Gott zur Verkündigung seiner Orakelsprüche auserwählt worden. Aber abgesehen davon, daß weder ihr Geist noch ihr Verstand dem der anderen Menschen überlegen war, was läßt sich in ihren Schriften finden, das uns zu einer derart hohen Meinung von ihnen verpflichtete? Ihre Äußerungen sind größtenteils so dunkel, daß man nichts versteht, und derart verworren, daß man unschwer einsehen kann, daß sie sich selbst nicht verstanden und überhaupt bloß arglistige Ignoranten waren. Zu dem Ansehen, in dem sie stehen, gelangten sie, weil sie so dreist waren, sich zu rühmen, ihre Botschaften für das Volk unmittelbar von Gott erhalten zu haben – eine unsinnige und lächerliche Erfindung, geben sie doch selbst zu, daß Gott nur im Traum zu ihnen spricht. Träume eines Menschen sind etwas ganz Natürliches. Deshalb muß man schon reichlich un-

---

Peuple a bien du penchant à s'aveugler. On lui dit que Dieu aimoit mieux les Prophétes que le reste des Hommes

[12] E: fort

[13] E: Car les songes étant naturels, & de plus, un état d'assoupissement

homme soit bien effronté, bien vain, & bien insensé pour dire
que Dieu lui parle par cette voye, & il faut que celui qui y ajoute
foi soit bien crédule & bien fol pour prendre des songes pour des
oracles divins. Supposons pour un moment que Dieu se fit entendre à quelqu'un par des songes, par des visions, ou par telle
autre voye qu'on voudra l'imaginer, personne n'est obligé d'en
croire ⌈sur sa parole un homme sujet à l'erreur, & même au
mensonge & à l'imposture⌉[14]: aussi voyons-nous que dans l'ancienne Loi l'on n'avoit pas, à beaucoup près, pour les Prophêtes
autant d'estime qu'on en a aujourd'hui. Lorsqu'on étoit las de
leur babil qui ne tendoit souvent qu'à ⌈semer la révolte, & à⌉[15]
détourner le peuple de l'obéissance due aux Souverains, on les
faisoit taire par divers supplices: Jésus-Christ lui-même
⌈n'échappa point au juste châtiment qu'il méritoit⌉[16]; il n'avoit
pas comme Moyse une armée à sa suite pour défendre ses opinions[a]: ajoutez à cela que les Prophêtes étoient tellement accou-
tumés à se contredire les uns les autres, qu'il ne s'en trouvoit pas
dans quatre cent[b] un seul de véritable. De plus, il est certain que
le but de leurs Prophéties, aussi bien que des loix des plus célè-
res législateurs, étoit d'éterniser leur mémoire, en faisant croire
aux peuples qu'ils conferoient avec Dieu. Les plus fins politiques
en ont toujours usé de la sorte, quoique cette ruse n'ait pas toujours réussi à ceux qui, à l'imitation de Moyse, n'avoient pas le
moyen de pourvoir à leur sûreté.

[a] Moyse fit mourir tout d'un coup 24000 hommes pour s'être opposés à sa
Loi.
[b] Il est écrit au premier Livre des Rois Chap. 22. v. 6, qu'Achab, Roi
d'Israël consulta 400 Prophêtes, qui se trouverent tous faux, par les suites
de leurs prophéties.

[14] E: parce qu'on auroit toûjours lieu de craindre que cet homme
n'eût été trompé par quelqu'Imposteur, ou qu'il ne se fût fait illusion
à lui-même, ou enfin qu'il n'eût dessein de tromper les autres
[15] *add*. T
[16] E: succomba

verschämt, dünkelhaft und wahnsinnig sein, um zu behaupten, Gott spreche zu einem auf diese Weise. Wer dem Glauben schenkt, muß ziemlich leichtgläubig und verrückt sein, um Träume als göttliche Orakel anzunehmen. Nehmen wir einmal an, Gott teile sich jemandem mittels Träumen, Visionen (oder wie auch immer man es sich vorstellen mag) mit, so ist doch niemand verpflichtet, einem Menschen auf sein Wort hin zu glauben, der irren und sogar lügen und irreführen kann[6]. So standen die Propheten, wie wir sehen, im Alten Bund längst nicht in so hohem Ansehen wie heute[7]. Wenn man von ihrem Geschwätz genug hatte, das häufig nur darauf abzielte, Aufstände anzuzetteln und das Volk vom Gehorsam gegenüber seinen Herrschern abzubringen, brachte man sie zum Schweigen, indem man sie auf diese oder jene Weise umbrachte. Selbst Jesus Christus entrann nicht seiner gerechten und verdienten Strafe. Anders als Moses verfügte er über keine Armee, um seine Meinungen zu verteidigen[a][8]. Es kommt hinzu, daß die Propheten einander gewöhnlich derart widersprachen, daß sich unter vierhundert von ihnen kein einziger wahrer befand[b]. Überdies zielten ihre Prophetien – ebenso wie die Gesetze der berühmtesten Gesetzgeber – darauf ab, ihren Nachruhm zu verewigen, indem sie dem Volk weismachten, daß sie mit Gott vertrauten Umgang hätten. Die geschicktesten Politiker verfuhren immer so. Allerdings führte diese List bei denjenigen nicht immer zum Erfolg, die nicht wie Moses imstande waren, für ihre Sicherheit zu sorgen.

[a] Moses ließ 24 000 Menschen auf einmal hinrichten, weil sie sich seinem Gesetz widersetzt hatten.[9]
[b] Im I. Buch der Könige, Kap. 22, steht geschrieben, daß Ahab, der König von Israel, 400 Propheten zu Rate zog, die sich aufgrund der Ereignisse, die auf ihre Weissagungen folgten, alle als falsche Propheten erwiesen.[10]

§ 6

Cela posé, examinons un peu l'idée que ⌈[17]⌉ les Prophêtes ont eue
de ⌈Dieu. S'il faut les en croire, Dieu est un Etre purement corporel; Michée le voit assis; Daniel vêtu de blanc & sous la forme
d'un vieillard; Ezéchiel le voit comme un feu, voilà pour le Vieux
Testament. Quant au Nouveau, les Disciples de Jésus-Christ
s'imaginent le voir sous la forme d'une colombe, les Apôtres
sous celle de langues de feu, & St. Paul enfin comme une lumière
qui l'éblouit & l'aveugle. Pour ce qui est de la contradiction de
leurs sentimens, Samuel[a] croyoit que Dieu ne se répentoit jamais
de ce qu'il avoit résolu; au contraire Jérémie[b] nous dit que Dieu
se répent des conseils qu'il a pris. Joël[c] nous apprend qu'il ne se
répent que du mal qu'il a fait aux hommes: Jérémie dit qu'il ne
s'en répent point. La Genese[d] nous enseigne que l'homme est
maître du péché, & qu'il ne tient qu'à lui de bien faire, au lieu que
St. Paul[e] assure que les hommes n'ont aucun empire sur la concupiscence sans une grace de Dieu toute particuliere &c. Telles
sont les idées fausses & contradictoires que ces prétendus inspirés nous donnent de Dieu, & que l'on veut que nous en ayons,
sans considérer que ces idées nous représentent la Divinité
comme un être sensible, matériel & sujet à toutes les passions
humaines. Cependant on vient nous dire après cela que Dieu n'a
rien de commun avec la matiere, & qu'il est un Etre incompré-
hensible pour nous. Je souhaiterois fort savoir comment tout cela
peut s'accorder, s'il est juste d'en croire des contradictions si
visibles & si déraisonnables, & si l'on doit enfin s'en rapporter au
témoignage d'hommes assez grossiers pour s'imaginer, non ob-

[a] Chap. XV. v. 2. & 9.
[b] Chap. XVIII. v. 10.
[c] Chap. II. v. 13.
[d] Chap. IV. v. 7.
[e] Rom. XV, IX. v. 10.

[17] E: les *Inspirez* &

§ 6

Vor diesem Hintergrund wollen wir nun die Gottesvorstellung
der Propheten untersuchen. Wenn man ihnen Glauben schenken
soll, ist Gott ein ganz und gar körperliches Wesen. Micha sah ihn
sitzen[11], Daniel als einen Greis in weißem Gewand[12], Hesekiel
erblickte ihn als Feuer[13]; soweit zum Alten Testament. Was das
Neue Testament angeht, bildeten sich die Jünger Jesu ein, ihn in
der Gestalt einer Taube zu sehen[14], die Apostel als Feuerzun-
gen[15], der Heilige Paulus[16] schließlich als ein blendendes Licht[17].
Nun zur Unvereinbarkeit ihrer Meinungen: Samuel glaubte, daß
Gott nie bereut, was er einmal entschieden hat[a]. Dagegen teilt
Jeremias uns mit, daß Gott seine Ratschlüsse bereut[b]. Joel[c] lehrt
uns, daß er nur das Übel bereut, das er über die Menschen verhängt hat, während Jeremia sagt, daß er es nicht bereut[18]. Das
Buch Genesis[d] lehrt uns, daß der Mensch Herr über die Sünde
ist und es nur an ihm ist, gut zu handeln, während der Heilige
Paulus[e] versichert, daß die Menschen ohne eine ganz besondere
göttliche Gnade ihre Begierde überhaupt nicht beherrschen können.[19] So sehen die falschen und widersprüchlichen Vorstellungen aus, die diese angeblich von Gott inspirierten Leute uns
geben, und die wir uns nach ihrem Willen zu eigen machen sollen, ohne zu bedenken, daß diese Gottesvorstellungen uns das
Bild eines sinnlich wahrnehmbaren, materiellen und allen
menschlichen Affekten unterworfenen Wesens vermitteln.
Trotzdem kommt man uns danach mit der Behauptung, daß
Gott nichts mit der Materie gemeinsam hat und ein Wesen ist, das
wir nicht begreifen können. Wie läßt sich sich das miteinander in
Einklang bringen? Ist es richtig, so eklatanten und unsinnigen
Widersprüchen Glauben zu schenken? Soll man sich auf das
Zeugnis von Menschen verlassen, die so primitiv waren, sich

[a] Kap. 15, Vers 2 und 9.
[b] Kap. 18, Vers 10[21].
[c] Kap. 2, Vers 13.
[d] Kap. 4, Vers 7.
[e] Röm. 15, 9, Vers 10 [3,24].

stant les sermons de Moyse, qu'un Veau étoit leur Dieu! Mais
sans nous arrêter aux réveries d'un peuple élevé dans la servitude
& dans l'absurdité, disons que l'ignorance a produit la croyance
de toutes les impostures & les erreurs qui régnent aujourd'hui
parmi nous.][18]

[18] E: Dieu, & nous verrons combien elles sont grossiéres, & contradictoires. A les en croire, Dieu ressemble à l'Homme, qu'il a,
selon eux, *fait à son Image*. Comme lui, il a des *yeux*, des *oreilles*, des
narines, une *bouche*, des *bras*, des *mains*, des *pieds*, un *cœur* & des
entrailles. Il est susceptible des mêmes Passions, d'*Amour*, de *Jalou-
sie*, de *Hayne*, de *Joye*, de *Tristesse*, de *Plaisir*, de *Douleur*, d'*Espérance*, de *Crainte*, d'*Aversion*, de *Colére*, de *Fureur*, de *Vengeance*,
&c. Voilà pour la grossierté de leurs idées. En voici la contradiction.
Ils disent que Dieu est un pur *Esprit* qui ne ressemble à rien de
corporel, cependant Michée le voit assis [1 Liv. des Roys, II.19],
Daniel *vêtu de blanc* & sous la forme d'un *Vieillard* [VII.9], &
Ezechiel [I.27] comme un *feu*. Il n'y a pas jusqu'à son Esprit qui n'ait
été vû sous une figure corporelle. Jean Baptiste le voit sous la forme
d'une *Colombe* [Mat. 3.16], & les Apôtres sous celle de *Langues de
feu* [Act. II.3]. D'ailleurs ils lui donnent des Membres humains, &
disent qu'il a fait l'Homme à son image & à sa ressemblance
[Gen. I.26], comme nous venons de le remarquer. Ils enseignent,
qu'il est *invisible* [Heb. XI.27; Tim. I.17], que *nul Homme ne le vît
jamais* [Jean I.18], *ni ne peut le voir & vivre* [Exod. XXXIII.20],
cependant Jacob [Gen. XXXII.30], Job [XLII.5], Moyse, Aaron,
Nadab, Abihu, les   *soixante & dix Anciens* d'Israel [Exod.
XXIV.9.10.11], Manoah & sa Femme [Jug. XIII.22], la plû-part des
Prophétes & une infinité d'autres hommes l'ont vû dès cette Vie, le
nets de cœur le verront dans l'autre [Mat. V.8], nous l'y *verrons face à
face* [I. Cor. XIII.12], *nous serons semblables à lui* & nous *le verrons
tel qu'il est* [Jean, I. Ep. III.2]. D'une part, ils nous disent, que Dieu
est *bon, doux, charitable, tendre, pitoyable, benin, miséricordieux,
patient*, qu'*il ne prend point plaisir à la mort du Méchant; mais
plû-tôt à sa Conversion* [Ezech. XVIII. 23.30]. De l'autre, qu'il est

trotz der Predigten des Moses einzubilden, daß ein Kalb ihr Gott sei? Wir wollen uns nicht länger mit den Phantasien eines Volkes aufhalten, das in der Sklaverei und inmitten von lauter unsinnigen Vorstellungen sich entwickelte,[20] sondern feststellen, daß der Glaube an all den Betrug und die Irrtümer, die heute unter uns verbreitet sind, aus der Unwissenheit entstanden sind.

---

sévére, terrible, redoutable, un feu consumant, qu'il prend plaisir à faire périr les Méchans [Deut. XXVIII. 63], qu'il se rit, qu'il se mocque de leur calamité, & qu'il ne leur répondra point, lorsqu'ils crieront après lui [Prov. I.26.27.28]. Dans la Genese [IV.7] l'Homme y est représenté comme Maître de faire le bien, & de ne point pécher, St. Paul [Rom. VII.18. IX.10.16], au contraire, enseigne, qu'il n'a aucun empire sur la Concupiscence, sans une Grace toute particuliére. Il est dit dans l'Exode [XX.5], que Dieu punira l'iniquité des Péres sur les Enfans jusqu'à la quatrième Génération, & dans Ezechiel [XVIII.20], qu'il ne fera point au Fils l'iniquité du Pére. Samuel [I. Liv. XV.29] dit, après le Livre des Nombres [XXIII.19], que Dieu ne se repent point, Jeremie [XVIII.7.8.9.10] & Joel [II.13], au contraire, disent, l'un, qu'il se repent du bien & du mal qu'il avoit dit qu'il feroit à une Nation, ou à un Royaume, l'autre qu'il se repent d'avoir affligé. De plus il s'est repenti d'avoir fait l'Homme [Gen. VI.6.7], d'avoir établi Saül pour Roy [I. Sam. XV.11], & du mal qu'il avoit dit qu'il feroit aux Ninivites [Jonas III.10].

Voilà les Sentimens que ces Gens à Songes, à Inspirations, à Extases, à Visions, à Révélations ont de Dieu. Voilà ce qu'ils veulent que nous en croyons. Mais pour croire de telles contradictions, il faudroit être aussi grossiers & aussi stupides que ceux qui, malgré les Artifices de Moyse, croyoient qu'un Veau étoit le Dieu qui les avoit tiré d'Egypte. Mais, sans nous arrêter aux rêveries d'un Peuple élevé dans la Servitude, & parmi des Superstitieux, finissons ce Chapitre, & concluons de ce que nous avons dit, que l'Ignorance a produit la Crédulité, la Crédulité le Mensonge, d'où toutes les Erreurs qui régnent aujourd'huy sont sorties.

CHAPITRE II
Des raisons qui ont engagé les hommes
à se figurer un Etre invisible
qu'on nomme communément Dieu

§ 1

Ceux qui ignorent les causes physiques ont une crainte[a] naturelle qui procede ⌈de l'inquiétude &⌉[20] du doute où ils sont s'il existe ⌈un Etre ou⌉[21] une puissance qui ait le pouvoir de leur nuire ou de les conserver. Delà le penchant qu'ils ont à feindre ⌈des causes invisibles, qui ne sont que les Phantômes de leur imagination⌉[22], qu'ils invoquent dans l'adversité & qu'ils louent dans la prospérité. Ils s'en font des Dieux à la fin, ⌈&⌉[23] cette crainte chimérique des puissances invisibles est la source des Religions que chacun se forme à sa mode. ⌈Ceux à qui⌉[24] il importoit que le peuple fût contenu & arrêté par de semblables ⌈rêveries ont entretenu cette

---

⌈[a] Caetera, quae fieri in terris coeloque tuentur / Mortales, pavidis cum pendent mentibus saepe / Et faciunt animos humiles formidine divum / Depressosque premunt ad terram, propterea quod / Ignorantia causarum conferre Deorum / Cogit ad imperium res et concedere regnum; &: Quorum operum causas nulla ratione videre / Possunt ac fieri Divino nomine rentur.
Lucret. de rer. nat. Lib. VI. vers. 49 & seqq.⌉[19]

[19] *add.* T
[20] *add.* T
[21] *add.* T
[22] E: les Etres invisibles, c'est-à-dire leurs propres *Phantômes*
[23] E: Mais comme les Visions des Hommes vont jusqu'à l'infini, ils se sont forgez un nombre innombrable de *Divinitez*, & se sont imaginez qu'elles leur étoient favorables, ou contraires, selon qu'ils faisoient bien, ou mal. Par exemple, lorsque la Nature les affligeoit par des *Tempêtes*, des *Stérilitez*, des *Pestes* & d'autres pareils accidents, ils croyoient que ces Maux ne leur arrivoient, que par ce qu'ils avoient irrité par leurs Offenses ces *Divinitez*.
[24] E: Les Politiques, auxquels

Kapitel II
Über die Ursachen, die die Menschen auf
die Vorstellung eines unsichtbaren Wesen gebracht
haben, das man üblicherweise Gott nennt

§ 1[22]

Menschen, die die natürlichen Ursachen nicht kennen, haben
eine natürliche Furcht[a]; sie entspringt aus der Unruhe und der
Ungewißheit, in der sie sich befinden, ob ein Wesen oder eine
Macht existiert, die imstande ist, ihnen zu schaden oder sie zu
beschützen. Daher neigen sie dazu, unsichtbare Ursachen zu
erdichten, bloße Phantome ihrer Einbildungskraft, die sie um
Hilfe bitten, wenn sie in Not sind, und preisen, wenn es ihnen
gut geht. Schließlich schaffen sie sich ihre Götter. Diese wahn-
hafte Furcht vor unsichtbaren Mächten ist die Quelle der Religionen, die von einem jeden auf seine Weise zurechtgemacht
werden. Diejenigen, die ein Interesse an der Disziplinierung des
Volkes durch solche Hirngespinste hatten, haben für den Fortbe-
stand dieses Keims der Religion gesorgt, aus ihm ein Gesetz

---

[a] »[...] und das übrige, das die Menschen auf der Erde und am Himmel
erblicken, wenn sie oft mit furchtsamem Geist bangen und den Mut
senken aus Furcht vor den Göttern und ihn deshalb tief zur Erde nieder-
drücken, weil die Unkenntnis der Ursachen sie zwingt, die Dinge der
Welt mit der Herrschaft der Götter zu verknüpfen, und wo man die
Ursache überhaupt nicht erkennen kann, da schreibt man sie den Göttern zu.« Lukrez, *De rerum natura* VI, 49 ff. [50–57]

semence de Religion, en ont fait une loi⌝[25], & ont enfin réduit les peuples, par les terreurs de l'avenir, à obéir aveuglement.

§ 2

La source des Dieux étant trouvée, les hommes ont cru qu'ils leur ressembloient, & qu'ils faisoient comme eux toutes choses pour quelque fin. Ainsi ils disent & croient unanimément que Dieu n'a rien fait que pour l'homme, & réciproquement que l'homme n'est fait que pour Dieu. Ce préjugé est général, ⌐& lorsqu'on réfléchit sur l'influence qu'il a dû nécessairement avoir sur les mœurs & les opinions des hommes, on voit clairement que c'est-là qu'ils ont pris occasion⌝[26] de se former des idées fausses du bien & du mal, du mérite & du démérite, de ⌐louange⌝[27] & de la honte, de l'ordre & de la confusion, de la beauté & de la difformité, & des autres choses semblables.

§ 3

⌐Chacun doit demeurer d'accord que tous les hommes sont dans une profonde ignorance en naissant, & que la seule chose qui leur soit naturelle, est de chercher ce qui leur est utile & profitable: delà vient, 1°. qu'on croit qu'il suffit pour être libre de sentir en soi-même qu'on peut vouloir & souhaiter sans se mettre nullement en peine des causes qui disposent à vouloir & à souhaiter, parce qu'on ne les connoît pas⌝[28]. 2°. Comme les hommes ne

---

[25] E: frayeurs, ont fait de la créance des Dieux vengeurs des Loix divines & humaines violées, une Loy fondamentale de leurs Etats

[26] E: voyons pourquoi les Hommes ont tant de pente à l'embrasser, pour voir ensuite, que c'est de là qu'ils ont pris occasion

[27] T 1777. 1780: l'ouvrage

[28] E: Ce n'est point ici le lieu de déduire ces idées de la Nature de l'Esprit humain, il suffira pour nôtre dessein, que nous posions, pour fondement, un Principe qui ne peut être nié de Personne. Ce

gemacht und schließlich das Volk durch Androhung künftiger Schrecknisse zu blindem Gehorsam gezwungen.

§ 2[23]

Der Ursprung der Götter ist nun gefunden. Die Menschen glaubten, daß sie ihnen ähnelten und wie sie selbst alles um eines Zweckes willen tun. So bekennen und glauben sie alle einhellig, daß Gott alles nur um des Menschen willen geschaffen hat, und umgekehrt, daß der Mensch allein für Gott geschaffen wurde. Dieses Vorurteil ist allgemein verbreitet. Wenn man bedenkt, in welchem Maße es die Sitten und Überzeugungen der Menschen unvermeidlich beeinflussen mußte, kann man in ihm eindeutig den Anlaß dafür erkennen, daß die Menschen die falschen Vorstellungen von gut und böse, Verdienst und Schuld, Lob und Tadel, Ordnung und Unordnung, Schönheit und Häßlichkeit und dergleichen gebildet haben.

§ 3[24]

Alle Menschen befinden sich, wie jeder weiß, bei ihrer Geburt in völliger Unwissenheit, und es ist ganz natürlich, daß sie suchen, was nützlich und vorteilhaft für sie ist. Dies führt erstens dazu, daß man glaubt, um frei zu sein, reiche es aus, daß man in sich wahrnimmt, daß man wollen und wünschen kann. Dabei kümmert man sich allerdings überhaupt nicht um die Ursachen, die das Wollen und Wünschen bewirken, denn man kennt sie nicht. Zweitens: Die Menschen tun nichts ohne Bezug auf ein Ziel, das

---

Principe est, que *tous les Hommes sont nez dans une ignorance profonde à l'égard des Causes des Choses, & que tout ce qu'ils sçavent, est qu'ils ont un penchant naturel qui les porte à chercher ce qui leur est utile & commode, & à éviter ce qui leur est nuisible.* D'où il s'ensuit premiérement, que les Hommes sentant en eux mêmes,

font rien que pour une fin qu'ils préfèrent à toute autre, ils n'ont pour but que de connoître les causes finales de leurs actions, & ils s'imaginent qu'après cela ils n'ont plus aucun sujet de doute, & comme ils trouvent en eux-mêmes & hors d'eux plusieurs moyens de parvenir à ce qu'ils se proposent, vû qu'ils ont, par exemple, des yeux pour voir, des oreilles pour entendre, [29] un soleil pour les éclairer, &c., ils ont conclu qu'il n'y a rien dans la nature qui ne soit fait pour eux, & dont ils ne puissent jouir & disposer; mais comme ils savent que ce n'est point eux qui ont fait [toutes ces choses] [30], ils se sont cru bien fondés à imaginer un être suprême [auteur de tout, en un mot] [31], ils ont pensé que tout ce qui existe étoit l'ouvrage d'une ou de plusieurs [Divinités] [32]. D'un autre côté la nature des Dieux que les hommes ont admis leur étant inconnue, ils en ont jugé par eux-mêmes, s'imaginant qu'ils étoient susceptibles des mêmes [passions qu'eux] [33]; & comme les inclinations des hommes sont différentes, chacun a rendu à sa Divinité un culte selon son humeur, dans la vue d'attirer ses bénédictions & de faire servir par là toute la nature à ses propres désirs.

---

qu'ils peuvent vouloir & souhaiter, s'imaginent faussement que cela suffit pour les rendre libres. Erreur dans laquelle ils tombent d'autant plus facilement, qu'ils ne se mettent nullement en peine des Causes qui les déterminent à vouloir & à souhaiter, par ce qu'ils sont incapables d'y penser, ni d'y songer, même en rêvant.

[29] E: une langue pour parler, des dents pour broyer, des mains pour toucher, des pieds pour marcher, &c. des Fruits, des Légumes, des Animaux pour les nourrir

[30] E: le Monde

[31] E: qui l'a fait pour eux tel qu'il est. Car après s'être persuadez que ce Monde n'a pu s'être fait soy même

[32] E: Dieux, qui l'ont destiné au plaisir & à l'usage de l'Homme seul

[33] E: Passions & des mêmes foiblesses qu'eux, & sur ce fondement, ils se sont imaginez, qu'ils n'avoient fait le Monde que pour les Hommes, & qu'ils leur étoient extrêmement chers

sie allen anderen vorziehen, und so sind sie nur darauf aus, die Zweckursachen ihrer Handlungen zu erkennen. Danach, so bilden sie sich ein, haben sie keinen Grund mehr zu Besorgnis und Ungewißheit. Da sie bei sich selbst und außerhalb ihrer zahlreiche Mittel zur Verwirklichung der Zwecke, die sie sich setzen, vorfinden, beispielsweise Augen zum Sehen, Ohren zum Hören, die Sonne, um ihnen Licht zu spenden, usw., zogen sie den Schluß, daß alle Dinge in der Natur für sie geschaffen worden seien und ihnen zur Nutzung und Verfügung bereitstünden. Weil sie aber wissen, daß nicht sie alle Dinge geschaffen haben, meinten sie guten Grund zu haben, sich ein höchstes Wesen, einen Schöpfer aller Dinge, vorzustellen. Kurz, sie dachten, alles, was ist, sei das Werk eines oder mehrerer Götter. Da sie andererseits das Wesen der Götter, an die sie glaubten, nicht kannten, bildeten sie sich von ihnen ein Urteil gemäß ihrer eigenen Natur und stellten sich vor, diese hätten die gleichen Affekte wie sie selbst. Die Verschiedenheit der menschlichen Neigungen führt dazu, daß jeder seinen Gott nach seiner eigenen Gemütsverfassung verehrt, um sich seiner Wohltaten zu versichern und damit die ganze Natur seinen eigenen Wünschen dienstbar zu machen.

§ 4

C'est de cette maniere que le prejugé s'est changé en superstition;
il s'est enraciné de telle sorte que les gens les plus grossiers se sont
cru capables de pénétrer dans les causes finales, comme s'ils en
avoient une entiere connoissance. Ainsi au lieu de faire voir que
la nature ne fait rien en vain, ⌐ils ont cru⌐[34] que Dieu & la nature
⌐pensoient à la façon des hommes⌐[35]. L'expérience ayant fait connoître qu'un nombre infini de calamités troublent les douceurs
de la vie comme les orages, les tremblemens de terre, les mala-
dies, la faim, la soif, &c.: ⌐on attribua⌐[36] tous ces maux à la colére
céleste, on crut la Divinité iritée contre les offenses des hommes,
qui n'ont pû ôter de leur tête une pareille chimere, ni se désabuser
de ces préjugés par les exemples journaliers qui leur prouvent que
les biens & les maux ont été de tout tems communs aux bons &
aux méchans. Cette erreur vint de ce qu'il leur fut plus facile de
demeurer dans leur ignorance naturelle ⌐que d'abolir un préjugé
reçu depuis tant de siécles & d'établir quelque chose de vraisem-
blable⌐[37].

§ 5

Ce préjugé les a conduits à un autre, qui est de croire que les
jugemens de Dieu étoient incompréhensibles, & que par cette
raison la connoissance de la vérité étoit au-dessus ⌐des forces⌐[38]
de l'esprit humain; erreur où l'on seroit encore, si les mathéma-

---

[34] E: ils ont, au contraire, montré
[35] E: rêvoient aussi bien que les Hommes. Et affin qu'on ne nous
accuse pas d'outrer les choses, voyons, je vous prie, jusqu'où ils ont
poussé leurs faux Raisonnemens sur cette Matiére
[36] E: au lieu de conclure de là, que la Nature n'avoit pas été faite
pour eux seuls, ils ont attribué
[37] E: que de renoncer au vieux Systême des Causes finales, pour en
inventer un nouveau, plus vrai-semblable
[38] *add.* T

§ 4[25]

Auf diese Weise wurde aus dem Vorurteil ein Aberglaube. Er ist so fest eingewurzelt, daß die primitivsten Menschen glauben, die Zweckursachen ergründen zu können, als wüßten sie völlig über sie bescheid. Statt klarzustellen, daß in der Natur nichts vergebens geschieht, glaubten sie, Gott und die Natur dächten wie die Menschen.[26] Da man aus Erfahrung wußte, daß die Annehmlichkeiten des Lebens durch zahlreiche Unglücksfälle wie Gewitter, Erdbeben, Krankheiten, Hunger, Durst usw. beeinträchtigt werden, schrieb man alle diese Übel dem Zorn des Himmels zu und meinte, Gott sei über die Sünden der Menschen erzürnt. Die Menschen aber waren außerstande, sich eine derartige Wahnvorstellung aus dem Kopf zu schlagen und angesichts täglicher Beispiele, die beweisen, daß gute und schlechte Menschen von Gütern und Übeln stets gleichermaßen betroffen sind, diese Vorurteile zu durchschauen. Dieser Irrtum kommt daher, daß es bequemer für sie war, in ihrer natürlichen Unwissenheit zu verharren, als ein seit so vielen Jahrhunderten eingewurzeltes Vorurteil abzulegen und etwas Wahrscheinliches an seine Stelle zu setzen.

§ 5[27]

Dieses Vorurteil ließ sie auf ein anderes verfallen, nämlich zu glauben, daß die Ratschlüsse Gottes unbegreiflich seien und die Erkenntnis der Wahrheit deshalb die Kräfte des menschlichen Geistes übersteige. In diesem Irrtum wäre man noch heute be-

tiques, ⌈la physique⌉[39] & quelques autres sciences ne l'avoient détruite.

§ 6

Il n'est pas besoin de longs discours pour montrer que la nature ne se propose aucune fin, & que toutes les causes finales ne sont que des fictions humaines. Il suffit de prouver que cette doctrine ôte à Dieu les perfections qu'on lui attribue. C'est ce que nous allons faire voir.

Si Dieu agit pour une fin, soit pour lui-même, soit pour quelque autre, il désire ce qu'il n'a point, & il faudra convenir qu'il y a un tems auquel Dieu n'ayant pas l'objet pour lequel il agit, il a souhaité de l'avoir: ce qui est faire un Dieu indigent. Mais pour ne rien omettre de ce qui peut appuyer ⌈le raisonnement de ceux qui tiennent l'opinion contraire⌉[40], supposons, par exemple, qu'une pierre ⌈qui se détache d'un bâtiment,⌉[41] tombe sur une personne & la tue, il faut bien, disent nos ignorans, que cette pierre soit tombée à dessein de tuer cette personne; or, celà n'a pu arriver que parce que Dieu l'a voulu. Si on leur répond que c'est le vent qui a causé cette chûte dans le tems que ce pauvre malheureux passoit, ils vous demanderont d'abord, pourquoi il passoit précisément dans le moment que le vent ébranloit cette pierre. Repliquez-leur ⌈qu'il⌉[42] alloit dîner chez un de ses amis qui l'en avoit prié, ils voudront savoir pourquoi cet ami l'avoit plutôt prié dans ce tems-là que dans un autre; ils vous feront ainsi une infinité de questions ⌈bizarres⌉[43] pour ⌈remonter de causes en causes

---

[39] *add.* T

[40] E: cet Argument, opposons lui le Raisonnement de ceux, qui tiennent l'Opinion contraire, & nous verrons, qu'il est uniquement fondé sur l'ignorance

[41] *add.* T

[42] E: que le Vent étoit alors impétueux, à cause que la Mer étoit

fangen, hätten ihn die Mathematik, die Physik und andere Wissenschaften nicht beseitigt.

§ 6[28]

Man braucht keine weitausgreifenden Überlegungen anzustellen, um zu zeigen, daß die Natur sich keinen Zweck setzt, und daß die Zweckursachen insgesamt bloß menschliche Erdichtungen sind. Es genügt der Nachweis, daß diese Lehrmeinung die Vollkommenheiten aufhebt, die man Gott zuschreibt. Das wollen wir nun zeigen.

Wenn Gottes Handeln – seinetwegen oder unseretwegen – auf einen Zweck gerichtet ist, dann begehrt er etwas, das er nicht hat, und man müßte einräumen, daß es einen Zeitpunkt gibt, an dem er einen erstrebten Gegenstand nicht besäße und ihn besitzen möchte. Dies hieße einen Gott annehmen, dem etwas fehlt. Um aber nichts zu übergehen, was die Argumentation der Gegenseite stützen könnte, sei beispielsweise einmal angenommen, daß ein Stein sich von einem Gebäude löst, auf jemanden herabfällt und ihn erschlägt. Unsere Ignoranten behaupten, daß dieser Stein zu dem Zweck herabgefallen sein müsse, diese Person zu erschlagen, und dieses Ereignis folglich nur habe eintreten können, weil Gott es gewollt habe. Antwortet man ihnen, daß der Fall des Steins zu dem Zeitpunkt, als der Unglückliche vorbeiging, durch den Wind verursacht war, werden sie sogleich fragen, warum er genau in dem Moment vorbeiging, als der Wind den Stein lockerte. Antwortet man ihnen, daß er unterwegs zu einem Freund war, der ihn zum Essen eingeladen hatte, möchten sie wissen, warum der Freund ihn zu dieser und nicht zu einer anderen Zeit eingeladen hat. Sie werden eine Menge seltsamer Fragen stellen, um die Kette der Ursachen zurückzuverfolgen,

---

agitée dès les jours précédens, encore qu'il ne parût en l'Air aucune agitation, & que cet Homme

[43] *add.* T

&]⁴⁴ vous faire avouer que la seule volonté de Dieu qui est l'azile des ignorans, est la cause ⌈premiere⌉⁴⁵ de la chûte de cette pierre. De même lorsqu'ils voyent la structure du corps humain, ils tombent dans l'admiration; & de ce qu'ils ignorent les causes des effets qui leur paroissent si merveilleux, ils concluent que c'est un effet surnaturel, auquel les causes qui nous sont connues ne peuvent avoir aucune part. Delà vient que celui qui veut examiner à fond les ⌈œuvres de la création⌉⁴⁶, & pénétrer en vrai Savant dans leurs causes naturelles ⌈sans s'asservir aux préjugés formés par l'ignorance⌉⁴⁷, passe pour un impie ⌈⁴⁸⌉, ou est bientôt décrié par la malice de ceux que le vulgaire reconnoît pour les interprêtes de la nature & des Dieux: Ces ames mercenaires savent très-bien que l'ignorance qui tient le peuple dans l'étonnement, est ce qui les fait subsister & qui conserve leur crédit.

§ 7

Les hommes s'étant donc imbus de la ridicule opinion que tout ce qu'ils voyent est fait pour eux, se sont fait un point de Religion d'appliquer tout à eux-mêmes, & de juger du prix des choses par le profit qu'ils en retirent. C'est là dessus qu'ils ont formé des notions qui leur servent à expliquer la nature des choses, à juger du bien & du mal, de l'ordre & du désordre, du chaud & du froid, de la beauté & de la laideur &c., qui dans le fond ne sont point ce qu'ils s'imaginent: ⌈maîtres de former ainsi leurs idées⌉⁴⁹, ils se flatterent d'être libres; ils se crurent en droit de décider de la louange & du blâme, du bien & du mal; ils ont appelé *bien* ce qui tourne à leur profit & ce qui regarde le culte divin, & *mal* au contraire, ce qui ne convient ni à l'un ni à l'autre:

⁴⁴ *add.* T
⁴⁵ *add.* T
⁴⁶ E: les Causes des Miracles
⁴⁷ E: sans s'amuser à les admirer en Ignorant
⁴⁸ E: & pour un Hérétique
⁴⁹ E: Comme, d'un autre côté

damit allein Gottes Wille – das Asyl der Unwissenden – als erste Ursache für den Fall des Steines anerkannt wird. Der menschliche Körperbau versetzt sie ebenso in Erstaunen. Da ihnen die Ursachen der Wirkungen, die ihnen dermaßen wunderbar vorkommen, unbekannt sind, gelangen sie zu dem Schluß, daß es sich um eine übernatürliche Wirkung handelt, an der bekannte Ursachen nicht beteiligt sind. Wer sich vornimmt, die Dinge der Schöpfung von Grund auf zu erforschen und so, wie es sich für einen wahren Gelehrten[29] gehört, nämlich ohne Rekurs auf die durch Unwissenheit bedingten Vorurteile, zu ihren natürlichen Ursachen vorzudringen, gilt deshalb als gottlos oder wird alsbald durch die Bosheit derer in Verruf gebracht, die das einfache Volk als Deuter der Natur und der Götter anerkennt. Diese Krämerseelen wissen nur zu gut, daß die Unwissenheit, aufgrund deren das Volk zum Staunen neigt, ihren Unterhalt sichert und ihr Ansehen erhält.

§ 7[30]

Die Menschen waren also von der lächerlichen Meinung eingenommen, daß alles, was sie sehen, ihretwegen erschaffen worden sei, und machten es zu einem Bestandteil der Religion, alles auf sich selbst zu beziehen und den Wert der Dinge nach dem Nutzen zu beurteilen, den sie aus ihnen ziehen. Darauf bildeten sie Begriffe, um die Natur der Dinge zu erklären und über gut und böse, Ordnung und Unordnung, warm und kalt, Schönheit und Häßlichkeit usw. zu urteilen; all dies ist aber in Wirklichkeit nicht das, was sie sich einbilden. Da sie es so im Bilden von Ideen zu regelrechter Meisterschaft gebracht hatten, schmeichelten sie sich, frei zu sein. Sie hielten sich für berechtigt, darüber zu entscheiden, was lobenswert oder tadelnswert, gut oder böse ist. *Gut* nannten sie, wovon sie einen Vorteil hatten und was zur Gottesverehrung gehört, *schlecht* dagegen, was zu beidem nicht

& comme les ignorans ne sont capables de juger de rien, & n'ont aucune idée des choses que par le secours de l'imagination qu'ils prennent pour ⌈le jugement⌉[50], ils ⌈nous disent que l'on ne connoît rien dans la nature, &⌉[51] se figurent un ordre particulier dans le monde. Enfin, ils croyent les choses bien ou mal ordonnées, suivant qu'ils ont de la facilité ou de la peine à les imaginer, quand le sens les leur représente; & comme on s'arrête volontiers à ce qui fatigue le moins le cerveau, on se persuade d'être bien fondé à préférer l'ordre à la confusion; comme si l'ordre étoit ⌈autre⌉[52] chose qu'un pur effet de l'imagination des hommes. Ainsi dire que Dieu a tout fait avec ordre, c'est prétendre que c'est en faveur de l'imagination humaine qu'il a créé le monde de la maniere la plus facile à être conçue par elle: ⌈ou, ce qui au fond est la même chose, que l'on connoît avec certitude les rapports & les fins de tout ce qui existe, assertion trop absurde pour mériter d'être réfutée sérieusement⌉[53].

§ 8

Pour ce qui est des autres notions, ce sont de purs effets de la même imagination, qui n'ont rien de réel, & qui ne sont que les différentes ⌈affections ou⌉[54] modes dont cette faculté est susceptible: quand, par exemple, les mouvemens que les objets impriment dans les nerfs, par le moyen des yeux, sont agréables aux sens, on dit que ces objets sont beaux. Les odeurs sont bonnes ou mauvaises, les saveurs douces ou amères, ce qui se touche dur ou tendre, les sons rudes ou agréables, suivant que les odeurs, les

---

[50] E: l'Entendement
[51] *add*. T
[52] T 1777. 1780: une
[53] E: quoi qu'il y ait cent Choses, qui sont fort au-dessus des forces de l'Imagination, & une infinité d'autres qui la jette dans le desordre, à cause de sa foiblesse
[54] *add*. T

paßt. Da die Unwissenden zu keinem Urteil über irgendeinen Gegenstand fähig sind und eine Vorstellung von den Dingen nur mit Hilfe ihrer Einbildungskraft (die sie für Urteilsvermögen halten) gewinnen, sagen sie uns, daß man nichts in der Natur erkenne, und malen sich eine ganz besondere Naturordnung aus. Schließlich halten sie die Dinge für wohlgeordnet oder ungeordnet, je nach dem, ob sie sie leicht oder mühsam mit der Einbildungskraft fassen können, wenn sie durch die Sinne dargestellt werden. Da man es gern bei dem beläßt, was den Kopf am wenigsten anstrengt, glaubte man guten Grund zu haben, die Ordnung der Unordnung vorzuziehen, so als wäre Ordnung etwas anderes als eine bloße Wirkung der menschlichen Einbildungskraft. Wenn man also sagt, Gott habe alles geordnet geschaffen, kommt das der Behauptung gleich, daß Gott die Welt mit Rücksicht auf die menschliche Einbildungskraft so geschaffen hat, daß sie möglichst leicht durch sie begriffen werden kann, oder (was im Grunde genommen dasselbe ist) daß man den Zusammenhang und die Zwecke aller Dinge mit Gewißheit erkennt. Diese Behauptung ist zu unsinnig, als daß sie eine ernsthafte Widerlegung verdiente.

§ 8[31]

Die anderen Begriffe sind gleichfalls bloß Wirkungen ebendieser Einbildungskraft. Sie stehen für nichts Wirkliches, sondern sind verschiedene Affektionen oder Modi dieses Vermögens. Wenn beispielsweise die Bewegungen der Gegenstände, die mittels der Augen in den Nerven Eindrücke hinterlassen, den Sinnen angenehm sind, nennt man diese Gegenstände schön. Der Geruch ist angenehm oder unangenehm, der Geschmack süß oder bitter, was man berührt, hart oder weich, Klänge gefällig oder dissonant, je nach dem, wie die Gerüche, der Geschmack, oder die

saveurs ⌐& les sons⌐[55] frappent ou pénétrent ⌐[56]⌐ les sens; c'est d'après ces idées qu'il se trouve des gens qui croyent que Dieu se plaît à la mélodie, tandis que d'autres ont cru que les mouvemens célestes étoient un concert harmonieux: ce qui marque bien que chacun se persuade que les choses sont telles qu'il se les figure, ou que le monde est purement imaginaire. Il n'est donc point étonnant qu'il se trouve à peine deux hommes d'une même opinion & qu'il y en ait même qui fassent gloire de douter de tout: car quoique les hommes ayent un même corps, & qu'ils se ressemblent tous à beaucoup d'égards, ils différent néanmoins à beaucoup d'autres; delà vient que ce qui semble bon à l'un devient mauvais pour l'autre, que ce qui plaît à celui-ci déplaît à celui-là. D'où il est aisé de conclure que les sentimens ne différent ⌐qu'en raison de l'organisation & de la diversité des coexistences⌐[57], que ⌐le raisonnement⌐[58] y a peu de part, & qu'enfin ⌐les notions des choses du monde ne sont qu'un pur effet de la seule imagination⌐[59].

§ 9

Il est donc évident que toutes les raisons dont le commun des hommes a coûtume de se servir, lorsqu'il se mêle d'expliquer la nature, ne sont que des façons d'imaginer, qui ne ⌐prouvent⌐[60] rien moins que ce qu'il prétend; l'on donne à ces ⌐idées des noms, comme⌐[61] si elles existoient ailleurs ⌐que dans un cerveau préve-

[55] E: &c.
[56] E: agréablement ou desagréablement
[57] E: qu'à l'égard de la Fantaisie
[58] E: l'Entendement
[59] E: les Choses du Monde ne sont qu'un pur effet de la seule Imagination. Mais, si, au lieu de s'en rapporter à son Imagination, on consultoit les lumiéres de l'Entendement & les Mathématiques, & qu'on n'allât pas plus loin que ce que l'on peut concevoir par le

Klänge auf die Sinne einwirken. Diesen Vorstellungen entsprechend glauben manche Menschen, Gott erfreue sich am Wohlklang. Andere meinten, die Bewegungen der Himmelskörper ergäben ein harmonisches Konzert. Dies zeigt deutlich, daß jeder überzeugt ist, daß die Dinge so beschaffen sind, wie er sie sich ausmalt, und das heißt, daß die Welt ganz und gar in der Einbildung besteht. Kein Wunder, daß sich kaum je zwei Menschen finden, die einer Meinung sind, und daß es sogar Menschen gibt, die stolz darauf sind, an allem zu zweifeln. Denn obschon alle denselben menschlichen Körper haben und sich in vielen Hinsichten ähnlich sind, unterscheiden sie sich in vielen anderen Hinsichten. Dies hat zur Folge, daß das, was dem einen als gut erscheint, dem anderen schlecht vorkommt, und das, was dem einen gefällt, dem anderen mißfällt. Es ist nicht schwer, hieraus die Schlüsse zu ziehen: Die Meinungen unterscheiden sich aufgrund der jeweiligen Struktur des Körpers und der Verschiedenheit seiner Zusammensetzung. Das Denken hat hieran keinen Anteil. Schließlich sind diese Begriffe von den Dingen dieser Welt ausschließlich Wirkungen der Einbildungskraft.

§ 9[32]

Es ist daher offenkundig, daß alle Gründe, von denen die Masse der Menschen zum Zweck der Naturerklärung gewöhnlich Gebrauch macht, bloße Formen der Einbildung sind, die ganz und gar nicht das beweisen, was diese beanspruchen. Diesen Vorstellungen gab man Namen, als existierten sie auch außerhalb voreingenommener Köpfe. Man müßte sie nicht existierende We-

---

secours des lumiéres naturelles, tout le Monde conviendroit de la *Vérité*, & les Jugemens seroient plus uniformes, & plus raisonnables qu'ils ne sont.
[60] T 1768. 1775. 1777. 1780: peuvent
[61] E: Raisons de noms aussi réels, que

nu]⁶² ; on devroit les appeller, ⌐non des êtres, mais des pures chimeres⌐⁶³. A l'égard des argumens fondés sur ces notions, il n'est rien de plus aisé que de les réfuter, par exemple:

S'il étoit vrai, nous dit-on, que l'Univers fût un écoulement & une suite nécessaire de la nature divine, d'où viendroient les imperfections & les défauts qu'on y remarque? ⌐Cette objection se réfute sans nulle peine.⌐⁶⁴ On ne sauroit juger de la perfection ⌐& de l'imperfection⌐⁶⁵ d'un être, qu'autant qu'on en connoît l'essence ⌐et⌐⁶⁶ la nature; & c'est s'abuser étrangement que de croire qu'une chose est plus ou moins parfaite suivant qu'elle plaît ou déplaît, & qu'elle est utile ou nuisible à la nature humaine. Pour fermer la bouche à ceux qui demandent pourquoi Dieu n'a point créé tous les hommes ⌐bons & heureux, il suffit de dire que tout est nécessairement ce qu'il est, & que dans la nature il n'y a rien d'imparfait puisque tout découle de la nécessité des choses.⌐⁶⁷

§ 10

⌐Cela posé, si l'on demande ce que c'est que *Dieu*, je réponds que ce mot nous représente l'Etre universel dans lequel, pour parler comme Saint Paul, *nous avons la vie, le mouvement & l'être.* Cette notion n'a rien]⁶⁸ qui soit indigne de Dieu; car si tout est

---

⁶² E: qu'en l'Imagination

⁶³ E: non des *Etres de Raison;* mais de pures *Imaginations*

⁶⁴ E: Par exemple, la *Corruption*, qui remplit tout de mauvaise Odeur: tant d'*Objets* si *desagréables*, tant de *Désordres*, tant de *Maux*, tant de *Péchez*, & tant d'autres Choses semblables? Il n'est rien, dis-je, de plus aisé que de réfuter ces Objections.

⁶⁵ *add.* T

⁶⁶ T 1777. 1780: de

⁶⁷ E: sans exception de telle maniére, qu'ils se laissassent conduire aux seules lumiéres de la Raison, il suffit de dire, que c'est à cause que la Matiére ne lui manquoit pas, pour donner à chaque Etre le degré de perfection qui lui étoit le plus convenable, ou, pour parler plus

sen, sondern bloße Chimären nennen. Die Schlußfolgerungen, die sich auf diese Begriffe stützen, lassen sich ohne jede Mühe widerlegen. Ein Beispiel: Wenn es zuträfe, so sagt man uns, daß das Universum notwendig aus der göttlichen Natur fließt bzw. folgt, woher kommen dann die Unvollkommenheiten und Mängel, die man in ihm antrifft? Dieser Einwurf läßt sich leicht abfertigen. Über die Vollkommenheit oder Unvollkommenheit eines Dinges läßt sich nur urteilen, wenn man sein Wesen und seine Natur erkannt hat. Man unterläge einer sonderbaren Täuschung, wollte man annehmen, daß ein Ding mehr oder weniger vollkommen ist, je mehr es einem gefällt bzw. mißfällt oder der menschlichen Natur nützt bzw. schadet. Um diejenigen zum Schweigen zu bringen, die fragen, warum Gott nicht alle Menschen gut und glücklich geschaffen hat, braucht man bloß festzustellen, daß alles notwendig ist und es nichts Unvollkommenes gibt, da alles aus der Notwendigkeit der Dinge entspringt.[33]

§ 10

Dies vorausgesetzt, antworte ich auf die Frage nach dem Wesen Gottes, daß mit diesem Wort das allgemeine Sein bezeichnet wird, in dem, um es mit den Worten des Hl. Paulus zu sagen, *wir leben, uns bewegen und sind.*[34] Nichts an diesem Begriff ist Gottes unwürdig; denn wenn alles Gott ist, entspringt alles notwen-

---

proprement, parce que les Loyx de la Nature étoient si amples & si étendües, qu'elles pouvoient servir à la production de toutes les Choses, dont est capable un Entendement infini.

[68] E: Jusqu'ici nous avons combattu les Préjugez populaires sur la *Divinité*; mais nous n'avons point encore dit ce que c'est que Dieu. Si l'on nous le demande, nous répondrons, que c'est *un Etre absolument infini, dont l'un des Attributs est d'être une Substance éternelle, & infinie.* L'extension, ou la quantité n'étant finie, ou divisible, qu'entant qu'on l'imagine telle. Car la Matiére étant par tout la même, l'Entendement n'y distingue point de parties. Par exemple, l'Eau, entant qu'Eau, est imaginée divisible, & ses parties séparées

⌐Dieu⌐[69], tout découle nécessairement de son essence, & il faut absolument qu'il soit tel que ce qu'il contient, puisqu'il est ⌐incompréhensible⌐[70] que des êtres tous matériels soient ⌐maintenus &⌐[71] contenus dans un être qui ne le soit point. Cette opinion n'est point nouvelle; Tertullien, l'un des ⌐plus savans⌐[72] hommes que les Chrétiens ayent eu, a prononcé contre Apelles que ce qui n'est pas corps n'est rien, & contre Praxéas que toute substance est un[a] corps. Cette doctrine cependant n'a pas été condamnée dans les quatre premiers Conciles Oecuméniques ou généraux.[b]

§ 11

Ces ⌐idées sont claires,⌐[74] simples & les seules mêmes qu'un bon ⌐esprit⌐[75] puisse se former de Dieu. Cependant il y a peu de gens qui se contentent d'une telle simplicité. Le peuple grossier &

⌐[a] Quis autem negabit Deum esse corpus, etsi Deus Spiritus? Spiritus enim corpus sui generis, in sua effigie. *Tertul. adv. Prax. Cap. 7.*⌐[73]
[b] Ces 4. premiers Conciles sont. 1º. Celui de Nicée en 325, sous Constantin & le Pape Silvestre. 2º. Celui de Constantinople en 381, sous Gratien, Valentinien & Théodose, & le Pape Damase I. 3º. Celui d'Ephèse en 431, sous Théodose le jeune & Valentinien, & le Pape Célestin. 4º. Celui de Calcédoine, en 451, sous Valentinien & Martian, & le Pape Léon I.

---

les unes des autres; quoi qu'entant que *Substance corporelle*, elle ne soit ni séparable, ni divisible. Enfin l'Eau, entant qu'Eau, est sujette à génération, & à corruption, quoi qu'entant que *Substance*, elle ne soit sujette ni à l'une, ni à l'autre. Ainsi la Matiére & la quantité n'ont rien
[69] E. T 1776. 1793: en Dieu
[70] E: contradictoire
[71] *add.* T
[72] E: prémiers
[73] *add.* T
[74] E: Sentimens sont
[75] E: & sain Entendement

dig aus seinem Wesen, und Gott muß notwendig dem gleichartig sein, das er in sich faßt. Es wäre nämlich unbegreiflich, wenn gänzlich materielle Gegenstände von einem nicht materiellen Sein erhalten würden und in ihm enthalten wären.[35] Diese Auffassung ist nicht neu. Tertullian, einer der größten Gelehrten unter den Christen, vertrat gegen Apelles die Auffassung, daß es nichts Körperloses gibt, und bestand gegen Praxeas darauf, daß jede Substanz ein Körper ist[a]. Diese Auffassung ist gleichwohl auf den ersten vier ökumenischen, d. h. allgemeinen Konzilien[b] nicht verdammt worden.[36]

§ 11

Diese Vorstellungen sind klar, einfach und die einzigen, die ein klarer Verstand sich von Gott machen kann. Dennoch geben sich nur wenige mit einer solchen Einfachheit zufrieden. Das unkultivierte und an die schmeichelhaften Illusionen der Sinne gewöhnte Volk will einen Gott haben, der den irdischen Königen

[a] »Wer wird bestreiten, daß Gott Körper ist, auch wenn er gleichfalls Geist ist? Denn Geist ist ein Körper von eigener Art, in eigener Gestalt.« Tertullian, *Adv. Praxean*, Kap. 7.[37]
[b] Die ersten vier Konzilien sind (1.) das von Nicaea im Jahre 325 unter Konstantin und Papst Silvester, (2.) das von Konstantinopel im Jahre 381 unter Gratian, Valentinian, Theodosius und Papst Damasus I., (3.) das von Ephesus im Jahre 431 unter Theodosius dem Jüngeren, Valentinian und Papst Coelestin und (4.) das von Chalkedon im Jahre 451 unter Valentinian, Martian und Papst Leo I.

accoutûmé aux flatteries des sens demande un Dieu qui ressemble aux Rois de la terre. Cette pompe, ce grand éclat qui les environne l'éblouit de telle sorte, que ⌈lui ôter l'idée d'un Dieu à-peu-près semblable à ces Rois, c'est⌉[76] lui ôter l'espérance d'aller après la mort grossir le nombre des courtisans célestes, pour jouir avec eux des mêmes plaisirs qu'on goûte à la Cour des Rois; c'est priver l'homme de la seule consolation qui l'empêche de se désespérer dans les miséres de la vie. On dit qu'il faut un Dieu juste & vengeur qui punisse & récompense⌈: on veut⌉[77] un Dieu susceptible de toutes les passions ⌈[78]⌉ humaines, on lui donne des pieds, des mains, des yeux, & des oreilles, & cependant on ne veut point qu'un Dieu constitué de la sorte ait rien de matériel. On dit que l'homme est son chef-d'œuvre & même son image, mais on ne veut pas que la copie soit semblable à l'original. Enfin le Dieu du peuple d'aujourd'hui est sujet à bien plus de formes que le Jupiter des Payens. Ce qu'il y a de plus étrange, c'est que plus ces notions se contredisent & choquent le bon sens, plus le vulgaire les révére, parce qu'il croit opiniâtrement ce que les Prophêtes en ont dit, quoique ces visionnaires ne fussent parmi les Hébreux que ce qu'étoient les augures & les devins chez les Payens⌈[79]⌉. On consulte la Bible comme si Dieu ⌈& la nature⌉[80] s'y expliquoit d'une façon particuliere; ⌈quoique ce livre ne soit qu'un tissu⌉[81] de fragmens cousus ensemble en divers tems, ⌈ra-

---

[76] *add.* T

[77] E: à la façon des Roys, & par conséquent

[78] E: & de toutes les foiblesses

[79] E: , & ce que sont parmi nous les *Astrologues* & les *Fanatiques*

[80] *add.* T

[81] E: quoi qu'elle soit remplie de Fables impertinentes & ridicules. Témoin ce qui y est raconté d'un *Serpent* [Gen. II.1–5] & d'une *Anesse* [Nomb. XXII.29.30] qui ont parlé. D'une *Femme* [Gen. XIX.26] *changée en une Statüe de sel.* D'un *Roy* [Dan. IV.32–36] *métamorphosé en Bête brute.* D'un *Nazaréen* [Jug. XIV. XV. XVI.], qui déchire un Lyon, qui tüe mille Hommes avec une machoire d'Ane, qui arrache les Poteaux & la barre des Portes d'une Ville, & les porte sur ses épaules, qui rompt les plus fortes cordes dont on le

ähnlich ist. Durch den Prunk und den Glanz, der diese umgibt, wird es derart verblendet, daß es, wenn man ihm die Vorstellung eines Gottes, der seinen Königen ähnlich ist, nähme, aller Hoffnung beraubt wäre, nach dem Tod in den himmlischen Hofstaat aufgenommen zu werden und mit ihm dieselben Vergnügungen zu genießen wie an den irdischen Königshöfen. Man nähme dem Menschen den einzigen Trost, der ihn vor der Verzweiflung angesichts des Elends in diesem Leben bewahrt. Man hält einen rächenden und gerechten Gott für nötig, der Strafen und Belohnungen verteilt. Man will einen Gott haben, der für alle menschlichen Affekte empfänglich ist, man verleiht ihm Füße, Hände, Augen und Ohren und besteht trotzdem darauf, daß ein solcher Gott keine materiellen Eigenschaften hat. Den Menschen hält man für sein Meisterwerk, ja sogar für sein Ebenbild, bestreitet aber, daß dieses Abbild seinem Urbild ähnlich sei. Schließlich nimmt der Gott, wie ihn das Volk sich heute vorstellt, ebenso viele Gestalten an wie der Jupiter der Heiden. Am seltsamsten aber ist, daß das Volk solche Vorstellungen mit umso größerer Verehrung annimmt, je widersprüchlicher und widervernünftiger sie sind; denn es glaubt hartnäckig den Worten der Propheten, obwohl diese Phantasten bloß so etwas waren wie die Auguren und Weissager bei den Heiden. Man zieht die Bibel zu Rate, als gäben Gott und die Natur sich in ihr auf eine besondere Weise zu erkennen. Dies, obwohl dieses Buch nur ein Flickwerk aus Fetzen ist, die zu verschiedenen Zeiten zusammengeflickt,

---

lie, qui renverse un grand Edifice, en embrassant les Pilliers sur lesquels il est appuyé, tout cela par une force merveilleuse, qui réside dans ses *cheveux*. D'un *Prophéte* [I.Liv. des Roys, XVII. XIX. 2. Liv. II], à qui les *Corbeaux* apportoient à manger deux fois par jour, qui a vêcu d'un seul repas pendant quarante jours & quarante nuits de marche, qui a divisé les eaux d'un Fleuve en les frappant de son manteau, & a passé au milieu à pied sec, qui, enfin, a été enlevé aux Cieux par un Tourbillon dans un Chariot de feu. D'un autre *Prophéte* [Jonas, II] qui a séjourné trois jours & trois nuits dans le ventre d'un Poisson, où il respiroit si à son aise, qu'il y a chanté un Canti-

massés par diverses personnes,]⁸² & publiés de l'aveu des Rabins
qui ont décidé suivant leur fantaisie de ce qui devoit être approu-
vé ou rejetté, selon qu'ils l'ont trouvé conforme ou opposé à la
Loi de Moyse.ᵃ Telle est la malice & la stupidité des ⌈hommes. Ils
passent leur vie à chicanner & persistent à respecter un livre où il
n'y a gueres plus d'ordre que dans l'Alcoran de Mahomet; un
livre, dis-je, que personne n'entend, tant il est obscur & mal
conçu; un livre qui ne sert qu'à fomenter les divisions. Les Juifs
& les Chrétiens aiment mieux consulter ce grimoire]⁸³ que
d'écouter la loi naturelle que Dieu, c'est-à-dire la Nature, en tant
qu'elle est le principe ⌈de toutes choses]⁸⁴, a écrit dans le cœur
des hommes. Toutes les autres loix ne sont que des fictions humaines, & de pures illusions mises au jour, non par les Démons
ou mauvais Esprits, qui n'existerent jamais qu'en idée, mais par
la politique des Princes & des Prêtres. Les premiers ont voulu
par-là donner plus de poids à leur autorité, & ceux-ci ont voulu
s'enrichir par le débit d'une infinité de chimeres qu'ils vendent
cher aux ignorans.

Toutes les autres loix qui ont succédé à celle de Moyse, j'en-
tends les loix des Chrétiens, ne sont appuyées que sur cette Bible

---

ᵃ Le Talmud porte que les Rabins délibérent s'ils ôteroient le Livre des
Proverbes & celui de l'Ecclésiaste du nombre des Canoniques; ils les
laisserent parce qu'il y est parlé avec éloge de Moyse & sa Loi. Les
Prophéties d'Ezechiel auroient été retranchées du catalogue sacré, si un
certain ⌈Chananias]⁸⁹ n'avoit entrepris de les concilier avec la même
Loi.

---

que. Malgré tous ces Contes puérils, & une infinité d'autres semblables, dont ce Livre fourmille, on s'obstine à le canoniser, & on ne
veut pas faire attention, qu'il n'est composé que d'un tissu

⁸² *add.* T

⁸³ E: *Chrétiens*, qu'ils aiment mieux passer leur Vie à idolatrer un
Livre, qu'ils tiennent d'un Peuple ignorant, un Livre, où il n'y a ni
ordre, ni méthode, que personne n'entend, tant il est confus & mal

von verschiedenen Personen gesammelt und mit Genehmigung der Rabbinen veröffentlicht wurden, die die Entscheidung darüber, was [als kanonischer Text] anerkannt zu werden verdient oder verworfen werden muß, willkürlich trafen, und zwar je nach dem, ob sie es mit dem mosaischen Gesetz vereinbar fanden oder nicht[a]. So böswillig und vernagelt sind die Menschen: Sie verbringen ihr Leben damit, anderen Schwierigkeiten zu bereiten, und bestehen auf der Anerkennung eines Buches, das fast so konfus wie der Koran Mohammeds, zudem unverständlich, dunkel und schlecht geschrieben und nur dazu geeignet ist, Spaltungen zu befördern. Die Juden und Christen ziehen es vor, aus diesem unverständlichen Buch Rat zu holen, statt das Gesetz der Natur zu befolgen, das Gott, d. h. die Natur, insofern er das Prinzip aller Dinge ist, den Herzen der Menschen eingeschrieben hat. Alle anderen Gesetze sind bloß menschliche Erfindungen, reine Illusionen, die nicht von Dämonen oder bösen Geistern (denn die existieren nur in der Vorstellung), sondern durch die Politik der Fürsten und Priester ins Leben gerufen worden sind. Die einen wollten dadurch ihrer Autorität mehr Gewicht verleihen, die anderen wollten sich durch den Vertrieb unzähliger Hirngespinste bereichern, die sie den Unwissenden teuer verkaufen.

Alle anderen Gesetze, die auf das des Moses folgten, ich meine die Gesetze der Christen, stützen sich lediglich auf die Bibel,

---

[a] Der Talmud berichtet, die Rabbinen hätten erwogen, das Buch der Sprüche und des Predigers [Salomonis] aus der Gruppe der kanonischen Schriften auszuscheiden. Sie hätten es aber in ihr belassen, weil dort lobend von Moses und seinem Gesetz gesprochen wird. Die Weissagungen des Hesekiel wären aus dem Katalog der Heiligen Schriften gestrichen worden, wenn nicht ein gewisser Hananja es auf sich genommen hätte, sie mit eben diesem Gesetz in Einklang zu bringen.[39]

---

conçu, & qui ne sert qu'à fomenter les Divisions entre eux, telle est, dis-je, leur Folie, qu'ils aiment mieux adorer ce Phantôme,
[84] E: du Mouvement
[89] E: Chananias. T: Chanoine

dont l'original ne se trouve point, ⌈85⌉ qui contient des choses surnaturelles & impossibles, qui parle de récompenses & de peines pour les actions bonnes ou mauvaises, mais qui ne sont que pour l'autre vie, de peur que la fourberie ne soit découverte, nul n'en étant jamais revenu ⌈86⌉. Ainsi le peuple toujours flottant entre l'espérance & la crainte est retenu dans son devoir par l'opinion qu'il a que Dieu n'a fait les hommes que pour les rendre éternellement heureux ou malheureux. ⌈C'est-là ce⌉87 qui a donné lieu à une infinité de Religions ⌈88⌉.

CHAPITRE III
Ce que signifie le mot Religion: Comment & pourquoi il s'en est introduit un si grand nombre dans le monde

§ 1

Avant que le mot *Religion* se fût introduit dans le monde, on n'étoit obligé qu'à suivre la loi naturelle, c'est-à-dire, à se conformer à la droite raison. Ce seul instinct étoit le lien auquel les hommes étoient attachés; & ce lien tout simple qu'il est, les unissoit de telle sorte que les divisions étoient rares. Mais dès que la crainte eût fait soupçonner qu'il y a des Dieux & des puissances invisibles, ils éleverent des autels à ces êtres imaginaires, & secouant le joug de la nature & de la raison ⌈90⌉, ils se liérent par de vaines cérémonies & par un culte superstitieux aux ⌈vains⌉91 phantômes de l'imagination. C'est de ⌈là⌉92 que dérive le mot de

---

85 E: dont les Copies, qu'on en a, différent essenciellement en mille endroits les unes des autres. Sur un Livre enfin,

86 E: , pour nous en dire des nouvelles

87 E: C'est cette Opinion, qu'ont fait naître l'Espérance & la Crainte,

88 E: , dont nous allons parler

90 E: qui sont les sources de la vraye Vie

91 *add.* T

92 E: ces Livres sacrez, formez par la Frayeur,

deren Original unauffindbar ist, die übernatürliche und unmögliche Dinge zum Inhalt hat, in der von Lohn und Strafe für gute oder böse Handlungen die Rede ist, die aber (da man fürchtet, der Betrug könnte aufgedeckt werden) nur im Jenseits stattfinden sollen, aus dem noch niemand zurückgekehrt ist. So ist das Volk, indem es ständig zwischen Hoffnung und Furcht schwankt, in seine Pflicht genommen, da es meint, daß Gott die Menschen allein deshalb geschaffen hat, weil er sie ewig glücklich oder unglücklich machen wollte.[38] Hieraus ist die Unzahl von Religionen entstanden.

KAPITEL III

Über die Bedeutung des Wortes Religion; auf welche Weise und aus welchen Gründen eine so große Zahl von Religionen auf der Erde entstanden ist.

§ 1

Bevor das Wort *Religion* aufkam, gab es nur die Pflicht zum Gehorsam gegenüber dem natürlichen Gesetz, d. h. zur Übereinstimmung mit der rechten Vernunft. Dieser natürliche Trieb allein verband die Menschen, und dieses Band stiftete, so einfach es auch war, eine solche Einheit zwischen ihnen, daß es kaum Zwietracht gab. Seit die Menschen aber aufgrund ihrer Furcht auf den Glauben an Götter und unsichtbare Mächte verfallen waren, errichteten sie diesen imaginären Wesen Altäre, warfen das Joch der Natur und der Vernunft ab und fanden ihren Zusammenhalt in nutzlosen Zeremonien und einer abergläubischen Verehrung phantasieentsprungener Phantome. Daher stammt das Wort *Religion*, um das so viel Lärm in der Welt gemacht

Religion qui fait tant de bruit dans le monde. Les hommes ayant
admis des puissances invisibles qui avoient tout pouvoir sur eux,
ils les adorerent pour les fléchir, & de plus, ils s'imaginerent que
la nature étoit un être subordonné à ces Puissances. Dès-lors ils
se la figurerent comme une ⌈masse morte⌉[93], ou comme un esclave qui n'agissoit que suivant l'ordre de ces Puissances. Dès que
cette fausse idée eût frappé leur esprit, ils n'eurent plus que du
mépris pour la nature, & du respect que pour ces êtres prétendus,
qu'ils nommerent leurs Dieux. De là est venue l'ignorance où
tant de peuples sont plongés, ignorance d'où les vrais Savans les
pourroient retirer, quelque profond qu'en soit l'abîme, si leur
zèle n'étoit traversé par ceux qui menent ces aveugles, & qui ne
vivent qu'à la faveur de leurs impostures.

Mais quoiqu'il y ait bien peu d'apparence de réussir dans cette
entreprise, il ne faut pas abandonner le parti de la vérité, quand ce
ne seroit qu'en considération de ceux qui se garantissent des
symptômes de ce mal; il faut qu'une ame généreuse dise les choses comme elles sont. ⌈La vérité, de quelque nature qu'elle soit,
ne peut jamais nuire, au lieu que l'erreur, quelque innocente &
quelque utile même qu'elle paroisse, doit nécessairement avoir à
la longue des effets très-funestes.⌉[94]

§ 2

La crainte qui a fait les Dieux a fait aussi la Religion, & depuis
que les hommes se sont mis en tête qu'il y avoit des ⌈Agens⌉[95]
invisibles qui étoient cause de leur bonne ou mauvaise fortune,
ils ont renoncé au bon sens & à la raison, & ils ont pris leurs
chimeres pour autant de Divinités qui avoient soin de leur conduite. Après donc s'être forgé des Dieux ils voulurent savoir
quelle étoit leur nature, & s'imaginant qu'ils devoient être de la
même substance que l'ame, qu'ils croyent ressembler aux phan-

---

[93] E: grande Masse
[94] *add.* T
[95] E. T 1777. 1780: Anges

wird. Nachdem die Menschen einmal die Existenz unsichtbarer
Mächte, die eine unbeschränkte Macht über sie haben, angenommen hatten, beteten sie sie an, um sie sich geneigt zu
machen, und bildeten sich obendrein ein, die Natur sei ein Wesen, das diesen Mächten unterworfen sei. Infolgedessen stellten
sie sich die Natur als eine leblose Masse oder als einen Sklaven
vor, der nur nach dem Befehl dieser Mächte handelt. Seit ihnen
diese falsche Vorstellung in den Kopf gekommen war, brachten
sie der Natur nur noch Geringschätzung entgegen und hatten
Ehrfurcht nur noch vor jenen Scheinwesen, die sie ihre Götter
nannten. Daher kommt die Unwissenheit, in der so viele Völker
befangen sind. Die wahren Gelehrten[40] könnten sie aus der Unwissenheit – so tief sie auch in ihr stecken – befreien, würden ihre
Bemühungen nicht durch diejenigen hintertrieben, die diese
Blinden führen und von ihren eigenen betrügerischen Machenschaften leben.

Diese Bemühungen haben zwar, wie es scheint, wenig Aussicht auf Erfolg, und doch darf man die Sache der Wahrheit nicht
aufgeben, und ginge es auch nur um diejenigen, die sich vor den
Symptomen dieser Krankheit haben schützen können. Ein groß-
mütiger Mensch muß also die Dinge so darstellen, wie sie sind.
Die Wahrheit kann nie schädlich sein, wie auch immer sie beschaffen sein mag, während selbst ein scheinbar harmloser und
sogar nützlicher Irrtum letztenendes verhängnisvolle Auswir-
kungen hat.[41]

§ 2[42]

Die Furcht, die die Götter geschaffen hat, hat auch die Religion
geschaffen. Nachdem sich die Menschen den Glauben an unsichtbare Kräfte, die für ihr Glück und Unglück verantwortlich
sind, in den Kopf gesetzt hatten, schworen sie dem Verstand und
der Vernunft ab und hielten ihre Hirngespinste für Götter, die
um sie besorgt sind. Nun wollten sie das Wesen der Götter, die
sie erdichtet hatten, erkennen. Sie meinten, ihre Substanz müsse
dieselbe wie die der Seele sein, die sie für so etwas wie Spiegelbil-

tômes qui paroissent dans le miroir ou pendant le sommeil; ils
crurent que leurs Dieux étoient des substances réelles; mais si
tenues & si subtiles que pour les distinguer des Corps ils les
appellerent *Esprits*, bien que ces corps & ces esprits ne soient en
effet qu'une même chose, & ne différent que du plus ou moins,
puisqu'être *Esprit* ou *incorporel*, est une chose incompréhensib-
le. La raison est que tout Esprit a une figure qui lui est propre [a], &
qu'il est renfermé dans quelque lieu, c'est-à-dire, qu'il a des bornes, & que par conséquent c'est un corps quelque ⌈subtil qu'on le
suppose⌉[96].[b]

§ 3

Les Ignorans, c'est-à-dire, la plûpart des hommes, ayant fixé de
cette sorte ⌈la nature de⌉[98] la substance de leurs Dieux, tâcherent
aussi de pénétrer par quels moyens ces ⌈Agens⌉[99] invisibles pro-
duisoient leurs effets; mais n'en pouvant venir à bout, à cause de
leur ignorance, ils en crurent leur conjectures; jugeant aveuglément de l'avenir par le passé; ⌈comme si l'on pouvoit raisonnab-
lement conclure de ce qu'une chose est arrivée autrefois de telle
& telle manière, qu'elle arrivera, ou qu'elle doive arriver con-
stamment de la même manière; sur-tout lorsque les circonstances
& toutes les causes qui influent nécessairement sur les événe-
mens & les actions humaines, & qui en déterminent la nature &
l'actualité, sont diverses⌉[100]. Ils envisagerent donc le passé & en
augurerent bien ou mal ⌈pour l'avenir⌉[101], suivant que la même

---

⌈[a] Voyez le passage de Tertullien, cité pag. 36.
[b] Voyez Hobbes Leviathan *de homine*. Cap. 12. pag. 56, 57, 58.⌉[97]

[96] E: mince, délié & subtil qu'il puisse être
[97] *add*. T
[98] *add*. T
[99] E: Etres; T 1777. 1780: Anges
[100] E: quoi qu'ils n'y vissent ni liaison, ni dépendance
[101] *add*. T

der und Traumerscheinungen hielten. Sie glaubten, daß ihre
Götter wirkliche Substanzen sind, aber von einer solchen Zart-
heit und Feinheit, daß sie sie zur Unterscheidung von den Körpern *Geister* nannten. Sie taten dies, obwohl Körper und Geister
in Wirklichkeit ein und dasselbe sind und sich nur graduell voneinander unterscheiden. Daß etwas Geist oder unkörperlich sein
soll, läßt sich nicht begreifen, weil jeder Geist eine ihm eigene
Gestalt hat[a], an einer bestimmten Stelle lokalisiert ist, also Gren-
zen hat und folglich ein wie auch immer feiner Körper ist[b].

§ 3[44]

Die Unwissenden, d. h. die Mehrheit der Menschen, hatten also
die Beschaffenheit der Substanz ihrer Götter in der beschriebe-
nen Weise festgesetzt und wollten nun auch die Mittel erforschen, mit denen diese unsichtbaren Kräfte ihre Wirkungen
herrvorrufen. Da ihnen das aber aufgrund ihrer Unwissenheit
nicht gelang, glaubten sie das, was sie bloß gemutmaßt hatten.
Sie schlossen von der Vergangenheit blindlings auf die Zukunft,
als könnte man aus dem Umstand, daß ein Ereignis vorher so
oder so eingetreten ist, vernünftigerweise folgern, daß es auch in
Zukunft so eintreten wird, und dies vor allem auch angesichts
der Verschiedenheit der Umstände und all der Ursachen, die die
Ereignisse und die menschlichen Handlungen mit Notwendigkeit beeinflussen und ihre Natur und ihr Wirken determinieren.
Sie richteten den Blick also auf die Vergangenheit und prophezei-
ten aus ihr Gutes oder Schlechtes für die Zukunft, je nach dem,

[a] Vgl. das Tertullian-Zitat S. 37.
[b] Vgl. Hobbes, *Leviathan*, Kap. 12, S. 56, 57, 58.[43]

entreprise avoit autrefois bien ou mal réussi. C'est ainsi que Phormion ayant défait les Lacédemoniens dans la bataille de Naupacte, les Athéniens après sa mort élurent un autre Général du même nom. Annibal ayant succombé sous les armes de Scipion l'Afriquain, à cause de ce bon succès les Romains envoyerent dans la même Province un autre Scipion contre Cesar, ce qui ne réussit ni aux Athéniens ni aux Romains: Ainsi plusieurs nations après deux ou trois expériences ont attaché aux lieux, aux objets, & aux noms leurs bonnes ou mauvaises fortunes; d'autres se sont servis de certains mots ⌈102⌉ qu'ils appellent des enchantemens, & les ont cru si efficaces qu'ils s'imaginoient par leur moyen faire parler les arbres, faire un homme ou un Dieu d'un morceau de pain, & métamorphoser tout ce qui paroissoit devant eux.ᵃ

§ 4

⌈L'empire des Puissances invisibles étant établi⌉¹⁰⁴ de la sorte, les hommes ne les révérerent d'abord que comme leurs Souverains; c'est-à-dire, par des marques de soumission & de respect, tels que sont les présens, les priéres, &c. Je dis *d'abord*, car la nature n'apprend point à user de Sacrifices sanglans en cette rencontre: Ils n'ont été institués que pour la subsistance des Sacrificateurs & des Ministres destinés au service de ces ⌈Dieux imaginaires⌉¹⁰⁵.

§ 5

Ce germe de Religion (je veux dire l'espérance & la crainte) fécondé par les passions & opinions diverses des hommes, a pro-

⌈ᵃ Hobbes Léviathan de homine, cap. 12, pag. 56, 57.⌉¹⁰³

102 E: mystérieux
103 *add.* T 1793
104 E: Les Puissances invisibles étant établies
105 E: beaux Dieux

ob ein bestimmtes Vorhaben zuvor schon einmal erfolgreich
oder erfolglos gewesen war. So wählten die Athener, nachdem
Phormion die Spartaner in der Schlacht von Naupaktos besiegt
hatte, nach dessen Tod einen anderen Träger dieses Namens zum
Befehlshaber. Nach Hannibals Niederlage gegen Scipio Africa-
nus entsandten die Römer, weil dieser erfolgreich gewesen war,
einen anderen Scipio in dieselbe Provinz, um gegen Caesar zu
kämpfen. Diese Maßnahme führte indessen weder bei den Athe-
nern noch bei den Römern zum Erfolg. So brachten mehrere
Völker, nachdem sie zwei- oder dreimal eine bestimmte Erfahrung gemacht hatten, ihr Glück und Unglück mit Orten, Gegen-
ständen oder Namen in Verbindung. Andere verwendeten bestimmte Wörter, sogenannte Zaubermittel, und trauten ihnen
eine solche Wirkung zu, daß sie mit ihrer Hilfe Bäume zum
Sprechen bringen, aus einem Stück Brot einen Menschen oder
einen Gott machen und alles, was ihnen begegnete, verwandeln
könnten[a].

§ 4[45]

Nachdem so das Reich der unsichtbaren Mächte errichtet war,
erwiesen die Menschen ihnen zunächst eine Verehrung wie ihren
Herrschern, d. h. Unterwerfungs- und Respektbezeugungen,
wie etwa Gaben, Gebete usw. Ich sage *zunächst*, denn die Natur
lehrt in diesem Zusammenhang nicht den Brauch blutiger Opfer.
Diese wurden ausschließlich zu dem Zweck eingeführt, daß die
Opferpriester und die Geistlichen ihr Auskommen hatten, denen der Kult dieser imaginären Götter oblag.

§ 5

Dieser Keim der Religion, der durch die Affekte und die verschiedenen Meinungen der Menschen befruchtet wurde – ich

[a] Hobbes, *Leviathan*, Kap. 12. S. 56, 57.

duit ce grand nombre de croyances bizarres qui sont les causes de
tant de maux ⌐106⌐ & de tant de révolutions qui arrivent dans les
Etats.

Les honneurs & les grands revenus qu'on a attachés au Sacer-
doce, ou ⌐aux Ministres⌐107 des Dieux, ont flatté l'ambition &
l'avarice de ces hommes rusés qui ont sçu profiter de la stupidité
des Peuples; ceux-ci ont si bien donné dans ⌐leurs piéges⌐108
qu'ils se sont fait insensiblement une ⌐109⌐habitude d'encenser le
mensonge & de haïr la vérité.

§ 6

Le mensonge étant établi, & les ambitieux épris de la douceur
d'être élevés au-dessus de leurs semblables, ceux-ci tâcherent de
se mettre en réputation en feignant d'être les amis des Dieux
invisibles que le vulgaire redoutoit. Pour y mieux réussir chacun
les peignit à sa mode & prit la licence de les multiplier au point
qu'on en trouvoit à chaque pas.

§ 7

La matiere informe du monde fut appellée le Dieu *Cahos*. On fit
de même un Dieu du *Ciel*, de la *Terre*, de la *Mer*, du *Feu*, des *Vents*
& des *Planettes*. On fit le même honneur aux hommes & aux
femmes; les oiseaux, les reptiles, le crocodile, le veau, le chien,
l'agneau, le serpent & le pourceau, en un mot toutes sortes d'animaux & de plantes furent adorés. Chaque fleuve, chaque fon-
taine porta le nom d'un Dieu, chaque maison eût le sien, chaque
homme eût son génie. Enfin tout étoit plein, tant dessus que

---

106 E: , de tant de Cruautez barbares
107 E: au Ministére, & aux Charges Ecclésiastiques; T 1768. 1775.
1777. 1780: aux Ministéres
108 E: leur foible
109 E: douce

meine Hoffnung und Furcht –, erzeugte die Vielfalt absonderlicher Glaubenslehren[46], die so viele Mißstände und Umwälzungen in den Staaten verursachen.

Die Ehrenerweisungen und die stattlichen Einkünfte der Priesterschaft und der Geistlichen schmeichelten dem Ehrgeiz und der Habsucht dieser durchtriebenen Menschen, die aus der Dummheit des Volkes einen Nutzen zu ziehen verstanden. Und das Volk ging ihnen so nachhaltig auf den Leim, daß es ihm allmählich zur Gewohnheit wurde, die Lüge zu beweihräuchern und die Wahrheit zu hassen.

§ 6

Nachdem die Lüge sich durchgesetzt hatte und die Ehrgeizigen Gefallen an der Annehmlichkeit, über ihresgleichen erhaben zu sein, gefunden hatten, suchten sie sich ein hohes Ansehen zu verschaffen, indem sie sich als Freunde der unsichtbaren Götter ausgaben, die das Volk fürchtete. Um dies besser zuwege zu bringen, malte sich ein jeder die Götter nach seinem Belieben aus und nahm sich die Freiheit, sie derart zu vervielfältigen, daß man ihnen auf Schritt und Tritt begegnete.

§ 7[47]

Die gestaltlose Weltmaterie erhielt den Namen des Gottes Chaos. Man schuf desgleichen einen Gott des Himmels, der Erde, des Meeres, des Feuers, der Winde und der Planeten. Die gleiche Ehre erwies man Männern und Frauen. Vögel, Reptilien, Krokodile, Kälber, Lämmer, Schlangen und Schweine, kurz, alle Arten von Tieren und Pflanzen wurden verehrt. Jeder Fluß, jede Quelle trug den Namen eines Gottes, jedes Haus hatte seinen Hausgott, jeder Mensch seinen Genius. Über und unter der Erde war am Ende alles voll von Göttern, Geistern, abgeschiede-

dessous la terre ⌈de Dieux,⌉[110] d'Esprits, d'Ombres & de Démons. Ce n'étoit pas encore assez de feindre des Divinités dans
tous les lieux imaginables; on eût cru offenser le *tems*, le *jour*, la
nuit, la *concorde*, l'*amour*, la *paix*, la *victoire*, la *contention*, la
rouille, l'*honneur*, la *vertu*, la *fievre* & la *santé*; on eût, dis-je, cru
faire outrage à de telles Divinités ⌈qu'on pensoit toujours prétes à
fondre sur la tête des hommes⌉[111], si on ne leur eût élevé des
temples & des autels. Ensuite on s'avisa d'adorer son *génie*, que
quelques-uns invoquerent sous le nom de *Muses*; d'autres sous le
nom de *Fortune* adorerent leur propre ignorance. Ceux-ci sanc-
tifierent leurs débauches sous le nom de *Cupidon*, leur colére
sous celui de *Furies*, ⌈leurs parties naturelles sous le nom de
Priape;⌉[112] en un mot il n'y eût rien à quoi ils ne donnassent le
nom d'un Dieu ou d'un Démon[a].

§ 8

Les fondateurs des Religions sentant bien que la base de leurs
impostures étoit l'ignorance des Peuples, s'aviserent de les y en-
tretenir par l'adoration des images, dans lesquelles ils feignirent
que les Dieux habitoient; ⌈cela fit tomber sur leurs Prêtres une
pluye d'or & des Benéfices que l'on regarda⌉[114] comme des choses saintes, parce qu'elles furent destinées à l'usage des ⌈ministres

⌈[a] Hobbes ubi supra *de homine*. Cap. 12. pag. 58.⌉[113]

[110] *add*. T
[111] *add*. T
[112] *add*. T
[113] *add*. T
[114] E: & ils donnérent tous leurs soins pour l'établir sur des fon-
demens durables. Pour cet effet ils dressérent des *Autels* à ces Dieux
qui daignoient se manifester aux Hommes dans leurs Simulacres, ils
leur bâtirent des Temples superbes, instituérent des Sacrifices, des

nen Seelen und Dämonen. Nicht genug damit, daß man Göter an allen erdenklichen *Orten* erdichtete; man glaubte auch, man würde die Zeit, den Tag, die Nacht, die Eintracht, die Liebe, den Frieden, den Sieg, den Streit, den Verfall, die Ehre, die Tugend, das Fieber und die Gesundheit beleidigen, man würde also diese Gottheiten kränken (man meinte, sie wären bereit, Unglück auf sie herabzuschicken), wenn man ihnen keine Altäre bauen würde. Schließlich verfiel man darauf, seinen Genius (den manche als *Musen* anriefen) anzubeten. Andere beteten ihre eigene Unwissenheit als *Fortuna* an. Wieder andere gaben ihren Ausschweifungen einen frommen Anstrich durch den Namen *Cupido*, ihrem Zorn durch den Namen der *Furien*, ihren Genitalien durch den Namen *Priapus*. Kurz, es gab nichts, dem man nicht den Namen eines Gottes oder eines Dämons gegeben hätte[a].

§ 8[49]

Die Religionsstifter hatten ein genaues Gespür dafür, daß ihre betrügerischen Machenschaften auf die Unwissenheit des Volkes gegründet waren. So verfielen sie darauf, das Volk dadurch in Unwissenheit zu halten, daß sie es Bilder anbeten ließen, in denen, wie sie vorgaben, Götter wohnten. Dies hatte zur Folge, daß auf die Priester ein regelrechter Goldregen und Pfründen niedergingen, die man für heilig hielt, weil sie für den Gebrauch der Geistlichen bestimmt waren, und so wagte niemand, auf sie

[a] Hobbes, siehe oben [Leviathan], Kap. 12. S. 58.[48]

Fêtes, des Cérémonies en leur honneur, établirent des *Sacrificateurs*, des *Prêtres*, des *Ministres* pour les servir, assignérent à ces *Ministres*, outre les Dîmes, les meilleurs morceaux des Bêtes sacrifiez, la meilleure part des Fruits, des Légumes, des Grains offerts sur leurs Autels, & engagérent, par là, ces Ames basses & vénales, à faire valoir un Culte, qui leur étoit si utile. Et ces *Sacrifices*, dont les Dieux n'avoient que la fumée, ces *Dîmes*, ces *Offrandes* furent en suite considérez

sacrés]¹¹⁵, & personne n'eût la témérité ni l'audace d'y prétendre, ni même d'y toucher. Pour mieux tromper le peuple, les
Prêtres se ⌜supposerent⌝¹¹⁶ des Prophêtes, ⌜des Devins, des In-
spirés⌝¹¹⁷ capables de pénétrer dans l'avenir, ils se vanterent
d'avoir commerce avec les Dieux; & comme il est naturel de
vouloir savoir sa destinée, ces imposteurs ⌜n'eurent garde
d'omettre⌝¹¹⁸ une circonstance si avantageuse à leur dessein. Les
uns s'établirent à Délos, les autres à Delphes & ailleurs, où, par
des oracles ambigus, ils répondirent aux demandes qu'on leur
faisoit: les femmes même s'en mêloient; les Romains avoient
recours dans les grandes calamités aux Livres des Sybilles. Les
fous ⌜¹¹⁹⌝ passoient pour ⌜des inspirés⌝¹²⁰. Ceux qui feignoient
d'avoir un commerce familier avec les morts étoient nommés
Nécromanciens; d'autres prétendoient connoître l'avenir par le
vol des oiseaux ou par les entrailles des bêtes. Enfin les yeux, les
mains, le visage, un objet extraordinaire, tout leur sembloit d'un
bon ou mauvais augure, tant il est vrai, que l'ignorance reçoit
telle impression qu'on veut, quand on a trouvé le secret de s'en
prévaloir.ᵃ

§ 9

Les ambitieux qui ont toujours été de grands maîtres dans l'art de
tromper, ont suivi cette route lorsqu'ils donnerent les loix; &
pour obliger le Peuple de se soumettre volontairement, ils lui ont

⌜ᵃ Hobbes ubi supra de homine. Cap. 12. pag. 58 et 59.⌝¹²¹

¹¹⁵ E: Sacrez Mystéres
¹¹⁶ T 1777. 1780 proposerent.
¹¹⁷ *add.* T
¹¹⁸ E: étoient trop habiles pour ne pas profiter de ce penchant, &
pour obmettre
¹¹⁹ E: & les *Insensés*
¹²⁰ E: *Enthousiastes*
¹²¹ *om.* T 1777

Anspruch zu erheben oder sie auch nur anzutasten. Um das Volk wirksamer zu täuschen, gaben die Priester sich als Propheten, Wahrsager und Inspirierte aus, die in die Zukunft schauen könnten, und rühmten sich ihres Umgangs mit den Göttern. Da es eine natürliche Neigung gibt, sein Schicksal wissen zu wollen, versäumten diese Betrüger es nicht, einen für ihre Zwecke so förderlichen Umstand auszunutzen. Einige ließen sich in Delos nieder, andere in Dephi und andernorts, wo sie mit vieldeutigen Orakeln Fragen beantworteten, die man ihnen stellte.[50] Selbst Frauen gaben sich damit ab. Die Römer nahmen in großen Notlagen Zuflucht zu den Sibyllinischen Büchern. Narren galten als inspiriert. Diejenigen, die so taten, als hätten sie vertrauten Umgang mit Toten, wurden Nekromanten genannt; andere gaben vor, die Zukunft aus dem Vogelflug oder aus den Eingeweiden von Tieren zu erkennen. Schließlich schien ihnen alles – Augen, Hände, Gesicht, ungewöhnliche Dinge – eine gute oder schlechte Vorbedeutung zu haben; so nimmt die Unwissenheit tatsächlich jeden beliebigen Eindruck auf, wenn man einmal den Kunstgriff entdeckt hat, wie aus ihr ein Nutzen zu ziehen ist.[a]

§ 9

Die Ehrgeizigen, die sich stets meisterlich auf die Kunst des Betrügens verstanden, verfuhren so bei der Gesetzgebung. Um das Volk dahin zu bringen, sich freiwillig zu unterwerfen, redeten sie

[a] Hobbes, vgl. oben [Leviathan], Kap. 12, S. 58 und 59.

persuadé ⌈[122]⌉ qu'ils les avoient reçues d'un Dieu ou d'une Déesse.

⌈Quoiqu'il en soit de cette multitude de Divinités, ceux chez qui elles sont été adorées & qu'on nomme *Payens*, n'avoient point de système général de Religion. Chaque République, chaque Etat, chaque Ville & chaque particulier avoit ses rites propres & pensoit de la Divinité à sa fantaisie. Mais il s'est élevé par la suite des législateurs plus fourbes que les premiers, qui ont employé des moyens plus étudiés & plus surs en donnant des loix, des cultes, des cérémonies propres à nourrir le fanatisme qu'ils vouloient établir.

Parmi un grand nombre, l'Asie en a vû naître trois qui se sont distingués tant par les loix & les cultes qu'ils ont institués, que par l'idée qu'ils ont donnée de la Divinité, & par la maniere dont ils s'y sont pris pour faire recevoir cette idée & rendre leur loix sacrées. Moyse fut le plus ancien. Jésus-Christ venu depuis, travailla sous son plan & en conservant le fond de ses loix, il abolit le reste. Mahomet qui a paru le dernier sur la scène, a pris dans l'une & dans l'autre Religion dequoi composer la sienne, & s'est ensuite déclaré l'ennemi de toutes les deux. Voyons les caractères de ces trois législateurs, examinons leur conduite, afin qu'on juge après cela lesquels sont les mieux fondés, ou ceux qui les révèrent comme des hommes divins, ou ceux qui les traitent de fourbes & d'imposteurs.⌉[123]

---

[122] E: , à la faveur de l'ignorance qui lui est naturelle,

[123] E: C'est ainsi qu'en ont usé les *Législateurs*, ils ont tous fait descendre leurs Loyx de quelque *Divinité*, & ont tâché de faire croire, qu'ils étoient eux mêmes plus qu'Hommes. C'est de quoi l'on

ihm ein, sie hätten die Gesetze von einem Gott oder einer Göttin empfangen.

Trotz der großen Zahl von Gottheiten hatten ihre Verehrer, die Heiden, kein allgemeines Religionssystem. Jede Republik, jeder Staat, jede Stadt und jeder Einzelne hatte, je nach seiner Fantasie, seine eigenen Riten und seine eigenen Gedanken über die Gottheit. In der Folgezeit traten Gesetzgeber auf, die gerissener als die ersten waren. Sie setzten ausgeklügeltere und sicherere Mittel ein, um Gesetze zu erlassen und Kulte und Zeremonien einzurichten, die geeignet waren, den Fanatismus, den sie einführen wollten, zu erhalten.

Unter den vielen Gesetzgebern, die in Asien auftraten, gab es drei, die sich ebenso durch die Gesetze und Kulte, die sie einführten, wie durch ihre Gottesvorstellungen und auch durch die Art, wie sie diese Vorstellungen verbreiteten und ihren Gesetzen einen heiligen Anstrich gaben, voneinander unterschieden. Der älteste war Moses. Auf ihn folgte Jesus Christus; er setzte dessen Werk fort, ließ den Kern seiner Gesetze bestehen und hob den Rest auf. Mohammed, der als letzter auftrat, machte Anleihen bei der einen und der anderen Religion, schuf daraus seine eigene und wurde schließlich der erklärte Feind beider. Wir wollen nun den Charakter dieser drei Gesetzgeber betrachten und ihr Verhalten untersuchen, damit danach entschieden werden kann, ob diejenigen die besseren Gründe haben, die sie als göttliche Menschen verehren, oder diejenigen, die sie Gauner und Betrüger nennen.

---

sera convaincu, si l'on prend la peine de lire, sans Préjugez, ce que nous allons dire des quatre plus célébres d'entre eux, sçavoir, Moyse, Numa-Pompilius, Jésus-Christ & Mahomet.

§ 10
De Moyse

Le célèbre Moyse petit-fils d'un grand Magicien[a] au rapport de
Justin Martir, ⌐eût tous les avantages propres à le rendre ce qu'il
devint par la suite. Chacun sait que les Hébreux, dont il se fit le
Chef, étoient une nation de Pasteurs, que le Roi Pharaon Osiris
I. reçut en son pays en considération des services qu'il avoit reçus
de l'un d'eux dans le tems d'une grande famine: Il leur donna
quelques terres à l'Orient de l'Egypte dans une contrée fertile en
pâturages, & par conséquent propre à nourrir leurs trouppeaux;
pendant près de deux cent ans ils se multiplièrent considérable-
ment, soit parce qu'y étant considérés comme étrangers, on ne
les obligeât point de servir dans les armées, soit qu'à cause des
privilèges qu'Osiris leur avoit accordés, plusieurs naturels du
pays se joignissent à eux, soit enfin que quelques bandes d'Arabes fussent venues se joindre à eux en qualité de leurs frères, car
ils étoient d'une même race. Quoiqu'il en soit, ils multiplièrent si
étonnement, que ne pouvant plus tenir dans la contrée de Gossen, ils se répandirent dans toute l'Egypte, & donnerent à Pharaon une juste raison de craindre qu'ils ne fussent capables de
quelques entreprises dangereuses au cas que l'Egypte fût atta-
quée, (comme cela arrivoit alors assez souvent) par les Ethiopiens ses ennemis assidus: Ainsi une raison d'état obligea ce
Prince à leur ôter leurs privilèges, & à chercher les moyens de les
affoiblir & de les asservir.

Pharaon Orus, surnommé Busiris à cause de sa cruauté, lequel
succéda à Memnon, suivit son plan à l'égard des Hébreux, &
voulant éterniser sa mémoire par l'érection des Pyramides, & en

---

⌐[a] Il ne faut pas entendre ce mot selon l'opinion vulgaire; car qui dit
Magicien chez des gens raisonnables entend un homme adroit, un habile
Charlatan, un subtil joueur de Gibeciere, dont tout l'art consiste dans la
subtilité & l'adresse, & non en aucun pacte avec le Diable, comme le croit
le vulgaire.⌐[124]

[124] *add.* T

§ 10
Moses

Der berühmte Moses, Enkel eines großen Magiers[a], wie Justin der Märtyrer[51] berichtet, hatte alle Vorzüge, die ihn zu dem werden ließen, der er wurde. Jedermann weiß, daß die Juden, zu deren Anführer er sich machte, ein Hirtenvolk waren, das Pharao Osiris I. in seinem Land wegen der Dienste aufgenommen hatte, die ihm einer von ihnen während einer Hungersnot erwiesen hatte[52]. Er schenkte ihnen einige Ländereien im Osten Ägyptens in einer Gegend mit fruchtbarem Weideland, das ihre Herden ernähren konnte. Im Laufe von fast zweihundert Jahren vermehrten sie sich beträchtlich, weil sie als Fremde nicht zum Heeresdienst verpflichtet wurden, oder weil sich wegen der ihnen von Pharao Osiris verliehenen Privilegien zahlreiche Einheimische mit ihnen verbanden, oder schließlich weil einige Gruppen von Arabern zu ihnen stießen, um sich mit ihnen zu verbinden, da sie derselben Rasse angehörten. Wie dem auch sei, sie vermehrten sich in so erstaunlichem Maße, daß sie sich nicht mehr auf das Land Gosen beschränkten, sondern sich in ganz Ägypten verbreiteten und den Pharao zu recht befürchten ließen, daß sie zu gefährlichen Unternehmungen imstande wären, falls Ägypten von seinen ständigen Gegnern, den Äthiopiern, angegriffen würde, was damals ja auch oft geschah. Die Staatsräson also nötigte diesen Herrscher zur Aufhebung ihrer Privilegien und zur Suche nach Mitteln, um sie zu schwächen und zu unterwerfen.

Pharao Horus, der aufgrund seiner Grausamkeit den Beinamen Busiris trug[53], der Nachfolger Memnons, setzte fort, was dieser mit den Juden vorgehabt hatte. Um seinen Nachruhm durch die Errichtung der Pyramiden zu verewigen und die Stadt

---

[a] Dieses Wort ist nicht im Sinne der gewöhnlichen Auffassung zu verstehen; denn wenn man unter vernünftigen Menschen von einem *Magier* spricht, meint man damit einen gerissenen Menschen, einen geschickten Scharlatan, einen raffinierten Taschenspieler, dessen Kunst ganz und gar in Geschicklichkeit und Gerissenheit besteht und nicht auf einem Teufelspakt beruht, wie das einfache Volk glaubt.

bâtissant la ville de Thèbes, il condamna les Hébreux à travailler les briques, à la formation desquelles les terres de leur pays étoient très-propres. C'est pendant cette servitude que nâquit le célébre Moyse; la même année que le Roi ordonna qu'on jetta dans le Nil tous les enfans mâles des Hébreux, voyant qu'il n'y avoit pas de plus sur moyen de faire périr cette peuplade d'étrangers. Ainsi Moyse fût exposé à périr par les eaux dans un panier enduit de bitume, que sa mère plaça dans les joncs sur les bords du fleuve. Le hazard voulu que Thermutis, fille de Pharaon Orus, vînt se promener de ce côté-là, & qu'ayant ouï les cris de cet enfant, la compassion si naturelle à son sexe lui inspirât le désir de le sauver. Orus étant mort, Thermutis lui succéda, & Moyse lui ayant été présenté, elle lui fit donner une éducation, telle qu'on pouvoit la donner à un fils de la Reine d'une nation alors la plus savante & la plus polie de l'univers. En un mot en disant *qu'il fut élevé dans toutes les sciences des Egyptiens*, c'est tout dire, & c'est nous présenter Moyse comme le plus grand politique, le plus savant Naturaliste, & le plus fameux Magicien de son tems: Outre qu'il est fort apparent qu'il fût admis dans l'ordre des Prêtres, qui étoient en Egypte ce que les Druides étoient dans les Gaules. Ceux qui ne savent pas quel étoit alors le gouvernement de l'Egypte, ne seront peut-être pas fachés d'apprendre que ses fameuses Dynasties ayant pris fin, & tout le pays dépendant d'un seul Souverain, elle étoit divisée alors en plusieurs Contrées qui n'avoient pas une trop grande étendue. On nommoit ⌈Nomarques⌉[125] les Gouverneurs des ces contrées & ces Gouverneurs étoient ordinairement du puissant ordre des Prêtres qui possédoient près d'un tiers de l'Egypte. Le Roi nommoit à ces ⌈Nomarchies⌉[126]: & si l'on en croit les Auteurs qui ont écrit de Moyse, en comparant ce qu'ils en ont dit avec ce que Moyse en a lui-même écrit, on conclura qu'il étoit ⌈Nomarque⌉[127] de la contrée de Gossen, & qu'il devoit son élévation à

---

[125] T: Monarques
[126] T: Monarchies
[127] T: Monarque

Theben zu erbauen, verurteilte er die Juden zur Herstellung von Ziegeln, wofür die Erde ihres Landstrichs sich sehr gut eignete. Während dieser Knechtschaft wurde der berühmte Moses geboren, in demselben Jahr, als der König alle männlichen Kinder der Juden in den Nil zu werfen befahl, da er kein sichereres Mittel wußte, dieses Volk von Fremden zu beseitigen. Also wurde Moses, damit er im Wasser umkomme, in einem mit Pech bestrichenen Korb ausgesetzt, den seine Mutter im Röhricht des Flusses zurückließ. Der Zufall wollte es, daß Thermuthis[54], die Tochter des Pharao Horus, an dieser Stelle spazierenging, die Schreie des Kindes hörte und das Mitleid (welches für ihr Geschlecht so natürlich ist) in ihr den Wunsch entstehen ließ, es zu retten. Nach dem Tod des Horus wurde Thermuthis seine Nachfolgerin. Sie ließ Moses, den man in ihre Obhut gegeben hatte, so erziehen, wie es dem Sohn der Königin eines Volkes angemessen war, das damals das gebildetste und zivilisierteste der Welt war. Kurz, mit der Feststellung, daß er *in allen Wissenschaften der Ägypter ausgebildet* war[55], ist alles gesagt; dies erweist Moses als den größten Politiker, den weisesten Naturforscher und den berühmtesten Magier seiner Zeit.[56] Außerdem war er mit großer Wahrscheinlichkeit in den Stand der Priester aufgenommen worden, die den Druiden bei den Galliern entsprechen. Wer die damalige Regierungsform Ägyptens nicht kennt, wird nicht ungern erfahren, daß Ägypten damals, nachdem seine berühmten Dynastien untergegangen waren und das ganze Land einem einzigen Souverän unterstellt worden war, in mehrere nicht allzugroße Provinzen unterteilt war. Die Stadthalter dieser Provinzen hießen Nomarchen[57]; sie gehörten gewöhnlich dem mächtigen Priesterstand an, der beinahe ein Drittel des Landes besaß. Sie wurden vom König ernannt. Wenn man den Autoren, die über Moses geschrieben haben, glaubt und ihre Berichte mit Moses' eigenen Auskünften vergleicht, kommt man zu dem Schluß, daß er Nomarch der Provinz Gosen war und seinen Aufstieg wie auch sein

Thermutis, à qui il devoit aussi la vie. Voilà quel fût Moyse en
Egypte, où il eût tout le tems & les moyens d'étudier les mœurs
des Egyptiens & de ceux de sa nation, leurs passions dominantes,
leurs inclinations; connoissances dont il se servit dans la suite
pour exciter la révolution dont il fût le moteur.

Thermutis étant morte, son successeur renouvella la persécu-
tion contre les Hébreux & Moyse, déchu de la faveur où il avoit
été, eût peur de ne pouvoir justifier quelques homicides qu'il
avoit commis; ainsi il prit le parti de fuir: Il se retira dans l'Arabie
Pétrée qui confine à l'Egypte; le hazard l'ayant conduit chez un
chef de quelque Tribu du Pays, les services qu'il rendit & les
talens que son Maître crut remarquer en lui, lui mériterent ses
bonnes graces & une de ses filles en mariage. Il est à propos de
remarquer ici que Moyse étoit si mauvais Juif, & qu'il connossoit
alors si peu le redoutable Dieu qu'il imagina dans la suite, qu'il
épousa une idolâtre, & qu'il ne pensa pas seulement à circoncire
ses enfans.

C'est dans les déserts de cette Arabie qu'en gardant les troupe-
aux de son beau-père & de son beau-frère, il conçut le dessein de
se venger de l'injustice que le Roi d'Egypte lui avoit faite, en
portant le trouble & la sédition dans le cœur de ses Etats. Il se
flattoit de pouvoir aisément réussir tant à cause de ses talens, que
par les dispositions où il savoit trouver ceux de sa nation déjà
irrités contre le gouvernement par les mauvais traitemens qu'on
leur faisoit éprouver.

Il paroît par l'histoire qu'il a laissée de cette révolution, ou du
moins que nous a laissée l'auteur des Livres qu'on attribue à
Moyse, que Jéthro son beau-pere étoit du complot, aussi bien
que son frère Aaron & sa sœur Marie, qui étoit restée en Egypte
& avec qui il avoit sans doute entretenu correspondance.

Quoi qu'il en soit, on voit par l'exécution qu'il avoit formé un
vaste plan en bon politique, & qu'il sçut mettre en œuvre contre

Leben der Thermuthis verdankte. Dies nun war die Stellung des Moses in Ägypten, wo ihm Zeit und Mittel zur Verfügung standen, um sich mit den Sitten der Ägypter sowie seines Volkes, ihren Leidenschaften und Neigungen vertraut zu machen. Von diesen Kenntnissen machte er dann Gebrauch, um den Umsturz anzuzetteln, dessen treibende Kraft er war.

Nach dem Tod der Thermuthis setzte ihr Nachfolger die Verfolgung der Juden fort. Da Moses die einstige Gunst verloren hatte, fürchtete er, sich wegen einiger Morde nicht rechtfertigen zu können, die er begangen hatte, und ergriff die Flucht. Er zog sich in die an Ägypten grenzende Arabia Petraea zurück. Der Zufall führte ihn zu einem Stammesoberhaupt dieses Landes. Die Dienste, die er ihm erwies, wie auch die Fähigkeiten, die dieser an ihm wahrzunehmen meinte, brachten ihm seine Gunst und eine seiner Töchter als Ehefrau ein. Bei dieser Gelegenheit ist zu bemerken, daß Moses ein so schlechter Jude war und seinen furchterregenden Gott, den er sich in der Folgezeit ausdachte, so wenig kannte, daß er eine Götzendienerin heiratete und noch nicht einmal an die Beschneidung seiner Kinder dachte.

In der Wüste dieses Teils von Arabien, in der er die Herden seines Schwiegervaters und seines Schwagers hütete, faßte er den Entschluß, sich für das Unrecht, das der Pharao ihm angetan hatte, zu rächen, indem er Unruhen und Aufstand mitten in dessen Staat trug. Angesichts seiner Fähigkeiten und der ihm bekannten Stimmung seiner Landsleute, die wegen schlechter Behandlung bereits gegen die Regierung aufgebracht waren, machte er sich Hoffnung, daß ihm das mühelos gelingen würde.

Aus der Geschichte, die Moses oder jedenfalls der Verfasser der ihm zugeschriebenen Bücher hinterlassen hat, geht hervor, daß sein Schwiegervater Jethro wie auch sein Bruder Aaron und seine in Ägypten zurückgebliebene Schwester Mirjam, mit der er zweifellos in Verbindung stand, an der Verschwörung beteiligt waren.

Wie dem auch sei, sein großangelegter Plan war, wie man an seiner Ausführung sieht, der eines geschickten Politikers. Er ver-

l'Egypte toute la science qu'il y avoit apprise, je veux dire sa prétendue Magie: en quoi il étoit plus subtil & plus habile que tous ceux qui faisoient métier des mêmes tours d'adresse à la Cour de Pharaon.

C'est par ces prétendus prodiges qu'il gagna la confiance de ceux de sa nation qu'il fit soulever, & auxquels se joignirent les mutins & mécontens Egyptiens, Ethiopiens & Arabes. Enfin vantant la puissance de sa Divinité, les fréquens entretiens qu'il avoit avec elle, ⌈&⌉[128] la faisant intervenir dans toutes les mesures qu'il prenoit avec les chefs de la révolte, il les persuada si bien qu'ils le suivirent au nombre de six cent mille hommes combattans, sans les femmes & les enfans, à travers les déserts de l'Arabie dont il conoissoit tous les détours.⌉[129] Après six jours de marche, dans une pénible retraite, il prescrivit à ceux qui le suivoient de consacrer le septième à son Dieu par un repos public, afin de leur faire croire que Dieu le favorisoit, qu'il approuvoit sa domination; & afin que personne n'eût l'audace de le contredire.

Il n'y eût jamais de peuple plus ignorant que les Hébreux, ni par conséquent plus crédule. ⌈Pour être convaincu de cette ignorance profonde, il ne faut que se souvenir dans quel état ce peuple étoit en Egypte, lorsque Moyse le fit révolter. Il étoit haï des Egyptiens à cause de sa profession de Pâtres, persécuté par le Souverain, & employé aux travaux les plus vils. Au milieu d'une telle Populace il ne fût pas bien difficile à Moyse de faire valoir ses talens. Il leur fit accroire que son Dieu (qu'il nomma quelquefois simplement un *Ange*) le Dieu de leurs Pères lui étoit apparu: que c'étoit par son ordre qu'il prenoit soin de les conduire; qu'il l'avoit choisi pour les gouverner, & qu'ils seroient le Peuple favori de ce Dieu, pourvu qu'ils crussent ce qu'il leur diroit de sa part. L'usage adroit de ses prestiges & de la connoissance qu'il avoit de

---

[128] T 1777.1780: en

[129] eût tous (S. 58)...détours (S. 64) *add.* T; E: s'étant rendu Chef des *Hébreux*, que l'on chassa d'*Egypte* par Edit, parce qu'ils infectoient tout le Pays de *Rogne* & de *Lépre*, dont ils étoient gâtez, fut un de ceux qui usérent avec le plus d'adresse de ce Strategême.

stand es, all das Wissen, das er sich angeeignet hatte, ich meine seine vorgebliche Magie, gegen Ägypten einzusetzen, und hierin war er geschickter als die anderen Zauberkünstler am Hofe des Pharao.

Durch diese vermeintlichen Wunder gewann er das Vertrauen seiner Landsleute, die er aufwiegeln wollte. Hinzu kamen Meuterer und unzufriedene Ägypter, Äthiopier und Araber. Er rühmte sich der Macht seines Gottes und der häufigen Unterredungen mit ihm und beteiligte ihn an allen Maßnahmen, die er mit den Anführern des Aufstands traf. Dadurch hatten seine Überredungskünste am Ende solchen Erfolg, daß ihm eine Menge von 600 000 Mitstreitern, Frauen und Kinder nicht eingerechnet, durch die Wüsten Arabiens folgte, in denen er sich auf Schritt und Tritt auskannte. Nach sechs Tagesmärschen, in einem unzugänglichen Versteck, verordnete er seiner Gefolgschaft, den siebten Tag seinem Gott als öffentlichen Ruhetag zu weihen, damit sie glaubten, daß Gott ihn begünstige und seine Herrschaft gutheiße, und niemand ihm zu widersprechen wage.[58]

Kein Volk war jemals so unwissend und folglich so leichtgläubig wie die Juden. Um sich von dem Ausmaß ihrer Unwissenheit zu überzeugen, braucht man sich nur in Erinnerung zu rufen, in welcher Lage dieses Volk sich in Ägypten befand, als Moses es zum Aufstand aufwiegelte. Die Ägypter haßten sie, weil sie Hirten waren, von ihrem Landesherrn wurden sie verfolgt und für die niedrigsten Arbeiten eingesetzt. Inmitten eines Volkes, mit dem es so bestellt war, fiel es Moses nicht schwer, aus seinen Fähigkeiten Nutzen zu ziehen. Er machte ihnen weis, sein Gott (den er manchmal einfach einen Engel nannte), der Gott ihrer Väter, sei ihm erschienen, auf sein Geheiß hätte er ihre Führung übernommen und sie seien das auserwählte Volk dieses Gottes, wenn sie nur seinen Worten glaubten. Durch den geschickten Einsatz seiner Zauberkunststücke und seiner Kenntnis der

la nature, fortifia ces exhortations: & il confirmoit ce qu'il leur avoit dit par ce qu'on appelle des prodiges, qui sont capables de faire toujours beaucoup d'impression sur la Populace imbécile.

On peut remarquer sur-tout qu'il crut avoir trouvé un moyen sûr de tenir les Hébreux soumis à ses ordres en leur persuadant que Dieu étoit lui-même leur conducteur, de nuit sous la figure d'une colonne de feu, & de jour sous la forme d'une Nuée. Mais aussi on peut prouver que ce fût là la fourberie la plus grossiere de cet imposteur. Il avoit appris pendant le séjour qu'il avoit fait en Arabie que comme le Pays étoit vaste & inhabité c'étoit la coûtume de ceux qui voyageoient par troupes de prendre des guides qui les conduisoient, la nuit par le moyen d'un brasier dont ils suivoient la flamme, & de jour par la fumée du même brasier, que tous les membres de la Caravane pouvoient découvrir, & par conséquent ne se point égarer. Cette coûtume étoit encore en usage chez les Médes & les Assyriens; Moyse s'en servi & la fit passer pour un miracle, & pour une marque de la protection de son Dieu. Qu'on ne m'en croye pas quand je dis que c'est un fourbe: qu'on en croye Moyse lui-même qui au 10e Chapitre des Nombres v. 19, jusqu'au 33e, prie son beau-frère Hobab de venir avec les ⌈Israëlites⌉[130], avec qu'il leur montrât le chemin, parce qu'il connoissoit le Pays. Ceci est démonstatif, car si c'étoit Dieu qui marchoit devant Israël nuit & jour en nuée ou en colonne de feu, pouvoient-ils avoir un meilleur guide? Cependant voilà Moyse qui exhorte son beau-frère par les motifs les plus pressans à lui servir de guide; donc la nuée & la colonne de feu n'étoit Dieu que pour le peuple, & non pour Moyse.

Les pauvres malheureux, ravis de se voir adoptés par le Maître des Dieux au sortir d'une cruelle servitude, applaudirent à Moyse & jurerent de lui obéir aveuglément.⌉[131] Son autorité

---

[130] T 1777. 1780: Ismaëlites

[131] E: Dans une si belle occasion de faire valoir ses rares talents, il leur fit accroire, *que Dieu lui étoit apparu: Que c'étoit par son ordre, qu'il prenoit leur Conduite: Qu'il l'avoit choisi pour les gouverner, qu'eux mêmes seroient son Peuple particulier, privilégié, à*

Natur verlieh er seinen Ermahnungen Nachdruck und bekräf-
tigte seine Anweisungen durch sogenannte Wunder, die immer
großen Eindruck auf das einfältige Volk machen.

Bemerkenswert ist vor allem, daß er, wie er glaubte, ein wirk-
sames Mittel gefunden hatte, die Juden seinen Befehlen gefügig
zu machen, indem er ihnen einredete, daß Gott selbst ihr Führer
sei, nachts in Gestalt einer Feuersäule und tagsüber in Gestalt
einer Wolke. Hierbei handelt es sich allerdings um die gröbste
Gaunerei dieses Betrügers. Während seines Aufenthaltes in Arabien hatte er erfahren, daß Karawanen, die in diesem weiten und
unbewohnten Land unterwegs waren, sich gewöhnlich von Führern leiten ließen, indem sie nachts dem Licht eines Kohlefeuers
und tagsüber dem Rauch ebendieses Feuers folgten, das alle Rei-
senden der Karawane sehen konnten und sich daher nicht verirr-
ten. Diese Gewohnheit war auch bei den Medern und Assyrern
üblich. Moses machte von ihr Gebrauch und gab sie als ein Wunder und als Anzeichen für den Schutz seines Gottes aus. Sollte
man mir nicht glauben, daß er ein Betrüger war, so wird man
doch Moses' eigenem Bericht (4. Mos. 10,19–33) Glauben
schenken, daß er seinen Schwager Hobab bat, die Israeliten zu
begleiten, um ihnen den Weg zu weisen, weil er sich in diesem
Land auskannte. Hier haben wir den Beweis; denn wenn Gott
tagsüber in Gestalt einer Wolke und nachts als Feuersäule ihnen
vorangegangen wäre, hätten sie dann einen besseren Führer haben können? Es war jedoch Moses, der seinen Schwager mit
Nachdruck dazu drängte, ihm als Führer zu dienen; folglich
galten nur dem Volk Wolke und Feuersäule als Gott, nicht aber
ihm.

Aus Begeisterung darüber, daß der höchste Gott sich ihrer
angenommen habe, um sie aus grausamer Sklaverei zu führen,
erkannten die armen Unglücklichen Moses an und gelobten ihm
blinden Gehorsam. Nachdem seine Autorität gefestigt war,

---

*l'exclusion de toute autre Nation, pourvû qu'ils crussent, & qu'ils
fassent ce qu'il leur diroit de sa part.* Et pour achever de les convaincre de sa Mission Divine, il fit en leur présence quelques tours

étant confirmée, il voulut la rendre perpétuelle, & sous le prétexte ⌈spécieux⌉[132] d'établir le culte de ce Dieu, dont il se disoit le
Lieutenant, il fit d'abord son frère & ses enfans chefs du Palais
Royal; c'est-à-dire, du lieu où il trouvoit à propos de faire rendre
les oracles; ce lieu étoit hors de la vue & de la presance du peuple.
Ensuite il fit ce qui s'est toujours pratiqué dans les nouveaux
établissemens, sçavoir des prodiges, des miracles dont les simples étoient éblouis, quelques-uns étourdis, mais qui faisoient
pitié à ceux qui étoient pénétrans & qui lisoient au travers de ces
impostures.

⌈Quelque rusé que fût Moyse⌉[133], il eût eu bien de la peine à se
faire obéir, s'il n'avoit eu la force en main. La fourberie sans les
armes réussit rarement.

⌈Malgré le grand nombre de dupes qui se soumettoient aveugl-
lément aux volontés de cet habile législateur, il se trouva des
personnes assez hardies⌉[134] pour lui reprocher sa mauvaise foi en
lui disant que sous de fausses apparances de justice & d'égalité, il
s'étoit emparé de tout; que l'autorité souveraine étant attachée à
sa famille, nul n'avoit plus droit d'y prétendre, & qu'il étoit enfin
moins le Père que le Tyran du Peuple. Mais dans ces occasions
Moyse en profond politique perdoit ces Esprits forts & n'épar-
gnoit aucun de ceux qui blâmoient son gouvernement.

C'est avec de pareilles précautions & en colorant toujours de la
vengeance divine ses supplices qu'il ⌈regna en Despote abso-

---

subtiles, qu'ils prirent pour des Miracles. Ainsi, ces pauvres Malheureux, éblouis de ses Illusions, & ravis de se voir adoptez par le Maître
des Dieux, au sortir d'une dure Servitude, applaudirent à Moyse, &
jurérent de lui obéir.

[132] *add*. T

[133] E: Il se retiroit de tems en tems dans une solitude, sous prétexte
d'y aller privément conférer avec Dieu; & par ce prétendu Commerce immédiat avec la Divinité, il s'attiroit un respect & une

wollte er sie dauerhaft machen. Unter dem Vorwand, es solle ein
neuer Kult jenes Gottes eingeführt werden, als dessen Stellver-
treter er sich bezeichnete, ernannte er zunächst seinen Bruder
und seine Geschwister zu Vorstehern seines Königspalastes,
d. h. jenes Ortes, den er zur Verkündigung der Orakel für geeignet hielt. Dieser Ort war außer Sichtweite des Volkes gelegen
und ihm nicht zugänglich. Daraufhin wirkte er, wie es stets bei
Neuerungen geschieht, Wunder, die die Einfältigen blendeten
und manchen den Kopf verdrehten, bei denjenigen aber, die so
scharfsichtig waren, diese Betrügereien zu durchschauen, nur
Mitleid erregten.

So durchtrieben Moses auch war, so hätte er doch Mühe gehabt, sich Gehorsam zu verschaffen, wenn er nicht die Macht in
Händen gehabt hätte. Betrug ohne Waffengewalt führt selten
zum Erfolg.

Obwohl überaus viele auf ihn hereingefallen waren und sich
blind dem Willen dieses geschickten Gesetzgebers unterwarfen,
gab es doch einige, die mutig genug waren, ihn der Unredlichkeit
zu bezichtigen und ihm vorzuhalten, daß er sich unter dem falschen Anschein von Gerechtigkeit und Gleichheit alles angeeignet hätte, daß die höchste Autorität an seine Familie gebunden
worden sei und daher niemand anders sie beanspruchen dürfte,
und daß er schließlich weniger der Vater als der Tyrann seines
Volkes wäre. Moses aber, ganz ein Politiker, räumte bei solchen
Gelegenheiten diese Freigeister aus dem Wege und verschonte
nicht einen von denen, die seine Herrschaft kritisiert hatten.[59]

Indem er solche Vorsichtsmaßnahmen traf und seinen Strafen
stets den Anstrich der Rache Gottes gab, übte er die Herrschaft
eines unumschränkten Despoten aus. Um so zu enden, wie er

---

obéissance sans bornes. Cependant quelqu'habile que fût ce Législateur

[134] E: En effet, parmi un si grand nombre de Sujets, qu'il avoit eu
l'art de s'asservir, il s'en trouva quelques uns assez éclairez

lu⌉[135]; & pour finir de la maniere qu'il avoit commencé, c'est-
à-dire en fourbe & en imposteur, il se précipita dans un abîme
qu'il avoit fait creuser au milieu d'une solitude où il se retiroit ⌈de
tems en tems, sous prétexte d'aller conférer secrettement avec
Dieu, afin de se concilier par là le respect & la soumission de ses
sujets. Au reste il se jetta dans ce précipice préparé de longue
main⌉[136], afin que son corps ne se trouvât point & qu'on crût que
Dieu l'avoit enlevé ⌈pour le rendre semblable à lui⌉[137]: il n'ignoroit pas que la mémoire des Patriarches qui l'avoient précédé,
étoit en grande vénération, quoiqu'on eût trouvé leurs sepul-
chres, mais cela ne suffisoit pas pour contenter ⌈une ambition
comme la sienne⌉[138]: il falloit qu'on le révérât comme un Dieu,
sur qui la mort n'a point de prise. C'est à quoi tendoit, sans
doute, ce qu'il dit au commencement de son régne: *qu'il étoit
établi de Dieu pour être le Dieu de Pharaon.* ⌈Elie, à son exemple, Romulus, Zamolxis⌉[139], & tous ceux qui ont eu la sotte
vanité d'éterniser leurs noms, ont caché le tems de leur mort pour
qu'on les crût immortels.

§ 11

⌈Mais pour revenir aux législateurs, il n'y en a point eu qui n'ayent fait émaner leurs[a] loix de quelques Divinités, & qui n'ayent
tâché de persuader qu'ils étoient eux-mêmes quelque chose de

⌈[a] Voyez Hobbes, Leviathan: *de homine*, cap. 12. pag. 59. & 60.⌉[140]

135 E: vêcut toûjours absolu
136 *add.* T
137 *add.* T
138 T 1777. 1780: son ambition
139 E: Après lui, Romulus [a], Elie [b], Empedocle [c] ⌈dazu die Anm.:
[a]Romulus se noya dans les Marais des Chévres, affin que ne trouvant point son Corps on crût qu'il avoit été enlevé au Ciel, &
déifié. [b] Voyez le Chap. II. du 2. Livre des Roys. — [c] Empedocle,

begonnen hatte, nämlich als Gauner und Betrüger, stürzte er sich in einen Abgrund, den er in einer Einöde hatte ausheben lassen, in die er sich von Zeit zu Zeit unter dem Vorwand zurückgezogen hatte, heimliche Unterredungen mit Gott zu führen, um sich so Respekt und Unterwürfigkeit seiner Untertanen zu sichern. Von langer Hand vorbereitet, stürzte er sich schließlich in diesen Abgrund, damit man seinen Körper nicht fände und glaubte, Gott habe ihn zu sich emporgenommen, um ihn sich ebenbürtig zu machen.[60] Zwar war ihm das ehrenvolle Andenken, das man seinen Vorgängern, den Patriarchen, erwies, obwohl man ihre Gräber gefunden hatte, durchaus bekannt. Aber derlei war nicht genug, um seinen Ehrgeiz zu befriedigen. Man sollte ihn wie einen Gott verehren, über den der Tod keine Gewalt hat. Hierauf zielte zweifellos auch, was er zu Beginn seiner Herrschaft sagte, nämlich daß er *von Gott als Gott Pharaos eingesetzt worden* sei.[61] Elias[62] hat nach seinem Beispiel, wie auch Romulus, Zamolxis[63] und alle diejenigen, die aus närrischer Eitelkeit ihre Namen verewigen wollten, den Zeitpunkt seines Todes geheimgehalten, um für unsterblich gehalten zu werden.

§ 11

Um aber auf die Gesetzgeber zurückzukommen: sie alle gaben vor, ihre Gesetze rührten von Göttern her[a], und versuchten die Leute davon zu überzeugen, sie seien den gewöhnlichen Sterbli-

---

[a] Vgl. Hobbes, *Leviathan*, Kap. 12, S. 59 f.[68]

---

célébre Philosophe, se précipita dans les Soupiraux & les Volcans du Mont Ætna, pour faire croire, comme Romulus son ravissement au Ciel.]
[140] *add.* T

plus que de simples mortels.]¹⁴¹ [Numa Pompilius ayant goûté
les douceurs de la solitude eût peine à la quitter, quoique ce fût
pour remplir le trône de Romulus, mais s'y voyant forcé par les
acclamations publiques, il profita de la dévotion des Romains, &
leur insinua qu'il conversoit avec les Dieux, qu'ainsi s'ils le vouloient absolument pour leur Roi, ils devoient se résoudre à lui
obéir aveuglément, & observer réligieusement les loix & les in-
structions divines qui lui avoient été dictées par la Nymphe
Egérie.

Alexandre le Grand n'eût pas moins de vanité; non-content de
se voir le maître du monde, il voulut qu'on le crût fils de Jupiter.
Persée prétendoit aussi tenir sa naissance du même Dieu & de la
Vierge Danaé. Platon regardoit Apollon comme son père qui
l'avoit eu d'une Vierge. Il y eut encore d'autres personnages qui
eurent la même folie: sans-doute que tous ces grands hommes
croyoient ces revêries fondées sur l'opinion des Egyptiens qui
soûtenoient que l'esprit de Dieu pouvoit avoir commerce avec
une femme & la rendre féconde.]¹⁴²

---

¹⁴¹ herübergenommen aus E, Chap. V.1; vgl. die Übersicht
S. XXVI.

¹⁴² E: Chapitre VI. De Numa-Pompilius.

I. Numa-Pompilius, Homme sçavant dans les Loyx, fut choisi,
tout Sabin qu'il étoit, pour succéder à Romulus. Quoi que le Peuple
Romain l'eût élu unanimement, & que son Election eût été confirmée par tous les Sénateurs, il voulut encore, qu'on consultât les
Dieux sur ce choix, & n'accepta la Royauté, qu'après qu'ils eurent
fait connoître par des Présages célestes, qu'ils l'approuvoient. Il
travailla pendant un Régne de plus de quarante ans à adoucir les
Mœurs farouches des Romains, en tournant leurs esprits du côté de
la Religion. Il estima, que le plus sur moyen de régner absolument
sur des Hommes ignorans, grossiers & superstitieux, tel qu'étoient
les prémiers Habitans de Rome, étoit de leur inspirer la plus grande
Crainte des Dieux, qu'il étoit possible. Pour y réussir, il jugea que la
fiction de quelque miracle seroit nécessaire; & comme il avoit affaire
à un Peuple qui admettoit déja, comme Articles de Foy Divine, les
Réponses des Oracles, & les Prédictions des Augures & des Aruspi-

chen überlegen.[64] Numa Pompilius[65], der die Annehmlichkeiten
der Einsamkeit schätzen gelernt hatte, gab sie nur ungern auf,
obwohl es darum ging, die Nachfolge des Romulus anzutreten.
Doch als er sich durch öffentliche Akklamation dazu gedrängt
sah, zog er seinen Vorteil aus der Ergebenheit der Römer und
redete ihnen ein, daß er mit den Göttern verkehre. Wenn sie ihn
unbedingt zum König haben wollten, müßten sie sich zu blindem Gehorsam und gewissenhafter Befolgung der Gesetze und
göttlichen Anordnungen entschließen, die ihm von der Nymphe
Egeria[66] eingegeben worden seien.

Alexander der Große war nicht weniger eitel; nicht zufrieden
mit der Weltherrschaft, wollte er auch noch für den Sohn Jupiters gehalten werden. Ebenso gab Perseus vor, er stamme von
demselben Gott und der Jungfrau Danae ab. Platon hielt Apollon für seinen Vater, der ihn mit einer Jungfrau gezeugt hätte.
Auch andere Personen hatten diesen Wahn. Zweifellos glaubten
sie an diese Hirngespinste, die sich auf die Meinung der Ägypter
gründen, der Geist Gottes könne mit einer Frau verkehren und
sie schwängern.[67]

---

ces, il n'eut aucune peine à lui en imposer. Il lui persuada aisément,
que la Nymphe Egérie lui avoit dicté les Loyx & les Institutions,
qu'il lui donnoit; & par cette fraude, il sçut l'attacher à son Devoir
par les liens d'autant plus forts, & d'autant plus respectables, qu'ils
étoient estimez sacrez & Divins.

II. Mais, bien que dans ces tems grossiers, la Crédulité des Romains fût grande, ce n'étoit, cependant, encore rien, en comparaison
de celle de ces mêmes Romains des Siécles polis. En effet, ces derniers s'étoient apropriez les Dieux, les Créances & les Superstitions
de toutes les Nations, qu'ils avoient vaincües. Ils avoient, en particulier, adopté la Théologie des Grecs, qui croyoient, que Minerve
étoit née de la Tête de Jupiter, & Bacchus de sa Cuisse. Qu'Erictonius
& Myrrha étoient engendrez de ce Pére des Dieux, sans Méres, &
qu'au contraire, Vulcain & Mars étoient Fils de Junon, sans Péres.
Qu'Inachus, Æaque, Hercule, Alexandre, & une infinité d'autres
étoient Fils de Jupiter, & que Persée étoit né de ce Dieu & de la Vierge

§ 12
De Jésus-Christ

Jésus-Christ qui n'ignoroit ni les maximes ni la science des Egyptiens, donna cours à cette opinion, il la crût propre à son dessein. Considérant combien Moyse s'étoit rendu célébre, quoiqu'il n'eût commandé qu'un peuple d'ignorans, il entreprit de bâtir sur ce fondement, & se fit suivre par quelques imbéciles auxquels il persuade que le St. Esprit étoit son Père; & sa Mère une Vierge ⌈[143]⌉: ces bonnes gens accoûtumés à se payer de songes & de revêries adopterent ses notions & crurent tout ce qu'il voulut, d'autant plus qu'une pareille naissance n'étoit pas véritablement quelque chose de trop merveilleux pour eux[a].

Etre donc né d'une Vierge par l'opération du Saint-Esprit, n'est pas plus extraordinaire ni plus miraculeux que ce que content les Tartares de leur Gengiskan, ⌈dont une Vierge fût aussi la mère, les Chinois disent que le Dieu Foé devoit le jour à une Vierge rendue féconde par les rayons du soleil.⌉[145]

⌈[a] Qu'un beau Pigeon à tire d'aile / Vienne obombrer une Pucelle, / Rien n'est surprenant en cela; / L'on en vit autant en Lydie: / Et le beau Cigne de Léda / Vaut bien le Pigeon de Marie.⌉[144]

Danaé. La fécondité d'une Vierge n'ayant rien d'incroyable pour des Gens qui admettoient, comme des Véritez divinement révélées, une infinité de choses plus absurdes & plus contradictoires. D'ailleurs, ils tenoient peut-être cette derniére Opinion des Egyptiens, qui croyoient, que l'Esprit de Dieu, Πνεῦμα Θεῶν, pouvoit engrosser une Femme.

[143] E: [Anm.:] [a] Celse dit dans Origene, que Jésus-Christ étoit originaire d'un petit Hameau de la Judée, & qu'il avoit eu pour Mére une pauvre Villageoise, qui ne vivoit que de son travail. Qu'ayant été convaincüe d'avoir commis Adultére avec un Soldat, nommé Panthere, elle fut chassée par son Fiancé, qui étoit Charpentier de profession. Qu'après cet affront, errant misérablement de Lieu en Lieu, elle accoucha secrétement de Jésus. Que lui, se trouvant dans la nécessité, fut contraint de s'aller loüer en Egypte, où ayant appris quelques uns de ces Secrets que les Egyptiens font tant valoir, il

§ 12
Jesus Christus

Jesus Christus war mit den Lehren und der Wissenschaft der Ägypter vertraut und sorgte für die Verbreitung der soeben erwähnten Meinung, denn er glaubte, daß sie für sein Vorhaben von Nutzen war. Er achtete darauf, wie Moses es verstanden hatte, berühmt zu werden, obwohl er bloß über ein Volk von Unwissenden herrschte, baute auf diesem Fundament auf und verschaffte sich die Gefolgschaft einiger Einfältiger, denen er einredete, der Heilige Geist sei sein Vater und eine Jungfrau seine Mutter. Diese guten Leute, die daran gewöhnt waren, sich mit Träumen und Hirngespinsten abfinden zu lassen, machten sich diese Vorstellungen zu eigen und glaubten alles, was er wollte, und dies umso mehr, weil eine derartige Geburt tatsächlich nichts übermäßig Wunderbares für sie war[a].

Von einer Jungfrau unter Mitwirkung des Heiligen Geistes geboren zu sein,[69] ist nämlich nicht außergewöhnlicher und auch nicht wunderbarer als das, was die Tartaren von ihrem Dschingis Chan berichten, der auch eine Jungfrau zur Mutter hatte; die Chinesen sagen, der Gott Foe verdanke seine Geburt einer Jungfrau, die durch Sonnenstrahlen geschwängert worden war.[70]

---

[a] Daß ein hübscher Täuberich geschwinde / eine Jungfrau unter seine Fittiche nimmt, / daran ist nichts Erstaunliches. / Derlei gibt es ebensogut in Lydien zu sehen: / Mit dem schönen Schwan der Leda hat es dieselbe Bewandtnis wie mit dem Täuberich der Maria.[71]

---

retourna en son Pays, où, tout fier des Miracles qu'il sçavoit faire, il se proclama lui même Dieu.

[144] *add.* T

[145] E: & les Siamois de leur Sommona-Codom, qui eurent l'un & l'autre, aussi bien que Jésus-Christ, des Vierges pour Méres, mais avec cette différence, qu'elles conçurent par la vertu des Rayons du Soleil.

Ce prodige arriva dans un tems où les Juifs lassés de leur Dieu, comme ils l'avoient été de leurs Juges[b] en vouloient avoir un visible comme les autres nations. Comme le nombre des sots est infini, Jésus-Christ trouva des Sujets par tout; mais comme son extrême pauvreté étoit un obstacle invincible[c] à son élévation, les Pharisiens, tantôt ⌈ses admirateurs⌉[148], tantôt jaloux de son audace, le déprimoient ou l'élevoient selon l'humeur inconstante de la Populace. Le bruit courut de sa Divinité; mais dénué de forces comme il étoit, il étoit impossible que son dessein réussit: ⌈Quelques malades qu'il guérit, quelques prétendus morts qu'il ressuscita lui donnerent de la vogue; mais⌉[149] n'ayant ni argent ni armée, il ne pouvoit manquer de périr: s'il eût eu ces deux moyens, il n'eût pas moins réussi que Moyse & Mahomet, ou que tous ceux qui ont eu l'ambition de s'élever au-dessus des autres. S'il a été plus malheureux, il n'a pas été moins adroit, & quelques endroits de son histoire ⌈prouvent⌉[150] que le plus grand défaut de sa politique a été de n'avoir pas assez pourvu à sa sureté. Du reste, je ne trouve pas qu'il ait plus mal pris ses mesures que les deux autres⌈; sa loi est au moins devenue la règle de la croyance des Peuples qui se flattent d'être les plus sages du monde.⌉[151]

---

[b] 1[e] Livre de Samuel, Chap. 8. Les Israëlites mécontens des enfans de Samuel demandent un Roi⌈[146]⌉.

[c] Jésus-Christ étoit de la secte des Pharisiens c'est-à-dire, des miserables, & ceux-là étoient tous opposés aux Saducéens qui formoient la secte des riches &c. ⌈*Voyez* le Talmud.⌉[147]

---

[146] E: , à l'exemple des autres Nations, auxquelles ils vouloient se conformer

[147] *add.* T

[148] E: ravis de la hardiesse d'un Homme de leur Secte

[149] E: Quand il auroit fait les Miracles qu'on lui attribuë,

[150] E: font foi

[151] E: Législateurs, dont la Mémoire est demeurée l'arbitre de la Créance de tant de Peuples.

Dieses Wunder ereignete sich in einer Zeit, als die Juden ihres Gottes wie einst ihrer Richter[b] überdrüssig geworden waren und wie die anderen Völker einen sichtbaren Gott haben wollten. Weil es unendlich viele Dumme gibt, fand er allenthalben Menschen, die sich ihm unterwarfen; aber da seine große Armut ein unüberwindliches Hindernis[c] für seinen Aufstieg war, wurde er von den Pharisäern, die ihn einerseits bewunderten, ihn andererseits aber auch um seine Kühnheit beneideten, je nach der wankelmütigen Stimmung des Volkes herabgesetzt oder erhöht. Das Gerücht von seiner Göttlichkeit machte zwar die Runde, aber da er nun einmal machtlos war, konnte sein Vorhaben nicht gelingen. Mochten ihm Krankenheilungen und Wiedererweckungen angeblich Verstorbener auch Auftrieb geben, so verfügte er doch weder über Geld noch über eine Armee und mußte also scheitern. Hätten ihm diese beiden Mittel zu Gebote gestanden, wäre er nicht weniger erfolgreich als Moses und Mohammed oder auch alle diejenigen gewesen, deren Ehrgeiz es war, sich über die übrigen Menschen zu erheben. Wenn er auch weniger Glück hatte, so war er doch nicht weniger gerissen. Der größte Fehler seiner Politik war es, wie aus einigen Episoden seiner Lebensgeschichte hervorgeht, daß er nicht genug auf seine Sicherheit bedacht war. Im übrigen sehe ich nicht, daß er sich ungeschickter angestellt hätte als die beiden anderen; sein Gesetz ist jedenfalls die Glaubensregel jener Völker geworden, die sich für die weisesten auf der Welt halten.

[b] Vgl. 1 Samuel 8: Die Israeliten wollten aus Unzufriedenheit mit den Söhnen Samuels einen König haben.
[c] Christus gehörte der Sekte der Pharisäer, d. h. der Armen, an, die den Sadduzäern, die die Sekte der Reichen bildeten, entgegengesetzt war. Vgl. den Talmud.

§ 13
De la Politique de Jésus-Christ

Est-il rien, par exemple, de plus subtil que la réponse de Jésus au
sujet de la femme surprise en adultere? Les Juifs lui ayant demandé s'ils lapideroient cette femme, au lieu de répondre positive-
ment à la question, ce qui l'auroit fait tomber dans le piége que
ses ennemis lui tendoient, la négative étant directement contre la
loi, & l'affirmative le convaincant de rigeur & de cruauté, ce qui
lui eût aliéné les esprits: au lieu, dis-je, de répartir comme eût fait
un homme ordinaire, *que celui*, dit-il, *d'entre vous qui est sans
péché lui jette la premiere pierre*. Réponse adroite & qui montre
bien la presence de son esprit. Qu'une autrefois interrogé s'il
étoit permis de payer le tribut à César, & voyant l'image du
Prince sur la pièce qu'on lui montroit, il éluda la difficulté en
répondant *qu'on eût à rendre à César ce qui appartenoit à César*.
⌈La difficulté consistoit en ce qu'il se rendoit criminel de Lèze-
Majesté, s'il nioit que cela fut permis, & qu'en disant qu'il le
falloit payer il renversoit la loi de Moyse, ce qu'il protesta ne
vouloir jamais faire, lorsqu'il se crut sans doute trop foible pour
le faire impunément, car quand il se fût rendu plus célèbre, il la
renversa presque totalement: Il fit comme ces Princes qui promettent toujours de confirmer les privilèges de leurs Sujets,
pendant que la puissance n'est pas encore bien établie, mais qui
dans la suite ne s'embarassent point de tenir leurs promesses.⌉[152]
    Quand les Pharisiens lui demanderent de quelle autorité il se
mêloit de prêcher & d'enseigner le peuple, Jésus-Christ péné-

---

[152] E: Car, s'il répondoit non, il se rendoit coupable de *lèze-
Majesté*, & s'il répondoit oui, il donnoit atteinte à la Liberté de sa
Nation. Il ne répondit ni oui, ni non; mais il dit à ceux qui le
questionoient: *Montrez moi la piéce qu'on donne pour le Tribut*;
puis, les questionnant à son tour, il leur demanda de qui étoit l'Image
& l'Inscription, qu'il voyoit sur cette Monnoye? *De César*, répon-
dirent-ils. *Rendez donc à César*, répliqua-t-il, *ce qui appartient à
César, & à Dieu ce qui appartient à Dieu*. Par cette réponse nor-

§ 13
Die Politik Jesu Christi

Gibt es, um ein Beispiel zu geben, eine scharfsinnigere Antwort
als die, die Jesus gab, als man eine Frau beim Ehebruch ertappt
hatte? Die Juden hatten ihn gefragt, ob sie diese Frau steinigen
sollten. Eine eindeutige Antwort hätte ihn in die Falle tappen
lassen, die seine Gegner ihm gestellt hatten; denn eine vernei-
nende Antwort hätte direkt gegen das Gesetz verstoßen, und
eine bejahende Antwort hätte ihn der Strenge und Grausamkeit
überführt und ihm damit die Leute abspenstig gemacht. Statt
also wie ein gewöhnlicher Mensch zu antworten, sagte er: *Wer
unter Euch ohne Sünde ist, werfe auf sie den ersten Stein*[72] – eine
geschickte Antwort, die gut seine Geistesgegenwart bezeugt. Als
er ein anderes Mal gefragt wurde, ob man dem Kaiser Steuern
zahlen dürfe, sah er die Abbildung des Herrschers auf der
Münze, die man ihm zeigte, und wich der Schwierigkeit aus,
indem er antwortete, *man solle dem Kaiser geben, was des Kai-
sers sei*.[73] Die Schwierigkeit bestand darin, daß er sich entweder
der Majestätsbeleidigung schuldig gemacht hätte, wenn er dies
nämlich als unerlaubt bezeichnet hätte, oder aber mit der Antwort, man müsse die Steuer zahlen, das Mosaische Gesetz aufge-
hoben hätte. Das aber wollte er erklärtermaßen keineswegs, weil
er sich zweifellos für zu schwach hielt, um dies ungestraft tun zu
können. Als er sich aber eine größere Berühmtheit verschafft
hatte, stieß er es fast zur Gänze um. Er machte es so wie Herrscher, die ihren Untertanen stets die Sicherung ihrer Privilegien
versprechen, solange ihre Macht noch nicht recht gefestigt ist,
sich aber dann nicht darauf einlassen, ihre Versprechen zu halten.

Als die Pharisäer ihn fragten, aufgrund welcher Autorität er
sich damit abgebe zu predigen und das Volk zu belehren, durch-

---

mande, s'il est permis de parler ainsi, il éluda la difficulté qu'on lui
faisoit, & évita le piége dans lequel tout autre que lui seroit tombé.

trant leur dessein qui ne tendoit qu'à le convaincre de mensonge,
soit qu'il répondit que c'étoit par une autorité humaine, parce
qu'il n'étoit point du Corps ⌈Sacerdotal⌉[153], qui seul étoit chargé
de l'instruction du peuple; soit qu'il se vantât de prêcher par
l'ordre exprès de Dieu, sa doctrine étant opposée à la Loi de
Moyse; il se tira d'affaire en les embarrassant eux-mêmes & en
leur demandant au nom de qui Jean avoit ⌈154⌉ baptisé?

Les Pharisiens qui s'opposoient par politique au Baptême de
Jean, se fussent condamnés eux-mêmes en avouant que c'étoit au
nom de Dieu: S'ils ne l'avouoient pas ils s'exposoient à la rage de
la populace qui croyoit le contraire. Pour sortir de ce mauvais pas
ils répondirent qu'ils n'en savoient rien; à quoi Jésus-Christ répondit, qu'il n'étoit pas obligé de leur dire pourquoi & au nom
de qui il prêchoit.

§ 14

Telles étoient ⌈155⌉ les défaites du destructeur de l'ancienne Loi,
& du père de la nouvelle ⌈Religion⌉[156], qui fût bâtie sur les ruines
de l'ancienne, où un esprit désintéressé ne voit rien de plus divin
que dans les Religions qui l'ont précédé. Son fondateur, qui
n'étoit pas tout-à-fait ignorant, voyant l'extrême corruption de
la République des Juifs, la jugea proche de sa fin, & crut qu'une
autre devoit renaître de ses cendres.

La crainte d'être prévenu par des hommes plus adroits que lui,
le fit hâter de s'établir par des moyens opposés à ceux de Moyse.
Celui-ci commença par se rendre terrible & formidable aux autres nations; Jésus-Christ au contraire les attira à lui par l'espérance des avantages d'une autre vie que l'on obtiendroit, disoit-

---

153 E: des Sacrificateurs de l'ancienne Loy, ni de ceux
154 T 1777. 1780: été
155 E: les ruses &
156 *add.* T

schaute er ihre Absicht, die bloß darauf abzielte, ihn der Lüge zu
überführen, gleichviel ob er geantwortet hätte, er tue dies aufgrund einer menschlichen Autorität (denn er gehörte nicht dem
Priesterstand an, dem allein die Belehrung des Volkes oblag),
oder ob er sich dessen gerühmt hätte, auf die ausdrückliche Wei-
sung Gottes hin zu predigen (denn seine Lehre widersprach dem
Mosaischen Gesetz). So zog er sich aus der Affäre, indem er sie
ihrerseits mit der Frage in Verlegenheit brachte, in wessen Namen Johannes getauft hätte.

Die Pharisäer, die aus politischen Erwägungen Gegner der
Tauftätigkeit des Johannes waren, hätten ihre eigene Stellung un-
tergraben, wenn sie zugegeben hätten, daß er im Namen Gottes
tätig war. Hätten sie dies aber nicht zugegeben, so hätten sie sich
dem Zorn des Volkes ausgesetzt[74], das der gegenteiligen Auffassung war. Um aus dieser Klemme zu kommen, antworteten sie,
daß sie nichts hierüber wüßten, worauf Christus entgegnete, er
sei ihnen zu keiner Auskunft darüber verpflichtet, warum und in
wessen Namen er predige.

§ 14

Solche Ausflüchte gebrauchte der Zerstörer des alten Gesetzes
und Urheber der neuen, auf den Ruinen der alten errichteten
Religion, an der aus unparteiischer Sicht nichts auszumachen ist,
das in höherem Maße göttlich wäre als an den voraufgegangenen
Religionen. Ihr Stifter, der nicht schlichtweg ein Ignorant war,
sah, daß der Staat der Juden in Auflösung begriffen und seinem
Ende nahe war, und glaubte, ein anderer müsse aus seiner Asche
erstehen.

Aus Furcht, Geschicktere als er könnten ihm zuvorkommen,
beeilte er sich, sich Geltung zu verschaffen, und zwar mit Me-
thoden, die denen des Moses entgegengesetzt waren. Dieser
hatte damit begonnen, daß er anderen Völkern Furcht und
Schrecken einflößte. Jesus Christus dagegen zog sie durch die
Hoffnung auf die Annehmlichkeiten eines zukünftigen Lebens

il, en croyant en lui, tandis que Moyse ne promettoit que des biens temporels aux observateurs de sa loi, Jésus-Christ en fit espérer qui ne finiroient jamais. Les Loix de l'un ne regardoient que l'extérieur, celles de l'autre vont jusqu'à l'intérieur, influent sur les pensées, & prennent en tout le contre-pied de la Loi de Moyse; d'où il s'ensuit que Jésus-Christ crut avec Aristote qu'il en est de la Religion & des Etats comme de tous les individus qui s'engendrent & qui se corrompent; & comme il ne se fait rien que de ce qui s'est corrompu, nulle Loi ne céde à l'autre qui ne lui soit tout opposée. Or comme on a de la peine à se resoudre de passer d'une Loi à une autre, & comme la plûpart des esprits sont difficiles à ébranler en matiere de Religion, Jésus-Christ, à l'imitation des autres novateurs, eût recours aux miracles qui ont toujours été l'écueil des ignorans, & l'azile des ambitieux ⌜adroits⌝[157].

§ 15

Par ce moyen le Christianisme étant fondé Jésus-Christ songea habilement à profiter des erreurs de la politique de Moyse, & à rendre sa nouvelle Loi éternelle, ⌜entreprise qui lui réussit au-delà, peut-être, de ses espérances⌝[158]. Les Prophêtes Hébreux pensoient faire honneur à Moyse en prédisant un successeur qui lui ressembleroit; c'est-à-dire, un Messie grand en vertus, puissant en biens & terrible à ses ennemis; cependant leurs Prophéties ont produit un effet tout contraire; quantité d'ambitieux ayant pris de là occasion de se faire passer pour le Messie annoncé, ce qui causa des révoltes qui ont duré jusqu'à l'entiére destruction de l'ancienne République des Hébreux. Jésus-Christ plus habile que les Prophêtes Mosaïques, pour décréditer

[157] *add.* T
[158] *add.* T

an sich, dessen man, wie er sagte, durch den Glauben an ihn teilhaftig würde. Während Moses denen, die sein Gesetz befolgten, bloß diesseitige Güter versprach, stellte Jesus Christus ewige Freuden in Aussicht. Die Gesetze des einen betrafen nur das Äußerliche, die des anderen beziehen sich auch auf das Innere, wirken auf die Gedanken ein und bilden überhaupt das Gegenteil des Mosaischen Gesetzes. Dementsprechend glaubte Christus wie Aristoteles, daß es sich mit der Religion und den Staaten so verhalte wie mit allen Einzeldingen, die entstehen und vergehen[75], daß nämlich, wie alles aus Vergangenem entsteht, so auch ein Gesetz immer nur an die Stelle eines gänzlich entgegengesetzten Gesetzes tritt. Da man sich folglich schwer dazu entschließt, von einem Gesetz zu einem anderen überzutreten und die meisten Menschen in Angelegenheiten der Religion nur schwer wankelmütig zu machen sind, nahm Christus nach dem Vorbild anderer Neuerer seine Zuflucht zu Wundern, die stets die Zuflucht der Unwissenden und das Asyl der gerissenen Ehrgeizigen waren.[76]

§ 15

Nachdem das Christentum durch dieses Mittel gestiftet war, war Jesus Christus eifrig darauf bedacht, aus den Fehlern der Politik des Moses einen Nutzen zu ziehen und sein neues Gesetz zu verewigen. Dieses Vorhaben gelang ihm besser, als er es wohl selbst erhofft hatte. Die jüdischen Propheten hatten Moses eine Ehre zu erweisen gemeint, indem sie einen Nachfolger vorhersagten, der ihm ähnlich sein sollte, also einen Messias von vollkommener Tugend, mächtig an Gütern und ein Schrecken seiner Feinde. Ihre Weissagungen hatten jedoch eine ganz und gar entgegengesetzte Wirkung: Zahlreiche Ehrgeizige nahmen sie zum Anlaß, sich als der angekündigte Messias auszugeben. Dies führte bis zur endgültigen Zerstörung des alten Reiches der Juden immer wieder zu Aufständen. Jesus Christus, der geschickter als die mosaischen Propheten war, prophezeite, um mögliche

d'avance ceux qui s'éléveroient contre lui, a prédit qu'un tel homme seroit le grand ennemi de Dieu, le favori des Démons, l'assemblage de tous les vices & la désolation du monde.

Après de si beaux éloges, il paroît que personne ne doit être tenté de se dire *l'Antechrist*, & je ne crois pas qu'on puisse trouver de meilleur secret pour éterniser une Loi, quoiqu'il n'y ait rien de plus fabuleux que tout ce qu'on a débité de cet Antechrist prétendu. Saint-Paul disoit de son vivant qu'il étoit déjà né, par conséquent qu'on étoit à la veille de l'avénement de Jésus-Christ, cependant il y a plus de ⌈1660⌉¹⁵⁹ ans d'écoûlés depuis la prédication de la naissance de ce formidable personnage, sans que personne en ait ouï parler. J'avoue que quelques-uns ont appliqué ces paroles à Ebion & à Cérinthus, deux grands ennemis de Jésus-Christ, dont ils combatirent la prétendue Divinité: mais on peut dire aussi que si cette interprétation est conforme au sens de l'Apôtre, ce qui n'est nullement croyable, ces paroles désignent dans tous les siècles une infinité d'Antechrists, n'y ayant point de vrais savans qui croyent blesser la vérité en disant ⌈160⌉ que l'histoire de Jésus-Christ est une^a fable méprisable & que sa loi n'est

---

⌈^a C'est le jugement qu'en portoit le Pape Léon X, comme il paroît par ce mot si connu & si hardi dans un siècle où l'esprit philosophique avoit fait encore si peu de progrès. «On sait de tems immémorial, disoit-il au Cardinal Bembo, combien cette fable de Jésus-Christ nous a été profitable.» *Quantum nobis nostrisque ea de Christo fabula profuerit, satis est omnibus saeculis notum.*⌉¹⁶¹

¹⁵⁹ E: seize cens; T 1768. 1776. 1793: 1600

¹⁶⁰ E: avec Boniface VIII ^a; [dazu die Anm.: ^a Boniface VIII. disoit, que les Hommes ont les mêmes Ames que les Bêtes, & que ces Ames humaines & bestiales ne vivoient pas plus les unes que les autres. Que l'Evangile, aussi bien que toutes les autres Loyx, enseignoit plusieurs Véritez & plusieurs Mensonges. Par exemple, une Trinité, qui est fausse, l'Enfantement d'une Vierge, qui est impossible, l'Incarnation & la Transsubstantiation, qui sont ridicules. Je ne crois pas plus, disoit-il, en la Vierge, qu'en une Anesse, ni en son Fils, qu'au Poulain d'une Anesse.]

¹⁶¹ E: Leon X., entrant un jour dans un cabinet, où ses Thrésors

Rivalen im Voraus zu diskreditieren, daß ein solcher Mensch ein schlimmer Feind Gottes, ein Günstling der Dämonen, ein Ausbund aller Laster und ein Verhängnis für die Welt sein werde.[77]

Nach so schönen ›Lobreden‹ mochte wohl niemand in Versuchung kommen, sich Antichrist zu nennen, und es läßt sich, wie ich glaube, kein besserer Kunstgriff zur Verewigung eines Gesetzes finden[78], obwohl kaum etwas märchenhafter ist als das, was man über diesen vorgeblichen Antichrist verbreitet hat. Der Heilige Paulus sagte, er sei bereits zu seinen Lebzeiten geboren worden[79] und folglich stehe man kurz vor der Wiederkunft Christi. Es sind jedoch mehr als 1660 Jahre seit seiner Ankündigung dieses furchtbaren Kerls vergangen, ohne daß man je von ihm gehört hätte. Zugestandenermaßen haben manche diese Worte auf Ebion und Cerinth[80] bezogen, zwei erbitterte Feinde Jesu Christi und Leugner seiner vorgeblichen Göttlichkeit.[81] Man kann aber ebenso sagen, daß, sollte diese Interpretation dem Sinn der Worte des Apostels entsprechen (was allerdings überhaupt nicht anzunehmen ist), diese Worte in allen Jahrhunderten eine Unzahl von ›Antichristussen‹ bezeichnen. Kein wahrer Gelehrter[82] wird die Wahrheit zu verletzen meinen, wenn er feststellt, daß die Geschichte Jesu Christi ein verachtungswürdiges Märchen[a] und sein Gesetz bloß ein Hirngespinst ist, das

---

[a] So urteilte Papst Leo X. hierüber, wie es aufgrund dieses so bekannten wie kühnen Wortes (in einem Jahrhundert, in dem der philosophische Geist noch so wenige Fortschritte gemacht hatte) den Anschein hat: *Man weiß seit unvordenklichen Zeiten*, sprach er zum Kardinal Bembo, *welchen Nutzen uns dieses Märchen eingetragen hat.*[83]

étoient étalez, s'écria: Cette Fable de Jésus-Christ ayde bien à nous *enrichir.*

qu'un tissu de rêveries que l'ignorance a mise en vogue, que
l'intérêt entretient, ⌜& que la tyrannie protége.⌝[161]

§ 16

On prétend néanmoins qu'une Religion établie sur des fon-
demens si foibles, ⌜[163]⌝ est divine & surnaturelle, comme si on ne
savoit pas qu'il n'y a point de gens plus propres à donner cours
aux plus absurdes opinions que les femmes & les ⌜idiots⌝[164]; il
n'est pas donc merveilleux que Jésus-Christ n'eût pas des Savans
à sa suite, il savoit bien ⌜[165]⌝ que sa Loi ne pouvoit s'accorder avec
le bon sens; voilà, sans doute, pourquoi il déclamoit si souvent
contre les sages qu'il exclut de son Royaume, où il n'admet que
les pauvres d'esprit, les simples & les imbéciles: Les esprits raisonnables doivent se consoler de n'avoir rien à démêler avec des
insensés. ⌜[166]⌝

[162] *add.* T

[163] E: & dont des Hommes ignorans, jusqu'à la stupidité, ont été
les Prédicateurs,

[164] T 1777. 1780: sots

[165] E: [Anm.:] ᵃ La créance de la Doctrine chrestienne est estrange
& farouche à la raison & au jugement de l'Homme. Elle est contraire
à toute Philosophie & discours de la raison, comme il se voit en tous
les articles de la Foy, qui ne peuvent estre compris ni entendu par
l'entendement humain, voire ils luy semblent impossibles & du tout
estranges: dont l'homme, pour le croire & recevoir, faut qu'il captive
& assubiectisse sa raison, sous-mettant son Entendement à l'obeis-
sance de la foy dit Sainct Paul; que s'il veut consulter & ouyr la
Philosophie, & mesurer les choses au compas de la raison, il quittera
tout & s'en moquera, comme d'une folie.
    C'est l'aveu que fait Charron dans un livre intitulé *les trois Véritez*:
pag. 180. de l'Edition de Bourdeaux, 1593.

[166] E: On passeroit trop les bornes qu'on s'est prescrites dans cet

durch die Unwissenheit verbreitet, vom eigennützigen Interesse erhalten worden ist und von der Tyrannei unter Schutz gestellt wird.

§ 16

Man behauptet dennoch, daß eine Religion, die auf derart schwache Fundamente gebaut ist, göttlich und übernatürlich ist, als wüßte man nicht, daß die absurdesten Meinungen am ehesten von Frauen und Einfältigen in Umlauf gebracht werden. Kein Wunder also, daß Jesus Christus keine Gebildeten in seiner Gefolgschaft hatte. Er wußte nur zu gut, daß sein Gesetz mit der Vernunft nicht in Einklang zu bringen ist. Dies ist zweifellos auch der Grund, weshalb er so oft über die Gebildeten herzog und sie aus seinem Reich ausschloß, in das er nur Armen im Geiste, Einfältigen und Schwachköpfen Zugang gewährte.[84] Vernünftige Menschen müssen sich eben damit abfinden, mit Verrückten nichts zu tun zu haben.

Ecrit, si l'on vouloit rapporter ici tous les autres traits de sa Politique. Ceux qui en voudront sçavoir davantage, n'ont qu'à lire le Nouveau Testament. C'est là, qu'on verra avec quel soin il évitoit de faire ses Miracles en présence des Incrédules & des Gens éclairez, & avec quelle adresse il sçut enter sa Loy sur celle de Moyse. D'abord il protesta, que bien loin d'avoir dessein d'abolir cette derniére, il étoit, au contraire, venu expressément pour l'accomplir. Mais, à mesure que la Troupe de ceux qui le suivoient augmentoit, il se dispensoit de l'observer, en dispensoit ses Disciples, & faisoit leur Apologie, lorsqu'ils l'avoient violée. Imitant en cela les nouveaux Princes, qui promettent de confirmer les Priviléges de leurs Sujets, pendant que leur Puissance n'est pas encore bien affermie, mais qui violent leurs promesses, dès qu'ils se sentent assez forts pour le faire impunément. Ou, plû-tôt, faisant comme ces habiles Monarques, qui, sous prétexte de confirmer & d'expliquer les vieilles Ordonnances de leurs Prédécesseurs, les abolissent entiérement, & substituent imperceptiblement leurs nouvelles Loyx en place.

§ 17
⌈De la morale de Jésus-Christ⌉[167]

⌈Quant à la morale de Jésus-Christ⌉[168], on n'y voit rien de divin qui la doive faire préférer aux écrits des anciens, ou plutôt tout ce qu'on y voit en est tiré ou imité. St. Augustin[a] avoue qu'il a trouvé dans quelques-uns de leurs écrits tout le commencement de l'Evangile selon St. Jean: ajoutez à cela que l'on remarque que cet Apôtre étoit tellement accoûtumé à piller les autres qu'il n'a point fait difficulté de dérober aux Prophêtes leurs enigmes & leurs visions, pour en composer son Apocalypse. D'où vient, par exemple, la conformité qui se trouve entre la doctrine du Vieux & du Nouveau Testament, & les écrits de Platon, sinon de ce que les Rabins, & ceux qui ont composé les écritures ⌈[169]⌉, ont pillé ce grand homme? La naissance du monde a plus de vraisemblance dans son *Timée*, que dans le livre de la Génèse, cependant on ne peut pas dire que cela vienne de ce que Platon aura lu dans son voyage d'Egypte des livres Judaïques, ⌈puisqu'au⌉[170] rapport de St. Augustin[b] le Roi Ptolemée ne les avoit pas encore fait traduire quand ce Philosophe y voyagea.

La description du Pays que Socrate fait à Simias dans le *Phédon* a infiniment plus de grace que le Paradis Terrestre; & la fable des

---

[a] Confessions, Liv. 7. Chap. 9, 20.
[b] Idem, Ibidem.

[167] *om.* T 1768. 1775. 1777. 1780
[168] E: Pour ce qui est de la Morale de Jésus-Christ, si l'on distingue celle qui lui étoit particuliére, d'avec celle qui lui étoit commune avec les Philosophes, on trouvera que celle qui lui est particuliére a deux défauts considérables. L'un, qu'elle exige des Hommes des choses absolument impossibles, & contre leur Nature, témoin l'obligation de se hayr soy même, d'aimer ses Ennemis, de ne point résister aux Méchans, &c. L'autre, qu'elle semble avoir été imaginée dans la vüe de faire subsister une Troupe de Gueux & de Coureurs de Pays, tels qu'étoient ses Apotres & ses Disciples. En effet, n'est-elle pas remplie d'imprécations perpétuelles contre la dureté des Riches? N'y trouve-t-on pas des Leçons pour vivre aux dépens d'autrui? Des

§ 17
Die Moral Jesu Christi

Was die Moral Jesu Christi angeht, so ist in ihr nichts anzutreffen, dessentwegen sie den Schriften der antiken Autoren vorzuziehen wäre; vielmehr ist alles, was man in ihr findet, aus ihnen
entlehnt oder ihnen nachgeahmt. Der Hl. Augustinus[a] gesteht,
er habe in einigen ihrer Bücher den ganzen Beginn des Johannes-
Evangeliums gefunden. Dem ist hinzuzufügen, daß dieser Apostel andere Autoren gewöhnlich in einem solchen Ausmaß plün-
derte, daß er bedenkenlos Rätselsprüche und Visionen aus den
Prophetenbüchern stahl, um daraus seine Apokalypse zusam-
menzuschreiben. Wie ließe sich, um ein Beispiel zu geben, die
Übereinstimmung zwischen der Lehre des Alten und Neuen Testaments und den Schriften Platons erklären, wenn nicht dadurch, daß die Rabbinen und die Verfasser der biblischen
Schriften diesen großen Mann plagiiert haben? Der Ursprung
der Welt ist in seinem *Timaios* mit viel größerer Wahrscheinlichkeit dargestellt als im Buch *Genesis*; man kann indessen nicht
behaupten, dies komme daher, daß Platon, als er Ägypten berei-
ste, jüdische Bücher gelesen hätte, denn König Ptolemaios hatte
sie – nach dem Bericht des Hl. Augustinus[b] – noch nicht übersetz-
zen lassen, als der Philosoph dort unterwegs war.
    Die Beschreibung des Landes, die Sokrates im Dialog *Phaidon*
dem Simmias gibt[85], ist sehr viel anmutiger als [der biblische
Bericht über] das irdische Paradies, und der Mythos von den

[a] *Confessiones* VII,9 und 20.
[b] ebd.

Formulaires de Bénédictions pour les Villes, les Bourgs, les Villages,
les Maisons, les Personnes qui feroient une bonne réception à la
Troupe, & de maledictions contre les Lieux qui ne voudroient pas la
recevoir. A l'égard de l'autre partie de sa Morale
[169] E: d'un ramas de Fragmens
[170] T 1777. 1780: jusqu'au

Androgynes[c] est sans comparaison mieux trouvée que tout ce
que nous apprenons de la Génèse au sujet de l'extraction de l'une
des côtes d'Adam pour en former la femme, &c. Y a-t-il encore
rien qui ait plus de rapport aux deux embrasemens de Sodome &
de Gomorrhe que celui que causa Phaëton? Y a-t-il rien de plus
conforme que la chûte de Lucifer & celle de Vulcain, ou celle des
Géans abîmés par la foudre de Jupiter? Quelles choses se ressemblent mieux que Samson & Hercule, Elie & Phaëton, Joseph &
Hypolite, Nabuchodonosor & Lycaon, Tantale & le mauvais
riche, la Manne des Israëlites & l'Ambroisie des Dieux? St. Augustin[d], St. Cyrille & Théophilacte comparent Jonas à Hercule,
surnommé *Trinoctius*, parce qu'il fût trois jours & trois nuits
dans le ventre de la Baleine.

Le fleuve de Daniel représenté au Chap. 7 de ses Prophéties,
est une imitation visible du Pyriphlégéthon dont il est parlé au
dialogue de l'immortalité de l'ame. On a tiré le péché originel de
la boëte de Pandore, le Sacrifice d'Isaac & de Jephté de celui
d'Iphigénie, en la place de laquelle une biche fût substituée. Ce
qu'on rapporte de Loth & de sa femme est tout-à-fait conforme à
ce que la fable nous apprend de Baucis & de Philémon, ⌈l'histoire
de Persée & de Bellérophon est le fondement de celle de St.
Michel & du Démon qu'il vainquit;⌉[172] enfin il est constant que
les Auteurs de l'Ecriture ont transcrit presque mot à mot les
œuvres d'Hésiode & d'Homere.

§ 18

Quant à Jésus-Christ, Celse montroit au rapport d'Origène[a]
qu'il avoit tiré de Platon ses plus belles Sentences. Telle est celle

---

⌈[c] Voyez dans le banquet de Platon, le Discours d'Aristophane.⌉[171]
[d] Cité de Dieu, Liv. 1. Chap. 14.
[a] Liv. 6. contre Celse.

[171] *add.* T
[172] *add.* T; Persée & de *om.* T 1768. 1775. 1777. 1780

Androgynen[c] ist unvergleichlich besser erfunden als der Bericht der *Genesis* über das Herausschneiden der Rippe aus Adams Seite, um hieraus eine Frau zu erschaffen, usw.[86] Gibt es eine größere Übereinstimmung als die zwischen dem Brand von Sodom und Gomorrha und jenem Brand, den Phaethon verursachte, zwischen dem Fall Luzifers und dem Vulcans oder der Giganten, die durch Jupiters Blitzstrahl vernichtet wurden? Gibt es eine größere Ähnlichkeit als die zwischen Samson und Herakles, Elias und Phaethon, Joseph und Hippolyt, Nebukadnezar und Lykaon, Tantalos und dem hartherzigen Reichen, dem Manna der Israeliten und dem Ambrosia der Götter? Der Hl. Augustinus[d], der Hl. Cyrill und Theophylakt vergleichen Jonas mit Herakles Trinoctius, weil er drei Tage und drei Nächte im Bauch eines Wales zugebracht hatte.

Bei dem Fluß, der im 7. Kapitel der Prophetien Daniels beschrieben ist, handelt es sich um eine offensichtliche Nachahmung des Pyriphlegethon, von dem im Dialog über die Unsterblichkeit der Seele die Rede ist[87]. Den Sündenfall hat man von der Büchse der Pandora, das Opfer Isaaks und [der Tochter] des Jephtha dem der Iphigenie entlehnt, an deren Stelle eine Hirschkuh geopfert wurde. Der Bericht über Loth und seine Frau stimmt völlig mit dem überein, was uns der Mythos von Philemon und Baucis erzählt.[88] Die Geschichte von Bellerophon bildet die Grundlage der Legende vom Hl. Michael und dem Drachen, den er besiegte. Und schließlich steht fest, daß die Verfasser der Heiligen Schrift die Werke Hesiods und Homers beinahe Wort für Wort abgeschrieben haben.

§ 18

Jesus Christus entlehnte, wie Kelsos dem Bericht des Origenes[a] zufolge nachgewiesen hat, seine schönsten Sprüche dem Platon.

---

[c] Vgl. in Platons *Symposion* die Rede des Aristophanes.[89]
[d] *Civitas dei* I,14.
[a] *Contra Celsum* VI[,1–21].

qui porte *qu'un chameau passeroit plutôt par le trou d'une aigu-*
ille: qu'il n'est aisé à un riche d'entrer dans le royaume de Dieu[b].
C'est à la secte des Pharisiens, dont il étoit, que ceux qui croyent
en lui doivent la croyance qu'ils ont de l'immortalité de l'ame, de
la résurrection, de l'enfer, & la plus grande partie de sa morale,
où je ne vois rien qui ne soit dans celle d'Epictete, d'Epicure & de
quantité d'autres; ce dernier étoit cité par St. Jerôme[c] comme un
homme dont la vertu faisoit honte aux meilleurs Chrétiens, &
dont la vie étoit si tempérante, que ses meilleurs repas n'étoient
qu'un peu de fromage, du pain & de l'eau: Avec une vie si frugale,
ce Philosophe, tout payen qu'il étoit, disoit qu'il valoit mieux
être infortuné & raisonnable que d'être riche & opulent sans
avoir de raison; aujoutant qu'il est rare que la fortune & la sagesse
se trouvent réunies dans un même sujet, & qu'on ne sauroit être
heureux ni vivre satisfait, qu'autant que notre ⌈félicité⌉[173] est
accompagnée de prudence, de justice & d'honnêteté, qui sont les
qualités d'où résulte la vraie & la solide volupté.

Pour Epictete, je ne crois pas que jamais aucun homme, sans
en excepter Jésus-Christ, ait été plus ferme, plus austere, plus
égal, ⌈& ait eu une morale pratique plus sublime que la sien-
ne⌉[174]. Je ne dis rien qu'il ne me fût aisé de prouver si c'en étoit ici
le lieu, mais de peur de passer les bornes que je me suis prescrites,
je ne rapporterai des belles actions de sa vie, qu'un seul exem-
ple⌈[175]⌉. Etant esclave d'un affranchi, nommé Epaphrodite, Capitaine des Gardes de Néron, il prit fantaisie à ce brutal de lui
tordre la jambe; Epictete s'appercevant qu'il y prenoit plaisir, lui
dit en souriant qu'il voyoit bien ⌈qu'il⌉[176] ne finiroit pas qu'il ne
lui eût cassé la jambe; ce qui arriva comme il l'avoit prédit: *Eh*

---

[b] Liv. 8. Chap. 4.
[c] Liv. 2. contre Jovinien, Chap. 8.

[173] T 1793: fidelité.
[174] E: & de plus dégagé de Passions qu'il a été
[175] E: de sa constance
[176] T 1768: que ce; T 1776. 1793: que le jeu.

So etwa den, *daß eher ein Kamel durch ein Nadelör geht, als daß ein Reicher in das Reich Gottes gelangt*[b].[90] Der Glaube seiner Anhänger an die Unsterblichkeit der Seele, die Auferstehung und die Hölle geht auf die Sekte der Pharisäer, der er angehörte, zurück, desgleichen ein großer Teil seiner Morallehre, in der ich nichts finde, das nicht auch in der Morallehre Epiktets, Epikurs und vieler anderer enthalten wäre. Der letztere wurde vom Heiligen Hieronymus[c] als ein Mensch angeführt, dessen Tugend die besten Christen beschäme und der so maßvoll lebte, daß seine üppigsten Mahlzeiten lediglich aus etwas Käse, Brot und Wasser bestanden.[91] Dieser heidnische Philosoph, der so bescheiden lebte – wohlgemerkt ein Heide –, sagte, es sei besser, unglücklich und vernünftig als reich und begütert und dabei unvernünftig zu sein, und fügte hinzu, daß äußeres Glück und Weisheit zugleich nur selten bei ein und demselben Menschen anzutreffen sind, und daß man nur dann glücklich und zufrieden leben könne, wenn Klugheit, Gerechtigkeit und Rechtschaffenheit die Glückseligkeit begleiten, deren Ergebnis die wahre und beständige Freude ist.[92]

Nach meiner Überzeugung war niemand – auch Jesus Christus nicht ausgenommen – standhafter, sittenstrenger und gleichmütiger als Epiktet und hatte erhabenere Grundsätze der Lebensführung als er. Ich behaupte damit nichts, das ich nicht mühelos beweisen könnte, wenn hier der Ort dafür wäre; um aber den Rahmen, den ich mir gesteckt habe, nicht zu überschreiten, will ich von den guten Handlungen, die sein Leben auszeichnen, nur ein einziges Beispiel anführen. Er war der Sklave eines Freigelassenen namens Epaphroditos, eines Hauptmanns der Leibgarde Neros. Diesen Wüstling überkam die Laune, ihm ein Bein zu verrenken. Als Epiktet merkte, daß er seinen Spaß daran hatte, sagte er lächelnd zu ihm, er sehe wohl, daß er damit erst aufhören würde, wenn er ihm das Bein gebrochen hätte. Und so, wie er es vorhergesagt hatte, geschah es auch. Er blickte ihn gleichmütig und lachend an und fuhr fort:

---

[b] VIII, 4.
[c] *Contra Iovinianum* II, 8.

bien!, continua-t-il d'un visage égal & riant, *ne vous avois-je pas bien dit que vous me casseriez la jambe?* Y eût-il jamais de constance pareille à celle-là? Et peut-on dire que Jésus-Christ ait été jusque-là, lui qui pleuroit & suoit de peur à la moindre allarme qu'on lui donnoit, & qui témoigna, près de mourir une ⌈pusillanimité tout-à-fait méprisable⌉[177], & que l'on ne vit point dans ses Martyrs.

Si l'injure des tems ne nous eût pas ravi le livre qu'Arrien avoit fait de la vie & de la mort de notre Philosophe, je suis persuadé que nous verrions bien d'autres exemples de sa patience. Je ne doute pas qu'on ne dise de cette action ce que les Prêtres disent des vertus des Philosophes, que c'est une vertu dont la vanité est la base, & qui n'est point en effet ce qu'elle paroît: mais je sais bien que ceux qui tiennent ce langage ⌈sont de ces gens qui disent en chaire tout ce qui leur vient à la bouche, & croient avoir bien gagné l'argent qu'on leur donne pour instruire le peuple, quant ils ont déclamé contre les seuls hommes qui sachent ce que c'est que la droite raison & la véritable vertu;⌉[178] tant il est vrai que rien au monde n'approche si peu des mœurs des vrais Sages que les actions de ces ⌈hommes superstitieux⌉[179] qui les décrient; ceux-ci semblent n'avoir étudié que pour parvenir à un poste qui leur donne du pain, ils sont vains & s'applaudissent quand ils l'ont obtenu, comme s'ils étoient parvenus à un état de perfection, bien qu'il ne soit pour ceux qui l'obtiennent, qu'un état ⌈[180]⌉ d'oisiveté, d'orgueil, ⌈de licence⌉[181] & de volupté, où la plûpart ne suivent rien moins que les maximes de la Religion qu'ils professent. Mais laissons-là des gens qui n'ont aucune idée de la vertu réelle, pour examiner la Divinité de leur Maître.

---

[177] E: bassesse d'Ame

[178] E: le réservent pour la Chaire, sçachant, que *c'est là que bien ou mal, ils ont droit de tout dire.* Je sçai aussi, que quand ces *Cathédrans,* ces Vendeurs d'Air, de Vent, de fumée, ont déclamé de toutes leurs forces contre les Vengeurs de la droite Raison & de la Vertu outragées, ils croyent avoir bien gagné l'argent que les Etats leur donnent, pour instruire le Peuple.

[179] E: ignorans   [180] E: d'Amour propre,   [181] *add.* T

Also gut, habe ich dir nicht gesagt, daß du mir das Bein brechen wirst? Gab es je eine ähnliche Beständigkeit?[93] Und kann man sagen, daß Jesus Christus ihm gleichkam, dem bei der geringsten Beunruhigung die Tränen kamen und der Schweiß ausbrach, und der angesichts seines Todes eine ganz und gar verächtliche Verzagtheit an den Tag legte, wie man sie bei den christlichen Märtyrern nicht antrifft?

Wäre Arrians Buch über das Leben und den Tod unseres Philosophen nicht durch die Ungunst der Zeiten verlorengegangen[94], so wären uns gewiß noch weitere Beispiele seiner Geduld bekannt. Ich habe keinen Zweifel, daß man von dieser Handlungsweise ebendas sagen wird, was die Priester von den Tugenden der Philosophen sagen, nämlich daß es sich dabei um eine auf Eitelkeit gegründete Tugend handelt, die in Wirklichkeit nicht das ist, was sie zu sein scheint. Aber ich weiß nur zu gut, daß diejenigen, die solche Reden führen, genau die Schwätzer sind, die auf der Kanzel alles daherreden, was ihnen über die Lippen kommt, und das Entgelt für die Belehrung des Volkes recht verdient zu haben glauben, wenn sie nur gegen diejenigen Menschen hergezogen haben, die allein die rechte Vernunft und die wahre Tugend kennen. Soviel ist wahr, daß nichts auf der Welt von den Sitten der wahren Weisen so weit entfernt ist wie das Verhalten dieser Abergläubischen, die diese verschreien. Sie scheinen nur studiert zu haben, um es zu einem Amt zu bringen, das ihnen den Unterhalt sichert. Sie sind voll Eitelkeit, und wenn sie eins erhalten haben, rühmen sie sich dessen, als hätten sie einen Zustand der Vollkommenheit erreicht. Für die, die es so weit gebracht haben, ist dieser Zustand mit Müßiggang, Hochmut, schrankenloser Freiheit und Vergnügen verbunden, und die meisten befolgen dabei nichts weniger als die Grundsätze der Religion, zu der sie sich bekennen. Aber lassen wir diese Leute beiseite, die von der wahren Tugend keine Vorstellung haben, um zu der Untersuchung der Göttlichkeit ihres Meisters überzugehen.

§ 19

⌠Après avoir examiné la politique & la morale du Christ, où l'on
ne trouve rien d'ausssi utile & d'aussi sublime que dans les écrits
des anciens Philosophes, voyons si la réputation qu'il s'est ac-
quise après sa mort est une preuve de sa Divinité. Le peuple est si
accoûtumé à la déraison, que je m'étonne qu'on prétende tirer
aucune conséquence de sa conduite; l'expérience nous prouve
qu'il court toujours après des phantômes, & qu'il ne fait & ne dit
rien qui marque du bon sens. Cependant c'est sur de pareilles
chimeres, qui ont été de tout tems en vogue, malgré les efforts
des savans qui s'y sont toujours opposés, que l'on fonde sa croyance. Quelques soins qu'ils ayent pris pour déraciner les folies
regnantes, le Peuple ne les a quittées qu'après en avoir été rassa-
sié.

Moyse eût beau se vanter d'être l'interprête de Dieu & prouver
sa mission & ses droits par des signes extraodinaires, pour peu
qu'il s'absentât (ce qu'il faisoit de tems à autre pour conférer,
disoit-il, avec Dieu, & ce que firent pareillement Numa Pompilius & plusieurs autres législateurs) pour peu, dis-je, qu'il s'absentât, il ne trouvoit à son retour que les traces du culte des Dieux
que les Hébreux avoient vus en Egypte. Il eût beau les tenir 40
ans dans un désert pour leur faire perdre l'idée des Dieux qu'ils
avoient quittés, ils ne les avoient pas encore oubliés, ils en vouloient toujours de visibles qui marchassent devant eux, ils les ado-
roient opiniâtrement, quelque cruauté qu'on leur fit éprouver.

La seule haine qu'on leur inspira pour les autres nations par un
orgueil dont les plus idiots sont capables, leur fit perdre insensiblement le souvenir des Dieux d'Egypte, pour s'attacher à celui de
Moyse, on l'adora quelque tems avec toutes les circonstances
marquées dans la Loi, mais on le quitta par la suite pour suivre

§ 19

Nachdem wir nun die Politik und die Moral Jesu Christi unter-
sucht haben, in der man nichts so Nützliches und so Erhabenes
findet wie in den Schriften der Philosophen des Altertums,
wollen wir nun sehen, ob das Ansehen, das er nach seinem Tode
erwarb, ein Beweis für seine Göttlichkeit ist. Das Volk ist so sehr
an die Unvernunft gewöhnt, daß ich mich wundere, wie man
glauben kann, es ließen sich aus seinem Verhalten Schlußfolgerungen ziehen. Wie uns die Erfahrung zeigt, läuft es ständig hinter Hirngespinsten her, und nichts, was es tut oder sagt,
verrät, daß es vernünftig ist. Dennoch stützt man seinen Glau-.
ben auf solche Hirngespinste, die sich (trotz der Bemühungen der Gelehrten[95], die dem entgegengetreten sind) großer
Beliebtheit erfreuen. Sie mochten sich noch so sehr um die
Ausrottung der herrschenden Wahnvorstellungen bemühen, das
Volk ließ doch erst von ihnen ab, nachdem es sie voll ausgekostet
hatte.

Moses mochte noch so sehr damit prahlen, das Sprachrohr
Gottes zu sein, und Beweise für seine Mission und seine Rechte
vorbringen, so brauchte er nur kurze Zeit abwesend zu sein (dies
tat er bisweilen, um sich, wie er sagte, mit Gott zu unterreden;
ähnlich hielten es Numa Pompilius und mehrere andere Gesetzgeber), und schon fand er bei seiner Rückkehr nur noch die
Spuren jenes Götterkultes vor, den die Juden in Ägypten kennengelernt hatten. Er mochte sie auch vierzig Jahre in der Wüste
festhalten, um ihnen die Vorstellung von jenen Göttern auszu-
treiben, die sie verlassen hatten, so hatten sie diese doch immer
noch nicht vergessen und wollten immer noch sichtbare Götter,
die vor ihnen herzögen, und sie beteten sie hartnäckig an, trotz
der grausamen Strenge, die er sie spüren ließ.

Allein der Haß auf die anderen Völker, den man ihnen mit
einem Hochmut, dessen nur die größten Schwachköpfe fähig
sind, einflößte, nahm ihnen unmerklich die Erinnerung an die
ägyptischen Götter und band sie an den Gott des Moses. Eine
zeitlang betete man ihn mit allen von seinem Gesetz vorgeschrie-
benen Einzelheiten an, doch gab man dieses danach auf, um dem

celle de Jésus-Christ, par cette inconstance qui fait courir après la nouveauté.]¹⁸²

§ 20

Les plus ignorans des Hébreux avoient adopté la Loi de Moyse; ce furent aussi ⌈de pareilles gens⌉¹⁸³ qui coururent après Jésus; & comme le nombre en est infini, & qu'ils s'aiment les uns les autres, on ne doit pas s'étonner si ses nouvelles erreurs se répandirent aisément. Ce n'est pas ⌈que les nouveautés ne soient dangereuses pour ceux qui les embrassent, mais l'enthousiasme qu'elles excitent anéantit la crainte⌉¹⁸⁴. Ainsi les Disciples de Jésus-Christ tout misérables qu'ils étoient à sa suite, ⌈& tous mourans de faim (comme on le voit par la nécessité où ils furent un jour avec leur conducteur d'arracher des Epics dans les champs pour se nourrir,)⌉¹⁸⁵ les disciples de Jésus-Christ, dis-je, ne commencerent à se décourager que lorsqu'ils virent leur Maître entre les mains des bourreaux & hors d'état de leur donner les biens, la puissance & la grandeur qu'il leur avoit fait espérer.

Après sa mort ses disciples au désepoir de se voir frustrés de leurs espérances firent de nécessité vertu; bannis de tous les lieux & poursuivis par les Juifs qui les vouloient traiter comme leur Maître, ils se répandirent dans les contrées voisines, où sur le rapport de quelques femmes ⌈¹⁸⁶⌉ ils débiterent sa résurrection, sa filiation Divine & le reste des fables ⌈dont les Evangiles sont si remplis.⌉¹⁸⁷

---

¹⁸² *add.* T

¹⁸³ E: les prémiers

¹⁸⁴ E: qu'il n'y ait beaucoup à souffrir avec les *Novateurs*, sur tout quand ils sont pauvres & impuissans; mais la Gloire qu'on en espére adoucit les difficultez

¹⁸⁵ E: étant souvent réduits à se nourrir [Luc. VI.1] de grains de bled, qu'ils faisoient tomber des épis, & à se voir honteusement exclus [*Ibid.* IX.52.53] des Lieux, où ils pensoient entrer, pour se reposer de leurs fatigues,

¹⁸⁶ E: [Anm.:] Jean XX.18

¹⁸⁷ E: qui ont déterminé l'Empereur Julien, à abandonner la Secte

Gesetz Jesu Christi zu folgen, und zwar aufgrund jener Unbeständigkeit, deretwegen man dem Neuen nachzulaufen pflegt.

§ 20

Die unwissendsten unter den Juden hatten das Gesetz des Moses angenommen; solche Leute waren es auch, die Jesus nachliefen. Da es unzählige von ihnen gibt und sie einander lieben, darf man sich nicht wundern, daß seine neuen Irrtümer sich leicht verbreiteten. Auch wenn ein neuer Glaube für den, der ihn annimmt, keineswegs ungefährlich ist, wird die Furcht doch durch den Enthusiasmus vertrieben, den er weckt. So war es auch mit den Jüngern Jesu Christi, die in seinem Gefolge recht arm dran waren und völlig ausgehungert (was man daran sehen kann, daß sie eines Tages mit ihrem Anführer Ähren auf dem Feld ausreißen mußten, um etwas zu essen zu haben[96]). Sie begannen erst den Mut zu verlieren, als sie sahen, daß ihr Meister von den Schächern ergriffen worden und nun nicht mehr imstande war, sie begütert, mächtig und groß zu machen, wie er ihnen verheißen hatte.

Nach seinem Tod waren seine Jünger untröstlich, daß ihre Hoffnungen enttäuscht worden waren, und machten aus der Not eine Tugend. Weil sie aus allen Orten verbannt waren und von den Juden verfolgt wurden, die mit ihnen wie mit ihrem Meister umgehen wollten, breiteten sie sich in den benachbarten Gegenden aus, wo sie nach dem Bericht einiger Frauen[97] die Fabeln von seiner Auferstehung, seiner göttlichen Herkunft und all die übrigen Geschichten zum besten gaben, von denen die Evangelien nur so voll sind.

---

des *Nazaréens*, c'est-à-dire le *Christianisme*, qu'il regardoit comme une grossiére fiction de l'esprit humain, par ce qu'il ne le trouvoit fondé que sur une simple Narration de Prodiges.

La peine qu'ils avoient à réussir parmi les Juifs les fit résoudre a chercher fortune chez les Gentils, & à tenter s'ils ne seroient pas plus heureux parmi des étrangers, mais comme il falloit plus de science qu'ils n'en avoient, les Gentils étant Philosophes, & par conséquent trop amis de la raison pour se rendre à des bagatelles, les Sectateurs de Jésus gagnerent un jeune homme[a] d'un esprit bouillant & actif, un peu mieux instruit que des pêcheurs ⌈sans lettres⌉[189], ou plus capable de faire écouter son babil; celui-ci s'associant avec eux par un coup du Ciel, ⌈(car il falloit du merveilleux)⌉[190] attira quelques partisans à la secte naissante ⌈[191]⌉ par la crainte des prétendues peines d'un Enfer, imité des fables des anciens Poëtes, & par l'espérance ⌈des joies du Paradis, où il eût ⌈l'impudence⌉[192] de faire dire qu'il avoit été enlevé.⌉[193]

Ces disciples, à force de prestiges & de mensonges, procurerent à leur Maître l'honneur de passer pour un Dieu, honneur auquel Jésus de son vivant n'avoit pu parvenir: son sort ne fût pas meilleur que celui d'Homere, ni même si honorable, puisque six des Villes qui avoient chassé & méprisé ce dernier pendant sa vie, se firent la guerre pour savoir à qui resteroit l'honneur de lui avoir donné le jour.

§ 21

⌈On peut juger par tout ce que nous avons dit que le Christianisme n'est comme toutes les autres Religions qu'une imposture grossiérement tissue, dont les succès & les progrès étonneroient

⌈[a] St. Paul.⌉[188]

[188] *add.* T
[189] *add.* T
[190] E: qui le rendit aveugle,
[191] E: par le récit de cette *Vision*, & par celui de son prétendu *Ravissement au Ciel*,
[192] T 1775. 1777. 1780. 1793: imprudence
[193] E: d'une *Résurrection* glorieuse, & d'un *Paradis*, qui n'est guères plus supportable, que celui de Mahomet.

Weil es schwerfiel, bei den Juden Erfolg zu haben, entschlossen sie sich, ihr Glück bei den Heiden zu suchen und zu sehen, ob sie nicht vielleicht mehr Glück bei Fremden hätten. Da hierfür aber mehr Wissen nötig war, als sie es hatten – die Heiden waren nämlich Philosophen und deshalb zu sehr der Vernunft verpflichtet, um sich belanglosen Meinungen anzuschließen – gewannen die Jünger Jesu Christi einen ungestümen und tatkräftigen jungen Mann[a], der ein wenig gebildeter war als Fischer, die nicht lesen und schreiben können, bzw. einen Mann, der es besser verstand, seinem Geschwätz Gehör zu verschaffen. Dieser verband sich mit ihnen aufgrund einer Fügung des Himmels[98] (denn es mußte ein Wunder im Spiel sein) und gewann einige Anhänger für die neue Sekte, indem er ihnen in Anlehnung an die Mythologie der alten Dichter Furcht vor den angeblichen Höllenstrafen und Hoffnung auf die Freuden des Paradieses einflößte, in das er – er war so dreist, dies verbreiten zu lassen – entrückt worden sei.

Durch Täuschung und Lüge verhalfen diese Jünger ihrem Meister zu dem Ruhm, daß man ihn für einen Gott hielt. Zu seinen Lebzeiten hatte es Jesus nicht zu diesem Ruhm gebracht. Sein Schicksal war nicht besser als das Homers und reichte noch nicht einmal an dessen Ruhm heran, führten doch sechs der Städte, die diesen zu seinen Lebzeiten verjagt und verachtet hatten, Krieg gegeneinander, um herauszufinden, welcher die Ehre gebühre, ihn hervorgebracht zu haben.

§ 21

Es läßt sich aufgrund unserer Ausführungen feststellen, daß das Christentum wie alle anderen Religionen auch nichts weiter als ein plumper Betrug ist, dessen Erfolg und Entwicklung sogar

[a] Der Hl. Paulus.

même ses inventeurs s'ils revenoient au monde;]¹⁹⁴ mais sans
nous engager plus avant dans un labyrinthe d'erreurs & de contradictions visibles dont nous avons assez parlé, disons quelque
chose de Mahomet, lequel a fondé une loi sur des maximes toutes
opposées à celles de Jésus-Christ.

§ 22
De Mahomet

A peine les Disciples du Christ avoient éteint la Loi Mosaïque,
pour introduire la Loi Chrétienne, que les hommes ⌈entraînés
par la force & par leur inconstance ordinaire⌉¹⁹⁵, suivirent un
nouveau législateur, qui s'éleva ⌈par les mêmes voyes que Moy-
se⌉¹⁹⁶, il prit comme lui le titre ⌈¹⁹⁷⌉ de Prophête & d'Envoyé de

---

¹⁹⁴ E: On voit par là, que le Christianisme dépend, comme toute
autre chose, du caprice des Hommes, dans l'Opinion desquels tout
passe pour bon, ou pour mauvais, suivant l'humeur où ils se trouvent. Mais d'ailleurs, si Jésus-Christ étoit Dieu, il ensuiveroit,
comme le dit St. Jean [I.1–14], que Dieu *auroit été fait Chair*, &
auroit pris la Nature humaine, ce qui renferme une aussi grande
contradiction, que si l'on disoit, que le Cercle a pris la Nature du
Quarré, ou que le Tout est devenu Partie. En effet; qu'y a-t-il de plus
absurde, que de s'imaginer, comme font les *Chrétiens*, que le Dieu
très haut, comme ils parlent, le *seul Etre infiniment parfait*, soit
descendu du plus haut de sa Gloire, pour venir habiter avec des Etres
qui différent infiniment plus de lui, que les plus vils *Insectes* ne
différent des plus grands Monarques de l'Univers? Qu'il aît pris la
foible, la méprisable, la misérable Nature de ces Etres, uniquement
pour les rachetter de l'Esclavage & de la Tyrannie d'un de ses Sujets
rebelles, qu'il tient lui même à la Chaîne, comme s'il n'avoit pas
d'autres moyens de les enlever à cet Ennemi du Genre humain, qui
peut rien sans lui, que celui de se dégrader lui même d'une manière si
étrange, & encore pour ne sauver qu'un seul de ces Misérables,
contre un Million qu'il laisse périr? Qu'il ne se soit ravalé jusqu'à ce
point, que pour venger les injures qu'il avoit recuës de ces *Fourmis*,
de ces *Vermisseaux*, & pour en tirer Satisfaction, comme s'il pouvoit
en être offensé? Qu'enfin, pour obtenir de sa *Divinité* irritée le

seine Erfinder in Erstaunen versetzen würden, kämen sie auf die
Welt zurück. Statt uns länger mit einem solchen Labyrinth von
Irrtümern und offensichtlichen Widersprüchen zu befassen, von
denen wir zur Genüge gesprochen haben, wollen wir noch einige
Bemerkungen zu Mohammed machen, der ein Gesetz gestiftet
hat, das auf Grundsätzen beruht, die denen Jesu Christi gänzlich
entgegengesetzt sind.

§ 22
Mohammed

Kaum hatten die Jünger Christi das Mosaische Gesetz aufgeho-
ben, um das christliche Gesetz einzuführen, wurden die Menschen durch Gewalt und aufgrund ihrer gewöhnlichen Wankel-
mütigkeit dazu gebracht, einem neuen Gesetzgeber zu folgen,
der seinen Aufstieg mit denselben Mitteln zuwegebrachte wie
Moses. Wie dieser führte er den Titel eines Propheten und Ge-

---

Pardon de leurs prétenduës Offenses, & satisfaire sa Justice infinie,
qui demandoit leur Mort, il se soit lui même livré en leur place au
Supplice le plus cruel & le plus infame, comme si, supposé qu'il eût
été réellement offensé, il n'eût pas été le Maître, ou de relâcher de ses
Droits, ou de réconcilier ces Pécheurs avec sa *Divinité* d'une autre
maniére, ou enfin de leur accorder un Pardon gratuit?
[195] E: suivant leur caprice ordinaire
[196] E: par les Armes, comme avoit fait Moyse
[197] E: [Anm.:] [a] Un ami du célébre Golius, lui ayant demandé ce
que les *Mahométans* disoient de leur *Prophéte*, ce Sçavant Professeur
en *Arabe* lui envoya l'extrait suivant, qui contient un abrégé de la Vie
de cet *Imposteur*, tiré d'un Manuscrit en Langue turque. *Le Seigneur
Mahomet Mustafa, de glorieuse Mémoire, le plus grand des Prophétes, naquit la quarantiéme année de l'Empire d'Anuschirwan le Juste.
Sa Sainte Nativité arriva le douziéme jour & la seconde férie du Mois
de Rabia. Or, après la quarantiéme année de son aage écoulée, il fut
divinement inspiré, reçut la Couronne de la Prophétie & la robe de la
Légation, qui lui furent apportées de la part de Dieu par le fidéle*

Dieu; comme lui il fit des miracles, & sut mettre à profit les
passions du peuple ⌈198⌉. D'abord il se vit escorté d'une populace
ignorante, à laquelle il expliquoit les nouveaux Oracles du Ciel.
⌈Ces misérables séduits par les promesses & les fables de ce nou-
vel Imposteur, répandirent sa renommée & l'exalterent au point
d'éclipser celle de ses prédecesseurs.⌉199

⌈Mahomet n'étoit pas un homme qui parût propre à fonder un
Empire, il n'excelloit ni en politique ni[a] en philosophie; il ne

---

⌈[a] »Mahomet«, dit le Comte de Boulainvilliers, »étoit ignorant des lettres
vulgaires, je le veux croire; mais il ne l'étoit pas assurément de toutes les
connoissances qu'un grand voyageur peut acquérir avec beaucoup d'esprit naturel, lorsqu'il s'efforce de l'employer utilement. Il n'étoit point
ignorant dans sa propre langue; dont l'usage, & non la lecture, lui avoit
appris, toute la finesse & les beautés. Il n'étoit pas ignorant dans l'art de
savoir rendre odieux ce qui est véritablement condamnable, & de peindre
la vérité avec les couleurs simples & vives, qui ne permettent pas de la
méconnoître. En effet, tout ce qu'il a dit est vrai, par rapport aux dogmes
essentiels à la Religion; mais il n'a pas dit tout ce qui est vrai: & c'est en
cela seul que notre Religion differe de la sienne.« Il ajoute plus bas »que
Mahomet n'a été ni grossier, ni barbare, qu'il a conduit son entreprise
avec tout l'art, toute la délicatesse, toute la constance, l'intrépidité, les
grandes vues dont Alexandre & César eussent été capables dans sa place,
&c.« *Vie de Mahomet, par le Comte de Boulainvilliers, Liv. 2, page 266,
267 & 268, Edition d'Amsterdam 1731.*⌉204

---

*Messager Gabriel, avec l'ordre d'appeller les Hommes à l'Islamisme.
Après cette Inspiration de Dieu reçuë, il demeura à la Mecque pendant treize ans. Il en sortit aagé de cinquante trois ans, le huitiéme
jour du Mois de Rabia, qui étoit un Vendredi, & se réfugia à Médine.
Or ce fut là, que dix ans après sa Retraite, le vingtiéme jour du
onziéme Mois, & la soixante & troisiéme année de sa bénite Vie, il
parvint à la jouissance de la présence Divine. Les uns disent, qu'il
naquit, Abdalla son Pére étant encore vivant, les autres après sa mort.
Dame Amina sa Mére, Fille de Wahibe, lui donna pour Nourrice
Dame Halima de la Tribu de Beni-Saad. Abdo'Immutalib son grand
Pére, lui donna le nom bénit de Mahomet. Il eut quatre Fils & quatre
Filles. Les Fils furent Kasim, Ibrahim, Thajib & Thahir, & les Filles
Fathima, Ommo Keltum, Rakia & Zeineb. Les Compagnons de cet*

sandten Gottes, wirkte Wunder und verstand es, sich die Leidenschaften des Volkes zu nutze zu machen. Sogleich sah er sich von
einer unwissenden Volksmasse umgeben, der er die neuen Orakel des Himmels erklärte. Verführt durch die Versprechungen
und die Geschichten dieses neuen Betrügers, verschafften diese
Bemitleidenswerten seinem Ansehen Verbreitung und steigerten
es so sehr, daß es das seiner Vorgänger in den Schatten stellte.

Mohammed war kein Mann, der befähigt schien, ein Reich zu
gründen. Weder in der Politik[a] noch in der Philosophie hatte er

---

[a] »Mohammed«, sagt der Graf Boulainvilliers, »konnte, wie ich gern
glaube, weder lesen noch schreiben, aber gewiß fehlten ihm nicht alle
Kenntnisse, wie ein weitgereister Mann mit viel natürlichem Verstand sie
erwerben kann, wenn er diesen mit Nutzen gebraucht. Er beherrschte
sehr wohl seine Muttersprache; indem er sich ihrer bediente, und nicht
durch Lesen, lernte er alle ihre Kunstgriffe und Schönheiten. Er beherrschte auch die Kunst, den Haß auf das zu lenken, was wahrhaft
verwerflich ist, und die Wahrheit mit einfachen und lebhaften Farben zu
schildern, so daß man sie zwangsläufig erkennen muß. Schließlich ist
alles, was er gesagt hat, wahr, denn es stimmt mit den der Religion
wesentlichen Dogmen überein. Er hat jedoch nicht alles gesagt, was wahr
ist. Und nur hierin unterscheidet sich unsere Religion von der seinen.«
Und weiter unten: »Mohammed war weder unkultiviert noch ein Barbar.
Er führte sein Vorhaben mit der ganzen Geschicklichkeit, Sorgfalt, Be-
harrlichkeit, Unerschrockenheit und Weitsicht durch, deren Alexander
der Große und Caesar an seiner Stelle fähig gewesen wären.« H. de
Boulainvilliers: *La vie de Mahomed [!]; avec Des Réflexions sur la Religion Mahometane, & les coutumes des Musulmans*. Amsterdam
1731.[101]

---

*Auguste Envoyé de Dieu, furent Abubeker, Omar, Otsman & Alis,
tous de Sacrée Mémoire.*
[198] E: qui aime le merveilleux
[199] E: Ces Gens sensüels & grossiers, ammorcez par des Plaisirs de
leur goût, que cet Imposteur leur promettoit dans un *Paradis*, où le
Bonheur de ceux qui auroient observé sa Loy, consisteroit en partie
dans ce qui flatte le plus les Sens, répandirent sa Renommée au long
& au large, & l'exaltérent tellement, que celle de ses Prédécesseurs
diminua peu à peu.
[204] *add.* T

savoit ni lire ni écrire. Il avoit même si peu de fermeté qu'il eût souvent abandonné son entreprise s'il n'eût été forcé à soutenir la gageure par l'adresse d'un de ses Sectateurs.]²⁰⁰ Dès qu'il commença à s'élever & à devenir célèbre; Corais, puissant Arabe, jaloux qu'un homme de néant eût l'audace d'abuser le peuple, se déclara son ennemi & traversa son entreprise; [mais le Peuple persuadé que Mahomet avoit des conférences continuelles avec Dieu & ses Anges, fit qu'il l'emporta sur son ennemi;]²⁰¹ la famille de Corais eût le dessous, & Mahomet se voyant suivi d'une foule imbécile qui le croyoit un homme divin, crut n'avoir plus besoin de son compagnon: mais de peur que celui-ci ne découvrit ses impostures, il voulut le prévenir, & pour le faire plus sûrement, il l'accabla de promesses, & lui jura qu'il ne vouloit devenir grand que pour partager avec lui son pouvoir, auquel il avoit tant contribué. [²⁰²] *Nous touchons*, dit-il, *au tems de notre élévation, nous sommes sûrs d'un grand Peuple que nous avons gagné, il s'agit de nous assurer de lui par l'artifice que vous avez si heureusement imaginé.* En même tems il lui persuada de se cacher dans la fosse des Oracles.

C'étoit un puits d'où il parloit pour faire croire au Peuple que la voix de Dieu se déclaroit pour Mahomet qui étoit au milieu de ses prosélites. Trompé par les caresses de ce perfide, son associé alla dans la fosse contrefaire l'Oracle à son ordinaire; Mahomet

---

²⁰⁰ *add.* T

²⁰¹ *add.* T

²⁰² E: [Anm.:] ᵃ Naudé rapporte ce Fait un peu différement. Il dit que Mahomet persuada au plus fidelle de ses Domestiques de descendre au fond d'un puits, qui étoit proche d'un grand Chemin, afin de crier lorsqu'il passeroit en Compagnie d'une grande multitude de Peuple, qui le suivoit ordinairement. *Mahomet est le bien aimé de Dieu, Mahomet est le bien aimé de Dieu:* & cela étant arrivé de la façon qu'il avoit proposée, il remercia soudain la Divine Bonté d'un témoignage si remarquable, & pria tout le Peuple, qui le suivoit de combler à l'heure même de ce puits, & de bâtir au-dessus une petite *Mosquée*, pour marque d'un tel Miracle. Et par cette invention, ce pauvre Domestique fut incontinent assommé, & enseveli sous une grêle de cailloux, qui lui ôtérent bien le moïen de jamais découvrir la

herausragende Leistungen erbracht. Er konnte nicht lesen und schreiben. Er war sogar von einer solchen Unentschlossenheit, daß er manches Mal sein Vorhaben aufgegeben hätte, wenn er nicht durch die Geschicklichkeit eines seiner Anhänger dazu gebracht worden wäre, bei seinem Entschluß zu bleiben. Als sein Aufstieg begann und er allmählich berühmt wurde, stellte sich ihm ein mächtiger Araber namens Korais[99] entgegen, den es mit Neid erfüllte, daß ein unbedeutender Mensch es sich herausnahm, das Volk zu verführen, und suchte sein Vorhaben zu durchkreuzen. Doch das Volk, das fest daran glaubte, daß er ständige Unterredungen mit Gott und seinen Engeln hielt, sorgte dafür, daß er den Sieg über seinen Feind davontrug. Die Sippe des Korais unterlag. Mohammed aber sah, daß ihm eine einfältige Volksmenge folgte, die ihn für einen Mann Gottes hielt, und so meinte er, daß er seinen Komplizen nicht mehr brauchte. Weil er aber fürchtete, dieser könne seine Betrügereien aufdecken, wollte er ihm zuvorkommen. Um dies umso sicherer bewerkstelligen zu können, überhäufte er ihn mit Versprechungen und schwor, er wolle nur nach oben kommen, um seine Macht mit ihm, der so viel dazu beigetragen habe, zu teilen, und sprach: *Der Zeitpunkt ist nahe, an dem unser Aufstieg gelingt. Wir sind uns eines großen Volkes, das wir auf unsere Seite gebracht haben, sicher. Es geht nun darum, es durch das von dir so trefflich ausgedachte Kunststück ganz in die Hand zu bekommen.* Und er überredete ihn sogleich, sich in einer Grube, die der Verkündigung von Orakeln diente, zu verstecken.

Es handelte sich hiebei um einen Schacht, aus dem heraus er sprach, um das Volk glauben zu machen, daß Gottes Stimme sich zugunsten Mohammeds ausspreche, der inmitten seiner Anhänger stand. Durch die Schmeicheleien des durchtriebenen Mohammed getäuscht, begab sich sein Komplize in die Grube, um wie gewöhnlich das Orakel zu spielen. Als nun Mohammed an

---

fausseté de ce Miracle. *Mais la Terre & les plumes babillardes en reçûrent le son. Excepit sed terra sonum, calamique loquaces.* Petronius in Epigram.
Considérations Politiques sur les Coups d'Etat.

passant alors à la tête d'une multitude infatuée, on entendit une voix qui disoit: *Moi qui suis votre Dieu je déclare que j'ai établi Mahomet pour être le Prophête de toutes les nations; ce sera de lui que vous apprendrez ma véritable loi que les Juifs & les Chrétiens ont altérée.* Il y avoit longtems que cet homme jouoit ce rôle, mais enfin il fut payé par la plus grande & la plus noire ingratitude. En effet Mahomet entendant la voix qui le proclamoit un homme divin se tournant vers le peuple, ⌈[203]⌉ lui commanda au nom de ce Dieu qui le reconnoissoit pour son Prophête, de combler de pierres cette fosse, d'où étoit sorti en sa faveur un témoignage si authentique, en mémoire de la pierre que Jacob éleva pour marquer le lieu où Dieu lui étoit apparu. Ainsi périt le misérable qui avoit contribué à l'élévation de Mahomet; ce fût sur cet amas de pierres que le dernier des plus célèbres imposteurs a établi sa loi: ce fondement est si solide & fixé de telle sorte qu'après plus de mille ans de règne on ne voit pas encore d'apparence qu'il soit sur le point d'être ébranlé.

§ 23

Ainsi Mahomet s'éleva & fut plus heureux que Jésus, en ce qu'il vit avant sa mort le progrès de sa loi⌈, ce que le fils de Marie ne put faire à cause de sa pauvreté⌉[205]. Il fut même plus heureux que Moyse, qui par un excès d'ambition se précipita lui-même pour finir ses jours; Mahomet mourut en paix & au comble de ses souhaits, il avoit de plus quelque certitude que sa Doctrine subsisteroit après sa mort, l'ayant accommodée au génie de ses sectateurs, nés & élevés dans l'ignorance⌈; ce qu'un homme plus habile n'eût peut-être pu faire⌉[206].

Voilà, Lecteur, ce qu'on peut dire de plus remarquable touchant les ⌈trois⌉[207] célèbres Législateurs ⌈dont les Religions ont

---

[203] E: infatué de son faux mérite,
[205] *add.* T
[206] E: & dans la sensualité
[207] E: quatre

der Spitze einer Volksmenge, die ihm ganz ergeben war, daher-
kam, hörte man eine Stimme sprechen: *Ich, euer Gott, tue euch
kund, daß ich Mohammed als Propheten aller Völker eingesetzt
habe. Er wird euch mein wahres Gesetz lehren, das die Juden und
die Christen verfälscht haben.* Diese Rolle spielte er eine lange
Zeit, aber schließlich wurde er dafür mit der größten und
schmutzigsten Undankbarkeit belohnt. Als Mohammed die
Stimme vernahm, die ihn als Mann Gottes ausrief, wandte er sich
dem Volk zu und befahl ihm im Namen jenes Gottes, der ihn als
seinen Propheten anerkannte, die Grube, aus der ein so glaub-
würdiges Zeugnis zu seinen Gunsten zu hören gewesen war, mit
Steinen zuzuschütten. Dies sollte zur Erinnerung an den Stein
geschehen, den Jakob zur Kennzeichnung jenes Ortes errichtet
hatte, an dem Gott ihm erschienen war. So kam der Elende um,
der zu Mohammeds Aufstieg beigetragen hatte. Auf diesem
Steinhaufen hat der letzte der berühmten Betrüger sein Gesetz
errichtet. Dieses Fundament ist so solide und beständig, daß
nach mehr als tausend Jahren seiner Herrschaft noch kein Anzeichen zu sehen ist, daß es ins Wanken geraten könnte.[100]

§ 23

Das war Mohammeds Aufstieg. Er hatte mehr Glück als Jesus,
da er noch vor seinem Tode erleben konnte, wie sein Gesetz
Verbreitung fand; dem Sohn der Maria war das wegen seiner
Armut nicht beschieden. Er hatte sogar noch mehr Glück als
Moses, der sich aus übersteigertem Ehrgeiz in den Tod stürzte.
Mohammed dagegen starb in Frieden und am Ziel seiner Wün-
sche und konnte einigermaßen sicher sein, daß seine Lehre auch
noch nach seinem Tod Bestand haben würde, da er sie der Den-
kungsart seiner Anhänger angepaßt hatte, die in der Unwissenheit geboren und aufgewachsen waren. Auch ein noch Geschick-
terer als er hätte dies vielleicht nicht vollbracht.
  Dies nun, meine Leser, ist das Bemerkenswerteste, das über
die drei berühmten Gesetzgeber zu berichten ist, deren Religio-

subjugués une grande partie de l'univers⌉[208]. Ils étoient tels que
nous les avons dépeints; c'est à vous d'examiner s'ils méritent que
vous les ⌈respectiez⌉[209], & si vous êtes excusables de vous laisser
conduire par des guides que la seule ambition a élevés, & dont
l'ignorance éternise les rêveries. ⌈Pour vous guérir des erreurs
dont ils vous ont aveuglés, lisez ce qui suit avec un esprit libre &
désintéressé, ce sera le moyen de découvrir la vérité.⌉[210]

Chapitre IV
Vérités sensibles et évidentes

§ 1

Moyse, ⌈[211]⌉ Jésus & Mahomet étant tels que nous venons de les
peindre, il est évident que ce n'est point ⌈[212]⌉ dans leurs écrits
qu'il faut chercher une véritable idée de la Divinité. Les appari-
tions & les conferences de Moyse & de Mahomet, de même que
l'origine divine de Jésus, sont ⌈les plus grandes impostures qu'on
ait pu mettre au jour, &⌉[213] que vous devez fuir si vous aimez la
vérité.

---

[208] *add.* T

[209] E: imitiez

[210] E: Pour donner plus de poids à ce que nous avons dit des
Religions, des *Législateurs*, des *Politiques*, des *Superstitieux* & de la
sotte Crédulité du Peuple, il nous seroit facile de faire voir, par une
infinité des témoignages, que nos sentimens, là-dessus, sont parfai-
tement co⸱ formes à ceux des meilleurs Autheurs, tant anciens que
modernes, qui ont écrit sur ces Matiéres. Mais, comme ces témoignages tiendroient trop de place, nous nous bornerons à rapporter ce
que deux célébres *Modernes* [dazu die Anm.: Pierre Charron &
Gabriel Naudé] ont écrit sur ces Articles. Quoi qu'*Ecclésiastiques*
l'un & l'autre, & par conséquent obligez à garder des mesures avec la
Superstition, on ne laissera pas néanmoins d'apercevoir au travers de
leurs ménagemens, & de leur *stile Catholique*, qu'ils disent des Choses aussi libres & aussi fortes que nous. Vous en allez juger vous
mêmes, en lisant ce qui suit, que nous avons fidélement extrait de

nen einen großen Teil der Welt unterjocht haben. Sie waren von
der Art, wie wir sie dargestellt haben. Ihr müßt nun prüfen, ob
sie eure Achtung verdienen, und ob man euch den Vorwurf er-
sparen kann, daß ihr euch von Führern leiten laßt, die allein
durch ihre Ehrsucht groß geworden sind und deren Unwissenheit dafür sorgt, daß auf ewig Hirngespinste verbreitet sind. Um
euch von den Irrtümern zu heilen, mit denen sie euch verblendet
haben, müßt ihr das folgende freimütig und unparteilich lesen,
denn so läßt sich die Wahrheit ans Licht bringen.

KAPITEL IV
Einleuchtende und evidente Wahrheiten

§ 1

Aufgrund unserer Darstellung von Moses, Jesus und Mohammed
ist es offensichtlich abwegig, in ihren Schriften eine wahre Vorstellung von Gott zu suchen. Die Erscheinungen Gottes und seine
Unterredungen mit Moses und Mohammed sind ebenso wie die
göttliche Herkunft Jesu die größten Betrügereien, die je verbreitet
wurden. Wer die Wahrheit liebt, muß sich von ihnen fernhalten.

---

leurs Ouvrages [dazu die Anm.: Les Chapitres suivans, depuis le
XII. jusqu'au XVII. inclusivement, sont tirez mot pour mot des *trois
Véritez*, par Charron, *de la Sagesse* par le même, & des *Considéra-
tions Politiques sur les Coups d'Etat*, par Naudé. Ces Chapitres sont
distinguez par une Etoile.]
In E folgen die Kapitel:
XII. Des Religions; XIII. De la Diversité des Religions;
XIV. Des Divisions des Chrétiens; XV. Des Superstitieux, de la
Superstition, & de la Crédulité du Peuple; XVI. De l'Origine des
Monarchies; XVI. Des Législateurs, des Politiques, et comment ils
se servent de la Religion
[211] E: Numa-Pompilius,
[212] E: ni dans leurs Loyx ni
[213] E: des impostures

§ 2

Dieu ⌐n'étant, comme on a vu, que la nature, ou, si l'on veut, l'assemblage de tous les êtres, de toutes les propriétés & de toutes les énergies, est nécessairement la cause immanente & non distincte de ses effets; il ne peut être appellé ni bon, ni méchant,⌐²¹⁴ ni juste, ni miséricordieux, ni jaloux⌐; ce sont des qualités qui ne conviennent qu'à l'homme⌐²¹⁵; par conséquent il ne sauroit ni punir ni récompenser. Cette idée de punitions & de récompenses ne peut séduire que des ignorans, qui ne conçoivent l'Etre simple, qu'on nomme *Dieu*, que sous des images qui ne lui conviennent nullement; ceux qui se servent de leur ⌐jugement⌐²¹⁶ sans confondre ses opérations avec celles de l'imagination, & qui ont la force de se défaire des préjugés ⌐de l'enfance⌐²¹⁷, sont les seuls qui s'en fassent une idée ⌐²¹⁸⌐ claire & distincte. Ils l'envisagent comme la source de tous les Etres, qui les produit sans distinction, les uns n'étant pas préférables aux autres à son égard & l'homme ne lui coutant pas plus à produire que le plus petit vermisseau ou la moindre plante.

§ 3

Il ne faut donc pas croire que l'Etre ⌐universel⌐²¹⁹ qu'on nomme communément *Dieu* fasse plus de cas d'un homme que d'un fourmi, d'un lion plus que d'une pierre ⌐²²⁰⌐; il n'y a rien à son égard de beau ou de laid, de bon ou de mauvais, de parfait ou

---

²¹⁴ E: est un Etre simple, ou une Extension infinie, qui ressemble à ce qu'il contient, c'est-à-dire qui est matériel, sans être néanmoins; T 1776: [. . .] cause émanente [. . .]

²¹⁵ E: ni rien de ce qu'on s'imagine

²¹⁶ E: Entendement

²¹⁷ E: d'une mauvaise Education

²¹⁸ E: saine,

²¹⁹ E: simple & étendu

²²⁰ E: & de tout autre Etre que d'un Fétu

§ 2

Da Gott, wie wir gesehen haben, mit der Natur[102] identisch bzw., wenn man so will, die Gesamtheit alles Seienden, aller Eigenschaften und Kräfte ist, ist er notwendig die immanente und von ihren Wirkungen nicht verschiedene Ursache.[103] Er kann nicht als gut, böse, gerecht, barmherzig oder mißgünstig bezeichnet werden – dies sind allein Eigenschaften von Menschen[104] – und er kann folglich weder strafen noch belohnen. Nur Unwissende, die sich von diesem einfachen Sein, das man Gott nennt, bloß mit Hilfe von völlig unangemessenen Bildern eine Vorstellung zu machen vermögen, können auf diese Vorstellung von Strafen und Belohnungen verfallen. Diejenigen allein, die sich ihres Urteilsvermögens bedienen, ohne dessen Leistungen mit denen der Einbildungskraft zu vermengen, und ihre von Kindheit an überkommenen Vorurteile hinter sich lassen können, sind imstande, sich eine klare und deutliche Idee von Gott zu bilden. Aus ihrer Sicht ist Gott die Quelle aller Dinge; er bringt sie unterschiedslos hervor, ohne einige den anderen vorzuziehen, und es kostet ihn nicht mehr Mühe, den Menschen hervorzubringen als den winzigsten Wurm oder die kleinste Pflanze.

§ 3

Es ist daher nicht anzunehmen, daß dem allumfassenden Sein, das man gewöhnlich Gott nennt, mehr am Menschen als an einer Ameise, einem Löwen oder einem Stein liegt. Für Gott gibt es nichts Schönes oder Häßliches, Gutes oder Böses, Vollkomme-

d'imparfait. Il ne s'embarrasse point d'être loué, prié, recherché, caressé; il n'est point ému de ce que les hommes font ou disent, il n'est susceptible ni d'amour ni de haine[a]; en un mot il ne s'occupe pas plus de l'homme que du reste des créatures, de quelque nature qu'elles soient. Toutes les distinctions ne sont que des inventions d'un esprit borné; l'ignorance les imagina & l'intérêt les fomente.

§ 4

Ainsi tout homme ⌈sensé⌉[222] ne peut croire ni ⌈Dieu, ni Enfer, ni Esprit⌉[223], ni Diables, de la maniere qu'on en parle communément. Tous ces grands mots n'ont été forgés que pour éblouir ou intimider le vulgaire. ⌈Que ceux donc qui veulent se convaincre encore mieux de cette vérité prétent une sérieuse attention à ce qui suit, & s'accoutument à ne porter des jugemens qu'apres de mûres réflexions.⌉[224]

§ 5

Une infinité d'astres que nous voyons au-dessus de nous, ont fait admettre autant de corps solides où ils se meuvent, parmi lesquelles il y en a un destiné à la Cour Céleste, où Dieu se tient

⌈[a] Omnis enim per se divûm natura necesse est / Immortali ævo summa cum pace fruatur, / Semota ab nostris rebus, sejunctaque longe; / Nam privata dolore omni, privata periclis, / Ipsa suis pollens opibus, nihil indiga nostri, / Nec bene promeritis capitur, neque tangitur ira. *Lucret. de rerum nat. Lib. I. vers. 57 & seqq.*⌉[221]

221 *add.* T
222 E: qui fera un bon usage de sa Raison
223 E: Ciel, ni Enfer, ni Ame, ni Dieux
224 E: Vous en serez convaincus, si vous voulez prendre la peine de remonter avec nous à la source de l'Erreur qui a donné lieu aux fausses idées qu'on a attachées à ces mots, & si vous y substituez les véritables.

nes oder Unvollkommenes. Lobpreisungen, Gebete, Bitten und Schmeicheleien sind ihm gleichgültig, er kümmert sich nicht darum, was die Menschen tun oder sagen, und ist weder für Liebe noch für Haß empfänglich[a]. Kurz, er gibt sich mit dem Menschen nicht mehr ab als mit den übrigen Geschöpfen, wie auch immer sie beschaffen sein mögen. Bei den Unterschieden, die man zwischen ihnen macht, handelt es sich bloß um Erfindungen eines beschränkten Geistes, die von der Unwissenheit ausgeheckt und vom eigennützigen Interesse genährt werden.

§ 4

Kein Vernünftiger kann daher glauben, daß es Gott, Hölle, Geist oder Teufel gibt, wie man es gewöhnlich behauptet. Diese bedeutend klingenden Wörter sind sämtlich erfunden worden, um das Volk zu verblenden und einzuschüchtern. Wer sich noch gründlicher von dieser Wahrheit überzeugen will, sollte dem folgenden eine ernsthafte Aufmerksamkeit schenken und es sich zur Gewohnheit machen, erst nach reiflicher Überlegung zu einem Urteil zu kommen.

§ 5

Die unendliche Zahl der Gestirne, die wir über uns sehen, hat zu der Ansicht geführt, es gebe ebensoviele feste Körper, in denen sie sich bewegen. Von diesen sei einer dem himmlischen Hofstaat vorbehalten; dort wohne Gott wie ein König im Kreise seiner

---

[a] »Denn die Götter müssen durch sich und ihrer Natur nach in tiefstem Frieden unsterbliches Leben genießen, weit von unseren Belangen entfernt. Denn von jeglichem Schmerz und von Gefahren befreit, selbst durch eigene Kraft mächtig, nicht unser bedürftig, werden sie weder durch Verdienste eingenommen noch vom Zorn berührt.« Lukrez: *De rerum natura* I, 57 ff. [II, 646–651].

comme un Roi au milieu de ses Courtisans. Ce lieu est le séjour
des Bienheureux où l'on suppose que les bonnes ames vont se
rendre en quittant le corps⌈225⌉. Mais sans nous arrêter à une
opinion si frivole & que nul homme de bon sens ne peut admettre, il est certain que ce que l'on appelle *Ciel*, n'est autre chose
que la continuation de l'air ⌈qui nous environne, fluide dans
lequel les Planettes⌉226 se meuvent sans être soûtenues par aucune
masse solide, de même que la terre ⌈que nous habitons⌉227.

§ 6

Comme l'on a imaginé un Ciel dont on a fait le séjour de Dieu &
des Bienheureux, ou, suivant les Payens, des Dieux & des Dées-
ses, on s'est depuis figuré, comme eux un *Enfer* ou lieu souter-
rain, où l'on assure que les ames des méchans descendent pour y
être tourmentées: mais ce mot d'*Enfer*⌈228⌉ dans sa signification
naturelle, n'exprime autre chose qu'un lieu bas ⌈& creux⌉229, que
les Poëtes ont inventé pour opposer à la demeure des habitans
célestes, qu'ils ont supposée haute & élevée. Voilà ce que signifient exactement les mots *infernus* ou *inferi* des Latins, ou celui
des Grecs ⌈Ἄιδης⌉230 qui entendent un lieu obscur tel qu'un sépul-
chre, ou tout autre lieu ⌈profond & redoutable par son obscurité.
Tout ce qu'on en dit n'est que l'effet de l'imagination des Poëtes & de
la fourberie des Prêtres; tous les discours des premiers sont figurés
& propres à faire impression sur des esprits foibles, timides & mé-
lancoliques; ils furent changés en articles de foi par ceux qui ont le
plus grand intérêt à soutenir cette opinion.⌉231

---

225 E: & ce Monde
226 E: plus subtil & plus épuré, où ces Astres
227 E: qui est effectivement suspendüe au milieu de l'Air, est mûë &
agitée
228 E: , pris dans son sens propre &
229 *add.* T
230 *om.* T 1775. 1777. 1780
231 E: bas & ténébreux.

Höflinge. Dieser Ort sei der Wohnsitz der Seligen, an den sich die guten Seelen begeben, wenn sie den Körper verlassen haben. Wir wollen uns nicht mit einer derart nichtigen und für einen vernünftigen Menschen unannehmbaren Meinung aufhalten, denn es ist gewiß, daß der sogenannte Himmel nichts anderes als die Fortsetzung der uns umgebenden Luft und das Fluidum ist, in dem die Planeten sich bewegen, ohne durch eine feste Masse (so wie die Erde, die wir bewohnen) getragen zu werden.

§ 6

Wie man sich einen Himmel, den Wohnsitz Gottes und der Seligen (bzw. wie die Heiden glaubten, der Götter und Göttinnen) vorgestellt hat, hat man wie diese auch die Vorstellung einer Hölle oder eines unterirdischen Ortes gebildet. Dorthin, so versicherte man, steigen die bösen Seelen hinab, um gepeinigt zu werden. Seiner ursprünglichen Bedeutung nach bezeichnet das Wort *Hölle* jedoch nichts anderes als einen tief gelegenen und höhlenartigen Ort, den die Dichter als Gegenstück zum Wohnsitz der Himmelsbewohner erfanden, der sich ihrer Meinung nach weit oben in der Höhe befand. Dies nun ist die genaue Bedeutung der Wörter *infernus* bzw. *inferi* bei den Lateinern und des Wortes *Hades* bei den Griechen, die darunter einen düsteren Ort wie ein Grab oder einen beliebigen tiefen und wegen seiner Dunkelheit furchterregenden Ort verstanden. Was man über ihn berichtet, ist insgesamt bloß eine Wirkung der Einbildungskraft der Dichter und der betrügerischen Machenschaften der Priester. Alles, was die ersteren hierüber sagen, ist erdichtet und ein geeignetes Mittel, um auf unbedarfte, furchtsame und melancholische Gemüter Eindruck zu machen. Daraus wurden von denen, die am stärksten daran interessiert waren, daß diese Meinung aufrechterhalten wurde, Glaubensartikel gemacht.

Chapitre V
De l'ame

§ 1

L'ame est quelque chose de plus délicat ⌈232⌉ à traiter que ne sont le Ciel & l'Enfer; il est donc à propos pour satisfaire la curiosité du lecteur d'en parler avec plus d'étendue: mais avant que de la définir, il faut exposer ce qu'en ont pensé les plus ⌈célèbres⌉233 Philosophes; je le ferai en peu de mots, afin qu'on le retienne avec plus de facilité.

§ 2

Les uns ont prétendu que l'ame est un *Esprit* ou une substance immatérielle, d'autres ont soûtenu que c'est une portion de la Divinité; quelques-uns en font un air très-subtil; ⌈234⌉ d'autres disent que c'est une harmonie de toutes les parties du corps, enfin d'autres que c'est la plus subtile partie du sang qui s'en sépare dans le cerveau, & se distribue ⌈par⌉235 les nerfs; cela posé, la source de l'ame est le cœur où elle s'engendre; & le lieu où elle exerce ses plus nobles fonctions est le cerveau, vû qu'elle y est plus épurée des parties grossieres du sang. ⌈236⌉ Voilà quelles sont sont les opinions diverses que l'on s'est faites sur l'ame. Cependant pour les mieux développer, divisons-les en deux classes. Dans l'une seront les Philosophes qui l'ont crue corporelle, dans l'autre ceux qui l'ont regardée comme incorporelle.

---

232 E: & de plus difficile
233 E: anciens
234 E: quelques autres un Vent chaud, d'autres un Feu, d'autres un composé d'Eau & de Feu. Ceux-cy un assemblage fortuit d'Atomes,

KAPITEL V
Über die Seele

§ 1

Die Seele ist ein Gegenstand, der schwieriger zu erörtern ist als Himmel und Hölle; um die Neugier des Lesers zu befriedigen, muß daher ausführlicher über sie gesprochen werden. Bevor eine Definition der Seele gegeben wird, sollen die Thesen der bekanntesten Philosophen über sie dargestellt werden. Dies wird mit wenigen Worten geschehen, damit es umso leichter behalten werden kann.

§ 2[105]

Einige haben behauptet, die Seele sei ein Geist oder eine immaterielle Substanz, andere hielten sie für einen Teil Gottes, manche machen aus ihr eine feine Luft oder bezeichnen sie als Harmonie aller Teile des Körpers oder schließlich als den feinsten Teil des Blutes, der aus dem Gehirn kommt und sich über die Nerven verteilt. Unter dieser Voraussetzung ist der Ursprung der Seele das Herz und der Ort ihrer höchsten Leistungen das Gehirn, denn dort ist sie nicht so sehr von groben Blutpartikeln verunreinigt. Dies sind also die verschiedenen Meinungen über die Seele. Der Deutlichkeit halber wollen wir sie dennoch in zwei Gruppen einteilen, und zwar die derjenigen, die die Seele für körperlich, und die derjenigen, die sie für unkörperlich halten.

& ceux-là un composé de parties subtiles, qui s'évaporent & s'exhalent, lorsque l'Homme meurt,

[235] E: dans

[236] E: Enfin il s'en est trouvé qui ont nié qu'il y eût des Ames.

§ 3

Pithagore & Platon ont avancé que l'ame étoit incorporelle,
c'est-à-dire, un être capable de subsister sans l'aide du corps &
qui peut se mouvoir de lui-même. Ils prétendent que toutes les
ames particulieres des animaux sont des portions de l'ame universelle du monde, que ces portions sont incorporelles, & immortelles, ou de la même nature qu'elle, comme l'on conçoit fort
bien que cent petits feux sont de même nature qu'un grand feu
d'où ils ont été pris.

§ 4

Ces Philosophes ont cru que l'Univers étoit animé par une substance immatérielle, ⌈immortelle &⌉[237] invisible, qui sait tout,
qui agit toujours, & qui est la cause de tout mouvement, & la
source de toutes les ames qui ⌈en sont des émanations⌉[238]. Or
comme ces ames sont très-pures & d'une nature infiniment supé-
rieure au corps, elles ne s'unissent pas, disent-ils, immédiatement, mais par le moyen d'un corps subtil ⌈comme la flamme, ou
cet air subtil & étendu que le vulgaire prend pour le Ciel. Ensuite
elles prennent un corps moins subtil⌉[239], puis un autre un peu
⌈plus⌉[240] grossier, & toujours ainsi par dégrés jusqu'à ce qu'elles
puissent s'unir aux corps sensibles des animaux où elles descendent comme dans des cachots ou des sépulchres. ⌈La mort du
corps, selon eux, est la vie de l'ame⌉[241] qui s'y trouvoit comme
ensevelie & où elle n'exerçoit que foiblement ses nobles fonctions; ⌈ainsi par la mort du corps l'ame⌉[242] sort de sa prison, se

---

[237] *add*. T
[238] E: , selon eux, sont des particules de cette Substance
[239] *add*. T
[240] T: moins; E: plus
[241] E: La mort de l'Ame, ajoutent-ils, est la Vie du Corps
[242] E: Au contraire, la mort du Corps est, selon eux, la Vie de
l'Ame, parce qu'elle

§ 3[106]

Pythagoras und Platon behaupteten, die Seele sei unkörperlich, also ein Wesen, das auch ohne den Körper bestehen könne und der Selbstbewegung fähig sei. Ihrer Auffassung zufolge sind alle Einzelseelen der Lebewesen Teile der Weltseele und diese Teile unkörperlich und unsterblich bzw. von derselben Natur wie die Weltseele, so wie offenkundig hundert kleine Feuer von derselben Natur sind wie das große Feuer, dem sie entnommen worden sind.

§ 4[107]

Diese Philosophen glaubten, daß das Universum durch eine immaterielle, unsterbliche und unsichtbare Substanz belebt wird, die allwissend, in stetiger Tätigkeit begriffen, die Ursache aller Bewegung und der Ursprung aller Seelen ist, die aus ihr emanieren. Da diese Seelen nun von großer Reinheit und den Körpern ihrer Natur nach unendlich überlegen sind, vereinigen sie sich – so behaupten diese Philosophen – nicht unmittelbar [mit den Körpern], sondern mit Hilfe eines Körpers, der so fein ist wie eine Flamme oder wie die feine, ausgedehnte Luft, die das Volk für den Himmel hält. Daraufhin nehmen die Seelen einen weniger feinen, dann einen anderen noch etwas gröberen Körper an und so fort, kontinuierlich bis zu dem Grad abgestuft, der eine Vereinigung der Seelen mit den sinnlich wahrnehmbaren Körpern der Lebewesen ermöglicht, in die sie wie in Gefängnisse oder Gräber hinabsteigen. Der Tod des Körpers ist nach ihrer Lehre das Leben der Seele, die im Körper gleichsam begraben ist und ihre anspruchsvollsten Funktionen nur in verminderter Form ausüben kann. Mit dem Tod des Körpers aber verläßt die

débarasse de la matiere, & se réunit à l'ame du monde dont elle étoit ⌜émanée⌝[243].

Ainsi, suivant cette opinion, toutes les ames des animaux sont de même nature, & la diversité de leurs fonctions ⌜ou facultés⌝[244] ne vient que de la différence des corps où elles entrent.

Aristote[a] ⌜admet une intelligence universelle commune à tous les êtres⌝[245] & qui fait à l'égard des ⌜intelligences particulieres⌝[246] ce que fait la lumiere à l'égard des yeux; & comme la lumiere rend les objets visibles, l'entendement universel rend les objets intelligibles.

Ce Philosophe ⌜définit l'ame⌝[247] ce qui nous fait vivre, sentir, concevoir & mouvoir; mais il ne dit point quel est cet Etre, qui est la source & le principe de ses nobles fonctions, & par conséquent ce n'est point chez lui qu'il faut chercher l'éclaircissement des doutes que l'on a sur la nature de l'ame.

§ 5

Dicéarque, Asclépiade, & Galien à quelques égards, ont aussi cru que l'ame étoit incorporelle, mais d'une autre maniere; car ils ont dit que l'ame n'est autre chose que l'harmonie de toutes les parties du corps, c'est-à-dire, ce qui résulte d'un mêlange exact des élémens & de la disposition des parties, des humeurs & des esprits. Ainsi, disent-ils, comme la santé n'est point une partie de celui qui se porte bien quoiqu'elle soit en lui, de même, quoique l'ame soit dans l'animal, ce n'est point une de ses parties, mais l'accord de toutes celles dont il est composé.

⌜[a] *Voyez* le Dictionnaire de Bayle, art. *Averroës.*⌝[248]

243 E: sortie   244 *add.* T
245 E: , outre l'Ame du Monde, admet un Entendement universel, commun à tous les Hommes
246 E: Entendemens particuliers
247 E: , qui établit les quatre Elémens pour Principes de toutes choses, ne pouvant rapporter les Opérations de l'Ame à aucun des Elémens, croyoit, qu'il y avoit un cinquiéme Principe, d'où elle tiroit

Seele ihr Gefängnis und vereinigt sich wieder mit der Weltseele, aus der sie emaniert ist.

Dieser Auffassung zufolge sind also die Seelen aller Lebewesen von ein und derselben Natur; ihre unterschiedlichen Funktionen und Vermögen ergeben sich allein aus der Verschiedenheit der Körper, in die sie eingegangen sind.

Aristoteles[a] nimmt eine universelle Vernunft an, die allen Wesen gemeinsam ist und im Hinblick auf die Einzelintelligenzen dasselbe leistet wie das Licht im Hinblick auf die Augen. Wie das Licht die Gegenstände sichtbar werden läßt, macht der universelle Verstand die Gegenstände erkennbar.

Dieser Philosoph bestimmt die Seele als das Prinzip des Lebens, der Wahrnehmung, der Erkenntnis und der Bewegung. Er sagt jedoch nichts über die Beschaffenheit dieses Wesens, welches die Quelle und das Prinzip seiner höchsten Leistungen ist; bei ihm ist also keine Aufklärung der Ungewißheit über die Natur der Seele zu suchen.

§ 5[109]

Dikaiarch[110], Asklepiades[111] und in manchen Hinsichten auch Galen[112] hielten die Seele ebenfalls für unkörperlich, aber auf eine andere Weise. Sie sagten nämlich, die Seele sei nichts anderes als die Harmonie aller Teile des Körpers, d. h. das Ergebnis einer bestimmten Mischung und Anordnung der Elemente und ihrer Teile, der Säfte und der Vitalgeister. Also sei die Seele (wie auch die Gesundheit kein Teil des Gesunden ist, obwohl sie in ihm ist) gleichfalls, obwohl sie im Lebewesen ist, dennoch kein Teil von ihm, sondern die Harmonie aller Teile, aus denen sie zusammengesetzt ist.

---

[a] Vgl. den Artikel ›Averroes‹ in Bayles *Dictionnaire*.[108]

---

son Origine. Il n'a point donné de nom à ce cinquiéme Principe; mais il en donne un nouveau à l'Ame, qui signifie un mouvement perpetuel, ou une Puissance qui se meut éternellement, & il la définit
[248] *add.* T

Sur quoi il est à remarquer que ces Auteurs croyent l'ame incorporelle, sur un principe tout opposé à leur intention; car dire qu'elle n'est point un corps, mais seulement quelque chose d'inséparablement attachée au corps, c'est dire qu'elle est corporelle, puisqu'on appelle corporel non seulement ce qui est corps, mais tout ce qui est forme ou accident, ou ce qui ne peut être séparé de la matiere.

Voilà les Philosophes qui soutiennent que l'ame est incorporelle ou immatérielle; on voit qu'ils ne sont pas d'accord avec eux-mêmes, & par conséquent qu'ils ne méritent point d'être crus. Passons à ceux qui ont avoué qu'elle est corporelle ou matérielle.

§ 6

Diogène a cru que l'ame est composée d'air, d'où il a dérivé la nécessité de respirer, & il la définit un air qui passe de la bouche par les poumons dans le cœur, où il s'échauffe, & d'où il se distribue ensuite dans tout le corps.

[249] Leucippe & Démocrite ont dit qu'elle étoit de feu, & que, comme le feu, elle étoit composée d'atômes qui pénétrent aisément toutes les parties du corps & qui le font mouvoir.

Hypocrate a dit qu'elle étoit composée d'eau & de feu; Empédocle des quatre élemens. Epicure a cru, comme Démocrite, que l'ame est composée de feu; mais il ajoute que dans cette composition il entre de l'air, une vapeur, & une autre substance qui n'a point de nom, & qui est le principe du sentiment; que de ces quatre substances différentes, il se fait un esprit très-subtil, qui se répand par tout le corps & qui doit s'appeller *l'ame*. [250]

---

[249] E: Zenon, Fondateur de la Secte des Stoïciens, a cru que l'Ame ou l'Esprit étoit un Feu.

[250] E: Aristoxene, Philosophe & Musicien, a dit que l'Ame est un accord de toutes les parties du Corps, ou une Harmonie semblable à celle qui résulte de la diversité des Voix & des Instrumens qui les accompagnent.

Tous ces Philosophes, ayant remarqué que l'Ame croissoit & dé-

Dazu ist zu sagen, daß die Auffassung dieser Autoren von der Unkörperlichkeit der Seele auf einer Voraussetzung beruht, die ihrer Absicht entgegengesetzt ist. Wenn man nämlich sagt, daß sie kein Körper, sondern lediglich etwas mit diesem untrennbar Verbundenes ist, läuft das auf die Behauptung hinaus, daß sie körperlich ist, da man nicht nur dasjenige körperlich nennt, was selbst Körper ist, sondern alles das, was Form oder akzidentelle Bestimmung der Materie bzw. nicht von ihr zu trennen ist.

Dies also sind die Philosophen, die die Seele für unkörperlich oder immateriell halten. Offenkundig sind sie miteinander nicht im Einklang und verdienen folglich keinen Glauben. Wir wollen nun zu denen übergehen, die behauptet haben, daß die Seele körperlich oder materiell ist.

§ 6[113]

Diogenes meinte, die Seele bestehe aus Luft. Hieraus leitete er die Notwendigkeit des Atmens ab. Nach seiner Definition ist sie ein Lufthauch, der mit Hilfe der Lunge durch den Mund ins Herz gelangt, sich dort erwärmt und von dort aus über den gesamten Körper verteilt.[114]

Leukipp und Demokrit behaupteten, daß sie aus Feuer besteht und wie dieses aus Atomen zusammengesetzt ist, die sämtliche Körperteile leicht durchdringen und bewegen.[115]

Nach Hippokrates ist sie aus Wasser und Feuer,[116] nach Empedokles aus den vier Elementen zusammengesetzt[117]. Epikur[118] glaubte wie Demokrit, daß sie aus Feuer besteht, aber mit der zusätzlichen Annahme, daß Luft, Dampf und eine andere Substanz, für die es keine Bezeichnung gibt und die das Prinzip der Sinneswahrnehmung ist, hinzukommen und aus diesen vier verschiedenen Substanzen ein überaus feiner Geist entsteht, der sich im ganzen Körper ausbreitet und als *Seele* zu bezeichnen ist.

---

périssoit avec le Corps; qu'elle étoit foible dans l'Enfance, vigoureuse dans la force de l'age, radoteuse dans la vieillesse, rêveuse dans le Someil, abrutie dans l'yvresse, abbatüe dans la Maladie, &c. et

Descartes soutient, mais pitoyablement, que l'ame n'est point
matérielle; je dis *pitoyablement*, car jamais Philosophe ne rai-
sonna si mal sur ce sujet que ce grand homme; & voici de quelle
façon il s'y prend. D'abord il dit qu'il faut douter de l'existence
de ⌈son⌉[251] corps; croire qu'il n'y en a point; puis raisonner de
cette maniere: *Il n'y a point de corps: je suis pourtant: donc je ne
suis pas un corps; par conséquent je ne puis être qu'une substance
qui pense.* ⌈Quoique ce beau raisonnement se détruise assez de
lui-même, je dirai néanmoins en deux mots quel est mon sentiment.⌉[252]

1º. Ce doute que M. Descartes propose est totalement impossible, car quoiqu'on ⌈puisse⌉[253] quelquefois ne point penser qu'il
y ait des corps, il est ⌈vrai néanmoins⌉[254] qu'il y en a quand on y
pense.

2º. Quiconque croit qu'il n'y a point de corps doit être assuré
qu'il n'en est pas un, nul ne pouvant douter de soi-même, ⌈or⌉[255]
s'il en est assuré, son doute est donc inutile.

3º. Lorsqu'il dit que l'ame est une substance ⌈[256]⌉ qui pense, il
ne nous apprend rien de nouveau. Chacun en convient, mais la
difficulté est de déterminer ce que c'est que cette substance qui
pense, & c'est ce qu'il ne fait pas plus que les autres.

---

d'ailleurs qu'elle étoit corporelle, ont crû avec ceux qui ont vêcu
avant Phérécyde[a], qu'elle étoit mortelle. [dazu die Anm.: [a]Phérécy-
de, natif de l'Isle de Sciros, qui vivoit sous le Régne de Servius
Tullius, sixiéme Roy de Rome, est, au rapport de Cicéron, (1. Liv.
des *Tusculanes*) le prémier des Philosophes qui ait soûtenu que les
Ames étoient immortelles. Il a été suivi de Pythagore son Disciple
qui vint en Italie sous le Régne de Tarquin, le Superbe. Plus de cent
ans après, Platon, ayant vû dans son Voyage d'Italie les Philosophes
Pythagoriciens, & entre autres, Philolaus, Eurytus, Archytas & Timée; entra non seulement dans la pensée de Pythagore sur l'Immortalité de l'Ame; mais même imagina de nouvelles raisons pour
appuyer ce Sentiment.]

Xénocrate, au rapport de Cicéron [dazu die Anm: Liv. 1. des
Tusculanes], a nié qu'il y eût des Ames, & Dicéarque fait dire à un
Vieillard, nommé Phérécrate, que l'Ame n'est rien, & que ce n'est

Descartes behauptet, daß die Seele nicht materiell ist, aber auf eine ganz erbärmliche Weise; kein Philosoph hat diesen Gegenstand jemals so unangemessen behandelt wie dieser große Mann. So geht er vor[119]: Zuerst, sagt er, müsse man an der Existenz seines Körpers zweifeln und glauben, daß es ihn nicht gibt, und dann die folgende Überlegung anschließen: *Es gibt keinen Körper, dennoch existiere ich, also bin ich kein Körper und kann folglich nur eine denkende Substanz sein.* Obwohl diese famose Schlußfolgerung von selbst in sich zusammenfällt, will ich dennoch mit wenigen Worten meine Auffassung darlegen.

1. Dieser Zweifel des Descartes ist in sich völlig unmöglich; denn obwohl man manchmal imstande ist, nicht daran zu denken, daß es Körper gibt, so ist es doch wahr, daß es Körper gibt, wenn man daran denkt[120].

2. Wer glaubt, daß es keine Körper gibt, ist sich notwendig dessen sicher, daß er kein Körper ist, denn niemand kann an seiner eigenen Existenz zweifeln. Wenn man sich dessen nun aber gewiß ist, ist ein solcher Zweifel überflüssig.

3. Mit seiner Behauptung, die Seele sei eine denkende Substanz, sagt er uns nichts Neues. Jeder stimmt dem zu; die Schwierigkeit liegt aber darin, die Beschaffenheit dieser denkenden Substanz zu bestimmen – und das leistet er ebensowenig wie die anderen Philosophen.[121]

---

qu'un nom en l'air qui ne signifie rien. Qu'il n'y a ni Ame, ni Esprit, ni dans l'Homme ni dans la Bête. Que cette Puissance par laquelle nous agissons & nous sentons est égale dans tout ce qui vit, qu'elle est inséparable du Corps, & qu'elle n'est autre chose que le Corps même modifié de telle sorte qu'il subsiste par le tempérament que lui a donné la Nature.

[251] E: tous les
[252] *add.* T
[253] T: pense; E: puisse
[254] E: néanmoins impossible de douter
[255] T: ou; E: or
[256] E: ou une chose

§ 7

Pour ne point biaiser comme il a fait, & pour avoir la plus saine idée qu'on puisse se former de l'ame de tous les animaux, sans en excepter l'homme qui est de la même nature, & qui n'exerce des fonctions différentes que par la diversité seule des organs & des humeurs, il faut faire attention à ce qui suit.

Il est certain qu'il y a dans l'univers un ⌈fluide⌉[257] très-subtil ou une matiere très-déliée & toujours en mouvement dont la source est dans le soleil, le reste est répandu dans les autres corps plus ou moins selon leur nature ou leur consistance. Voilà ce que c'est que l'ame du monde; voilà ce qui le gouverne & le vivifie, & dont quelque portion est distribuée à toutes parties qui le composent.

Cette ame est le feu le plus pur qui soit dans l'univers. Il ne brûle pas de soi-même, mais par différens mouvemens qu'il donne aux particules des autres corps où il entre, il brûle & fait ressentir sa chaleur. Le feu visible contient plus de ⌈cette matiere⌉[258] que l'air, celui-ci plus que l'eau, & la terre en a beaucoup moins; les plantes en ont plus que les minéraux, & les animaux encore davantage. Enfin ce feu renfermé dans le corps le rend capable des sentimens, & c'est ce qu'on appelle l'*ame*, ou ce qu'on nomme les *esprits animaux*, qui se répandent dans toutes les parties du corps. Or il est certain que cette ame étant de même nature dans tous les animaux, se dissipe à la mort de l'homme ainsi qu'à celle des bêtes. D'où il suit que ce que les Poëtes & les Théologiens nous disent de l'autre monde est une chimere qu'ils ont enfantée & débitée pour des raisons qu'il est aisé de deviner.

---

[257] E: Esprit
[258] E: cet Esprit

§ 7[122]

Um nicht auf solche Abwege zu geraten wie Descartes, und um die vernünftigste Vorstellung von der Seele aller Lebewesen zu gewinnen (den Menschen nicht ausgenommen, der so beschaffen ist wie die übrigen Lebewesen und nur deshalb andere Funktionen ausübt, weil ihm andere Organe und Säfte eigen sind), ist auf das Folgende zu achten.

Es ist gewiß, daß es im Universum ein sehr feines Fluidum oder eine sehr dünne und in stetiger Bewegung begriffene Materie gibt, deren Quelle sich in der Sonne befindet; der Rest dieser Materie verteilt sich auf die übrigen Körper, je nach ihrer Natur und Konsistenz. Dies ist die Weltseele. Sie lenkt und belebt die Welt und ist zum Teil in ihren Elementen gegenwärtig.

Diese Seele ist das reinste Feuer, das es im Universum gibt[123]. Es brennt nicht von selbst; vielmehr brennt es mittels verschiedener Bewegungen, die es den Elementen der Körper, in die es eindringt, verleiht, und läßt seine Wärme spüren. Von dieser Materie ist im sichtbaren Feuer mehr enthalten als in der Luft, in der Luft mehr als im Wasser und noch viel mehr als in der Erde. In Pflanzen und erst recht in Tieren ist mehr von dieser Materie vorhanden als in Mineralien. Dieses in den Körpern befindliche Feuer verleiht ihnen die Wahrnehmungsfähigkeit. Ebendas bezeichnet man als *Seele* bzw. als *Lebensgeister*, die über alle Körperteile verteilt sind. Es ist gewiß, daß diese in allen Lebewesen gleich beschaffene Seele beim Tod des Menschen ebenso wie des Tieres zugrundegeht.[124] Demzufolge ist die Lehre der Dichter und Theologen von einer jenseitigen Welt bloß ein aus leicht durchschaubaren Motiven ausgehecktes Hirngespinst.

Chapitre VI
Des Esprits qu'on nomme Démons

§ 1

Nous avons dit ailleurs comment la notion des Esprits s'est introduite parmi les hommes, & nous avons fait voir que ces esprits n'étoient que des Phantômes qui n'existent que dans leur propre imagination. ⌈259⌉

Les ⌈premiers docteurs du genre humain⌉[260] n'étoient pas assez éclairés pour expliquer au Peuple ce que c'étoit que ces Phantômes; mais ils ne laissoient pas de lui dire ce qu'ils en pensoient. Les uns voyant que les Phantômes se dissipoient, & n'avoient nulle consistance, les appelloient *immatériels, incorporels*, des formes sans matiere, des couleurs & des figures, sans être néanmoins des corps ni colorés ni figurés, ajoutant qu'ils pouvoient se revêtir d'air comme d'un habit lorsqu'ils vouloient se rendre visibles aux yeux des hommes. Les autres disoient que c'étoit des corps animés, mais qu'ils étoient faits d'air ou d'une autre matiere plus subtile, qu'ils épaisissoient à leur gré, lorsqu'ils vouloient paroître.

§ 2

Si ces deux sortes de Philosophes étoient opposés dans l'opinion qu'ils avoient des Phantômes, ils s'accordoient dans les noms qu'ils leur donnoient, car tous les appelloient *Démons*; en quoi ils étoient aussi insensés, que ceux qui croyent voir en dormant

---

[259] E: Cependant comme les Hommes ont fait de cette Créance un point fondamental de leur Religion, nous avons jugé à propos de traitter ici cette matiére plus à fonds que nous n'avons fait cy-dessus. Pour cet effet nous examinerons ce que les Philosophes & les Poëtes du Paganisme ont crû des Esprits, nous ferons voir que c'est d'eux que les Juifs ont pris ce qu'ils en croyent, & que les Chrêtiens tiennent de ces derniers l'Opinion qu'ils en ont. Enfin nous prouve-

Kapitel VI
Über die Geister, die man Dämonen nennt

§ 1

An anderer Stelle haben wir dargestellt, wie die Menschen auf die Vorstellung von Geistwesen gekommen sind, und gezeigt, daß es sich bei diesen Geistwesen bloß um Phantome der menschlichen Einbildungskraft handelt.

Die ersten Lehrer des Menschengeschlechts waren nicht aufgeklärt genug, um dem Volk zu erklären, was es mit diesen Phantomen auf sich hat, unterließen es aber nicht, ihm zu sagen, was sie darüber dachten. Einige haben diese Phantome, weil sie sahen, daß sie auch wieder verschwinden und nicht von Dauer sind, als immateriell, unkörperlich, Formen ohne Materie, Farben und Gestalten (bei denen es sich nicht um farbige oder gestaltete Körper handeln soll) bezeichnet. Des weiteren könnten diese sich mit Luft wie mit einem Gewand bekleiden, um sich, wenn sie wollen, den Augen der Menschen sichtbar zu machen. Andere sagten, es handele sich um beseelte Körper, die allerdings aus Luft oder einer anderen, noch feineren Materie bestünden, die sie, wenn sie in Erscheinung treten wollten, nach Belieben verdickten.[125]

§ 2

Waren diese beiden Klassen von Philosophen auch entgegengesetzter Meinung über die Phantome, so stimmten sie doch bezüglich der Namen, die sie ihnen gaben, miteinander überein. Alle nannten sie diese nämlich *Dämonen*. Hierin waren sie ebenso verrückt wie die, die glauben, sie sähen im Traum die

---

rons aux Chrêtiens, par leurs propre Principes, qu'il n'y a point de Diable.

[260] E: anciens Philosophes

les ames des personnes mortes, & que c'est leur propre ame qu'ils
voient quand ils se regardent dans un miroir, ou enfin qui croient
que les étoiles qu'on voit dans l'eau sont les ames des étoiles.
D'apres cette opinion ridicule ils tomberent dans une erreur qui
n'est pas moins absurde, lorsqu'ils crurent que ces Phantômes
avoient un pouvoir illimité, notion déstituée de raison; mais ordinaire aux ignorans, qui s'imaginent ⌜que les Etres qu'ils ne
connoissent pas ont une puissance merveilleuse.⌝²⁶¹

§ 3

Cette ridicule opinion ne fût pas plutôt divulguée que les Législateurs s'en servirent pour appuyer leur autorité. Ils établirent la
croyance des Esprits qu'ils appellerent *Religion*, ⌜²⁶²⌝ espérant
que la crainte que le peuple auroit de ces puissances invisibles le
retiendroit dans son devoir; & pour donner plus de poids à ce
dogme ils distinguerent les *Esprits* ou *Démons* en bons & mauvais: les uns furent destinés à exciter les hommes à observer leurs
loix, les autres à les retenir & à les empêcher de les enfreindre.

Pour savoir ce que c'est que les Démons, il ne faut que lire les
Poëtes & leurs Histoires, & sur-tout ce qu'en dit Hésiode dans sa
Théogonie où il traite amplement de la génération & de l'origine
des Dieux.

§ 4

Les Grecs sont les premiers qui les ont inventés, de chez eux ils
ont passé, par le moyen de leurs Colonies, dans l'Asie, dans

---

²⁶¹ E: que ce qu'ils ne connoissent point est quelque Puissance
infinie.
²⁶² E: après un célébre Historien de l'Antiquité ᵃ; [dazu die Anm.:]
ᵃ C'est Polybe. Il faut, dit-il, avoüer, que si l'on pouvoit former une
République, qui ne fût composée que d'Hommes sages, toutes les
Opinions fabuleuses des Dieux & des *Enfers* seroyent tout à fait
superfluës. Mais, puisqu'il n'y a point d'Etats dont le Peuple ne

Seelen Verstorbener und erblickten ihre eigene Seele, wenn sie sich im Spiegel betrachten, oder wie die, die die Sterne, die man auf der Wasseroberfläche [sich spiegeln] sieht, für die Seele der Sterne halten. Dieser lächerlichen Meinung entsprechend verfielen sie auf einen nicht weniger unsinnigen Irrtum. Sie glaubten nämlich, diese Phantome besäßen eine unumschränkte Macht.[126] Dies ist eine unvernünftige, aber alltägliche Vorstellung bei Unwissenden, die sich einbilden, Dinge, die sie nicht kennen, hätten eine wunderbare Kraft.

§ 3[127]

Kaum war diese lächerliche Meinung aufgekommen, da bedienten sich ihrer die Gesetzgeber, um ihre Autorität zu stützen. Sie führten den Glauben an Geister ein und nannten ihn *Religion*. Die Furcht vor diesen unsichtbaren Mächten würde das Volk, so hofften sie, in seiner Pflicht halten. Um dieser Lehre mehr Gewicht zu verleihen, unterschieden sie die Geister bzw. Dämonen in gute und böse. Die einen sollten die Menschen zur Beachtung ihrer Gesetze anspornen, die anderen sollten sie im Zaum halten und an der Übertretung der Gesetze hindern.

Um zu erfahren, was es mit den Dämonen auf sich hat, braucht man bloß die Geschichten der griechischen Dichter zu lesen, vor allem die Ausführungen Hesiods in seiner *Theogonie*, in der er ausführlich die Entstehung und den Ursprung der Götter behandelt.

§ 4[128]

Die Griechen waren die ersten, die sich Dämonen ausgedacht haben. Über ihre Kolonien gelangten sie nach Asien, Ägypten

---

soit tel que nous le voyons, sujet à toutes sortes de déréglemens & de méchantes Actions, *il faut se servir pour le réprimer des Craintes imaginaires qu'imprime la Religion, & des Terreurs paniques de*

l'Egypte & l'Italie. C'est-là où les Juifs, qui étoient dispersés à l'Alexandrie & ailleurs, en ont eu connoissance. Ils s'en sont heureusement servis comme les autres peuples, mais avec cette différence qu'ils n'ont pas nommé *Démons*, comme les Grecs, les bons & les mauvais Esprits indifféremment, mais seulement les mauvais, réservant au seul bon Démon le nom d'*Esprit*, de *Dieu*, & appellant *Prophêtes* ceux qui étoient inspirés par le bon esprit; de plus, ils regardoient comme des effets de l'Esprit Divin tout ce qu'ils regardoient comme un grand bien, & comme effets du *Caco-Démon* ou esprit malin tout ce qu'ils estimoient un grand mal.

§ 5

Cette distinction du bien & du mal leur fit appeller *Démoniaques* ceux que nous nommons *Lunatiques, Insensés, Furieux, Epilep-tiques*; comme aussi ceux qui parloient un langage inconnu. Un homme mal fait & mal propre étoit, à leur avis, possédé d'un esprit immonde; un muet l'étoit d'un Esprit muet. Enfin les mots d'*Esprit* & du *Démon* leur devinrent si familiers qu'ils en parloi-ent en toute rencontre: d'où il est clair que les Juifs croyoient comme les Grecs, que les Esprits ou Phantômes n'étoient pas de pures chimeres, ni de visions, mais des êtres réels indépendans de l'imagination.

§ 6

De là vient que la Bible est toute remplie de contes sur les Esprits, les Démons & les Démoniaques; mais il n'y est dit nulle part comment & quand ils furent créés, ce qui n'est guére pardon-nable à Moyse qui s'est, dit-on, mêlé de parler de la création du Ciel & de la Terre ⌈263⌉. Jésus qui parle assez souvent d'Anges &

---

l'autre Monde, que les Anciens ont si prudemment introduites pour cela.
263 E: , des *Hommes*, des *Animaux*, &c.

und Italien. Die in Alexandrien und andernorts in der Diaspora lebenden Juden erhielten dort Kenntnis von ihnen. Wie die anderen Völker machten sie erfolgreich von diesem Glauben Gebrauch, dies jedoch mit dem Unterschied, daß sie nicht wie die Griechen die guten und die bösen Geister unterschiedslos, sondern nur die bösen Geister *Dämonen* nannten. Allein dem guten Dämon war die Bezeichnung *Geist* und *Gott* vorbehalten. *Propheten* hießen diejenigen, die von dem guten Geist inspiriert waren. Darüberhinaus meinten sie, alles, was sie für ein großes Gut hielten, sei durch den göttlichen Geist, und alles, was sie für ein großes Übel hielten, durch einen bösen Geist bewirkt worden.

§ 5[129]

Aufgrund dieser Unterscheidung zwischen gut und böse nannten sie diejenigen *Besessene*, die wir als Irre, Wahnsinnige, Verrückte und Epileptiker bezeichnen, wie auch diejenigen, die in einer unverständlichen Sprache reden. Ein häßlicher und unsauberer Mensch war ihrer Ansicht nach von einem unreinen Geist besessen, ein Stummer von einem stummen Geist. Schließlich wurden ihnen die Worte *Geist* und *Dämon* so geläufig, daß sie sie bei jeder Gelegenheit in den Mund nahmen. Es ist also klar, daß die Juden wie die Griechen glaubten, daß diese Geister und Gespenster keine bloßen Hirngespinste und Träumereien, sondern wirkliche, unabhängig von der Einbildungskraft existierende Wesen sind.

§ 6

Aus diesem Grunde ist die Bibel voll von Geschichten über Dämonen, Geister und Besessene. Nirgendwo aber steht, wie und wann sie geschaffen wurden. Man kann dies dem Moses nicht nachsehen, der sich angeblich damit abgab, von der Schöpfung des Himmels und der Erde zu berichten. Jesus, der ziemlich oft von Engeln und guten und bösen Geistern spricht, teilt uns

d'Esprits bons & mauvais ne nous dit pas non plus s'ils sont
matériels ou immatériels. Cela fait voir que tous les deux ne
savoient que ce que les Grecs en avoient appris à leurs ancêtres.
Sans cela Jésus-Christ ne seroit pas moins blâmable de son si-
lence ⌜que de sa malice à refuser à tous les hommes la grace, la foi
& la piété⌝²⁶⁴ qu'il assure leur pouvoir donner.

Mais pour revenir aux Esprits, il est certain que ces mots *Dé-*
mons, Satan, Diable, ne sont point des noms propres qui désignent quelque individu, & qu'il n'y eût jamais que les ignorans
qui y crurent, tant parmi les Grecs qui les inventèrent, que parmi
les Juifs qui les adoptèrent: Depuis que ces derniers furent infec-
tés de ces idées, ils approprierent ces noms qui signifient ⌜²⁶⁵⌝
ennemi, accusateur ⌜²⁶⁶⌝ & *exterminateur,* tantôt aux Puissances
invisibles, tantôt aux visibles, c'est-à-dire aux Gentils qu'ils disoient habiter le Royaume de Satan, n'y ayant qu'eux dans leur
opinion, qui habitassent celui de Dieu.

§ 7

Comme Jésus-Christ étoit Juif & par conséquent fort imbu de
ces opinions, ⌜²⁶⁷⌝ il ne faut pas s'étonner si l'on rencontre souvent dans les Evangiles & dans les écrits de ses disciples, ces mots
de *Diable,* de *Satan,* d'*Enfer,* comme si c'étoit quelque chose de
réel ou d'effectif. Cependant il est très-évident, comme nous
l'avons déjà fait observer, qu'il n'y a rien de plus chimérique; &
quand ce que nous avons dit ne suffiroit pas pour le prouver, il ne
faut que deux mots pour convaincre les opiniâtres.

---

²⁶⁴ E: puisqu'ayant souvent parlé d'*Anges* & d'*Esprits bons &*
mauvais, il n'a jamais dit s'ils étoient *matériels* ou *immatériels* ce qui
fait bien voir qu'il n'en sçavoit que ce que les *Grecs* avoient appris à
ses Ancêtres. Que s'il en sçavoit davantage, il est aussi blamable de

ebensowenig mit, ob sie materiell oder immateriell sind. Hieraus
wird ersichtlich, daß beide lediglich das wußten, was die Griechen ihre Vorfahren gelehrt hatten. Wäre dies nicht der Fall, so
wäre Jesus Christus wegen seines Schweigens ebensosehr zu tadeln wie wegen seiner böswilligen Weigerung, allen Menschen
die Gnade, den Glauben und die Frömmigkeit zuteil werden zu
lassen, die er ihnen verleihen zu können behauptet hatte.[130]

Um aber auf die Geister zurückzukommen, so sind die Wörter
Dämonen, Satan und *Teufel* sicherlich keine Eigennamen, die
Individuen bezeichnen; nur Unwissende – bei den Griechen, die
sie erfanden, ebenso wie bei den Juden, die sie übernahmen –
haben daran geglaubt. Nachdem die letzteren von diesen Vorstellungen angesteckt worden waren, bezogen sie diese Namen, die
Feind, Ankläger und *Vernichter* bedeuten, auf unsichtbare wie
auch auf sichtbare Mächte, und zwar auf die Heiden, die, wie sie
sagten, im Reich Satans wohnten, wohingegen nur sie selbst ihrer Überzeugung nach im Reich Gottes wohnten.[131]

§ 7

Da Jesus Christus ein Jude und folglich von diesen Meinungen
stark durchdrungen war, braucht man sich nicht darüber zu wundern, daß man in den Evangelien und den Schriften seiner Jünger
häufig auf die Wörter *Teufel, Satan* und *Hölle* stößt, als handelte
es sich dabei um etwas Reales und wirklich Vorhandenes. Wie wir
bereits gezeigt haben, ist es jedoch völlig klar, daß diese Dinge
ganz und gar aus der Luft gegriffen sind. Sollten unsere Ausführungen dies nicht hinreichend bewiesen haben, so reichen wenige
Worte aus, um auch die Verstockten zu überzeugen.

---

n'en avoir point instruit les Hommes, qu'il l'est de leur refuser à tous
la *Vertu*, la *Foy* & la *Piété*
[265] E: Méchant, Trompeur, Rusé, Adversaire,
[266] E: Calomniateur, Destructeur
[267] E: que sa Nation avoit tirées des Grecs,

Tous les Chrétiens demeurent d'accord que Dieu est ⌜268⌝ la
source de toutes choses, qu'il les a créées, qu'il les conserve, &
que sans son sécours elles tomberoient dans le néant, suivant ce
principe il est certain qu'il a créé ce qu'on appelle le *Diable* ou
Satan ⌜269⌝. Or soit qu'il l'ait créé bon ou mauvais (ce dont il ne
s'agit pas ici), il est incontestablement l'ouvrage du premier principe; s'il subsiste tout méchant qu'il est comme on le dit, ce ne
peut être que ⌜par la volonté de Dieu⌝270. Or, comment est-il
possible de concevoir que Dieu conserve une créature, qui non
seulement le haït mortellement & le maudit sans cesse, mais qui
s'efforce encore de lui débaucher ses amis pour avoir le plaisir de
le ⌜mortifier⌝271? Comment, dis-je, est-il possible que Dieu ⌜272⌝
laisse subsister ce Diable pour lui faire à lui-même tout le chagrin
qu'il peut, pour le détrôner s'il étoit en son pouvoir, & pour
détourner de son service ses Favoris & ses Elus?

Quel est ici le but de Dieu, ou plutôt que nous veut-on dire en
nous parlant du Diable & de L'Enfer? Si Dieu peut tout & qu'on
ne puisse rien sans lui, d'où vient que le Diable le haït, le maudit,
& lui enleve ses amis? Ou Dieu y consent, ou il n'y consent pas.
S'il y consent, le Diable en le maudissant ne fait que ce qu'il doit,
puisqu'il ne peut que ce que Dieu veut; par conséquent ce n'est
pas le Diable, mais Dieu même qui se maudit ⌜273⌝, chose absurde, s'il en fût jamais! S'il n'y consent pas, il n'est pas vrai qu'il
soit Tout-puissant, & par conséquent il y a deux principes, l'un
du bien & l'autre du mal; l'un qui veut une chose, l'autre qui veut
le contraire. Où nous conduira ce raisonnement? A faire avouer
sans réplique que ni Dieu, ni le Diable, ni le Paradis, ni l'Enfer, ni
l'Ame ne sont point ce que la Religion les dépeint, & que les
Théologiens, c'est-à-dire ceux qui débitent des fables pour des

---

268 E: le prémier Principe &
269 E: aussi bien que toutes les autres Créatures
270 E: par l'entremise & la permission de Dieu, qui le veut bien
271 E: maudire par une infinité de bouches
272 E: entretienne, conserve &
273 E: par la bouche du Diable

Alle Christen sind der einhelligen Überzeugung, daß Gott der
Ursprung aller Dinge ist, daß er sie geschaffen hat und sie erhält
und daß sie ohne seinen Beistand ins Nichts stürzen würden.
Diesem Grundsatz zufolge ist es gewiß, daß er auch den soge-
nannten Teufel oder Satan geschaffen hat. Gleichviel ob er ihn
nun gut oder böse geschaffen hat (hierauf kommt es an dieser
Stelle nicht an), so ist er unbestreitbar das Werk des ersten Prinzips. Wenn er, wie man sagt, ganz und gar böse ist, so nur
aufgrund von Gottes Willen. Wie ließe sich nun aber begreifen,
daß Gott ein Geschöpf erhält, das ihn nicht nur auf den Tod haßt
und unablässig lästert, sondern sich auch noch alle Mühe gibt,
ihm seine Freunde abspenstig zu machen, um das Vergnügen zu
haben, ihn zu demütigen? Wie ist es möglich, daß Gott die Existenz dieses Teufels zuläßt, damit er ihm allen Verdruß bereitet,
dessen er fähig ist, ihn, wenn er könnte, vom Thron stürzen
würde und seine Günstlinge und Auserwählten davon abbringt,
ihm zu dienen?

Was bezweckt Gott hiermit, oder vielmehr: was will man uns
mit der Rede von Teufel und Hölle sagen? Wenn Gott allmächtig
ist und man ohne ihn nichts zu tun vermag, wie kann der Teufel
ihn dann hassen, lästern und ihm seine Freunde nehmen? Dies
geschieht entweder mit Gottes Zustimmung oder ohne sie. Geschieht es mit seiner Zustimmung, so tut der Teufel, indem er ihn
lästert, nur das, was er tun muß; denn er kann nur das tun, was
Gott will. Folglich haßt dann nicht der Teufel Gott, sondern
Gott sich selbst – eine Absurdität, wenn es derlei gäbe. Wenn es
ohne Gottes Zustimmung geschieht, so trifft es nicht zu, daß er
allmächtig ist, und es gäbe demzufolge zwei Prinzipien[132], ein
gutes und ein böses, von denen das eine dieses will und das andere dessen Gegenteil. Diese Überlegung führt uns dahin, daß
wir unwidersprechlich anerkennen müssen, daß Gott, Teufel,
Paradies, Hölle und Seele nicht das sind, als was die Religion sie
darstellt, und daß die Theologen, d. h. diejenigen, die Märchen

vérités ⌜[274]⌝, sont ⌜[275]⌝ des gens de mauvaise foi qui abusent de la crédulité des peuples pour leur insinuer ce qui leur plaît, comme si le vulgaire ⌜étoit absolument indigne de la vérité, ou⌝[276] ne dût être nourri que de chimeres, dans lesquelles un homme raisonnable ne voit que du vuide, du néant & de la folie ⌜[277]⌝.

Il y a longtems que le monde est infecté de ⌜ces absurdes opinions⌝[278]; cependant de tout tems il s'est trouvé des esprits solides & des hommes sinceres, qui ⌜malgré la persécution⌝[279] se sont récriés contre ⌜les absurdités de leur siècle⌝[280] comme on vient de faire dans ce petit Traité. Ceux qui aiment la vérité y trouveront, sans doute, quelque consolation; c'est à ceux-là que je veux plaire sans me soucier du jugement de ceux à qui les préjugés tiennent lieu d'oracle infaillible.

> ⌜Felix qui potuit rerum cognoscere causas,
> Atque metus omnes et inexorabile fatum
> Subjecit pedibus strepitumque Acherontis avari.
> Virg. Georg. Liv. 2. v. 490⌝[281]

---

[274] E: divinement révélées
[275] E: , excepté quelques Ignorans,
[276] *add.* T
[277] E: , & pas un grain de sel de *Vérité*, & de Sagesse
[278] E: de cette absurde Maxime, que la Vérité n'est pas faite pour le Peuple, & qu'il n'est pas capable de la connoître;
[279] *add.* T
[280] E: une pareille injustice
[281] *add.* T

als Wahrheiten verkaufen, unredliche Leute sind, die die Leicht-
gläubigkeit des Volkes mißbrauchen, um ihm weiszumachen,
was sie wollen, als hätte das einfache Volk keinen Anspruch auf
die Wahrheit oder müßte ausschließlich mit Hirngespinsten ab-
gespeist werden, in denen ein Vernünftiger nur Unfug, Nichtig-
keiten und Wahnsinn erblicken kann.

Seit langem schon ist die Welt von diesen unsinnigen Meinungen verpestet, und doch fanden sich zu allen Zeiten gründlich
denkende und aufrichtige Menschen, die aller Verfolgung zum
Trotz gegen die absurden Meinungen ihrer Zeit Widerspruch ein-
legten – so etwa in diesem kleinen Traktat. Diejenigen, die die
Wahrheit lieben, werden in ihm gewiß Trost finden. Nur bei
ihnen suche ich Anerkennung, ohne mich um das Urteil derer zu
kümmern, denen Vorurteile als unfehlbare Orakel gelten.

> »Glücklich, wer die Ursachen der Dinge zu
>   erkennen vermochte
> und alle Befürchtungen und das unerbittliche Schicksal
> und das Rauschen des unersättlichen Acheron unter
>   die Füße zwang.«
>   Vergil: *Georgica* 2, 490 [–492]

KOMMENTIERENDE ANMERKUNGEN

[1] Diese Stelle ist vermutlich angeregt durch Kelsos (bei Origenes: *Contra Celsum* 1,9), der den Christen vorhält, sie »hätten gar nicht die Absicht, von dem, was sie glauben, Rechenschaft zu geben [...], sie folgen allein dem Grundsatz: ›Prüfe nicht, sondern glaube!‹«.

[2] Das (übrigens in der Textversion von 1719 noch fehlende; vgl. die textkrit. Anm. 5) französische Wort »philosophe« hat im 18. Jahrhundert eine vom heutigen Sprachgebrauch erheblich verschiedene Bedeutung. Es steht, wie auch der leitmotivisch verwendete Ausdruck »(vrai) savant«, für den Typus des Intellektuellen, der die Schranken des akademischen Bezirks durchbricht und als Kritiker des Aberglaubens und politischer Mißstände die Entwicklung der Gesellschaft beeinflussen will. Der »philosophe« (Näheres in der Einleitung, S. XXV) hat also ebensowenig mit Spekulation und reiner Theorie wie der »savant« mit (historischer) Gelehrsamkeit zu tun.

[3] *gesunder Menschenverstand*: das frz. »bon sens«, dem Begriff der ›gesunden Vernunft‹ bei Christian Thomasius vergleichbar, ist der Leitbegriff eines sich von akademischer Professionalität und anspruchsvoller Spekulation abgrenzenden Philosophieverständnisses.

[4] *rechte Vernunft* (droite raison, recta ratio) ist der traditionelle Begriff der moralisch gesetzgebenden Vernunft, an deren Geboten (dictamina) sich das menschliche Handeln orientieren soll.

[5] Vgl. Anm. 3.

[6] *daß Gott nur [...] irreführen kann*: Paraphrase von Th. Hobbes: *Leviathan*, cap. 32, The English Works, hrsg. W. Molesworth. London 1839–45, Bd. 3, S. 361 f. [dtsch.: *Leviathan*, übers. I. Fetscher. Darmstadt 1966, S. 286 f.].

[7] Vgl. etwa *Jerem.* 23,16: »So spricht der Herr Zebaoth: Hört nicht auf die Worte der Propheten, die euch weissagen! Sie betrügen euch.«

[8] Dieser Gedanke folgt Lucilio [Julius Caesar] Vanini: *De admirandis naturae reginae deaeque mortalium arcanis libri quatuor.* Paris 1616, dial. 50, S. 360: »discriminis ratio [scil. inter Christum et Mosem] ea est, quia Christus semper inermis erat: omnes autem (inquit Macchiauellus) qui veritatem tueri sine armis voluerunt mi-

sere periere«. Vanini bezieht sich auf Machiavellis *Principe* VI,7.

[9] Mit fast denselben Worten bezieht sich auch Vanini: *De admirandis* [Anm. 8], S. 360, auf diesen Vorgang: »Moses [...] 24. mille idololatras tanquam suae legi aduersarios vnico congressu interfecit.« Grund für diese Massenhinrichtung war, wie 4 *Mos.* 25,1-9, berichtet, die Hurerei der Söhne Israels mit den Töchtern Moabs.

[10] Auf diesen Vorgang kommt auch Hobbes: *Leviathan*, cap. 32 [Anm. 6], S. 362; dtsch. S. 287, im Rahmen von Überlegungen über die Verläßlichkeit prophetischer Weissagungen zu sprechen; vgl. auch Spinoza: *Tractatus theologico-politicus*, hrsg. G. Gawlick/ F. Niewöhner. Darmstadt 1979, cap. 2, S. 68 (dtsch. übers. G. Gawlick. Hamburg 1976 [PhB 93], S. 33).

[11] *Micha*: Vgl. 1 *Könige* 22,19.

[12] *Daniel*: Vgl. *Daniel* 7,9.

[13] Vgl. *Hesekiel* 1,27.

[14] Vgl. den Bericht über die Taufe Jesu im Jordan, *Markus* 1,10.

[15] Vgl. den Bericht über das Pfingstwunder, *Apostelgesch.* 2,3 ff.

[16] Über die Blendung des Paulus bei seiner Bekehrung vor Damaskus berichtet *Apostelgesch.* 9,3 ff.

[17] *Micha [...] Licht*: Dieselben Bibelstellen führt Spinoza (*Tractatus theologico-politicus* [Anm. 10], lat. 62, dtsch. 30) als Beispiele der anthropomorphistischen Gottesvorstellung des Alten Testaments an.

[18] Vgl. *Jerem.* 18,10.

[19] *Samuel [...] beherrschen können*: Fast wörtlich nach Spinoza: *Tractatus theologico-politicus* [Anm. 10], lat. S. 92 f., dtsch. S. 45 f.).

[20] *daß ein Kalb [...] entwickelte*: Paraphrase von Spinoza: *Tractatus theologico-politicus* [Anm. 10], lat. S. 90; dtsch. S. 44.

[21] richtig: Vers 8.

[22] Dieser Paragraph folgt gedanklich und sprachlich sehr eng Hobbes: *Leviathan*, cap. 11 [Anm. 6], S. 93; dtsch. S. 81.

[23] Fast wörtliche Paraphrase von Spinoza: *Ethik* I, app., Opera, hrsg. C. Gebhardt. Heidelberg o. J. Bd. 2, S. 78 (dtsch. hrsg. O. Baensch. Hamburg 1976 [PhB 92], S. 78.

[24] Paraphrase von Spinoza: *Ethik* I, append., lat. S. 78 f.; dtsch. S. 40 f.

[25] Paraphrase von Spinoza: *Ethik* I, app., lat. S. 79; dtsch. S. 41 f.

[26] Dieser Satz gibt ein Argument Spinozas in entstellter und unverständlicher Form wieder. In der *Ethik*, deren Wortlaut der *Esprit*

näher ist [textkrit. Anm. 34], heißt es: »Aber während sie zu zeigen gesucht haben, daß die Natur nichts vergebens (d. h. nichts, was nicht dem Menschen von Nutzen wäre) tue, scheinen sie nichts anderes gezeigt zu haben, als daß die Natur und die Götter ebenso unsinnig seien wie die Menschen.«

[27] Spinoza: *Ethik* I, app., lat. S. 79; dtsch. S. 42. Spinozas Erläuterung, wodurch die Mathematik zur Beseitigung der zuvor genannten Vorurteile beigetragen hat, ist weggefallen: Als eine Wissenschaft, die nicht mit Zwecken, sondern allein mit dem Wesen und den Eigenschaften von Figuren befaßt ist (»quae non circa fines, sed tantum circa figurarum essentias, et proprietates versatur«), bietet die Geometrie auch für die Metaphysik ein methodisches Paradigma.

[28] Verkürzte Paraphrase von Spinoza: *Ethik* I, app., lat. S. 80 f.; dtsch. S. 42 f. Aus naheliegenden Gründen weggelassen sind Spinozas Ausführungen über die Unvereinbarkeit der Teleologie mit seinem Begriff der Gott-Substanz. Während Spinoza an dieser Stelle seinen philosophischen Gottesbegriff verteidigt, greift der *Traité* hier lediglich diejenigen Überlegungen Spinozas auf, die zeigen sollen, daß die anthropomorphistische Gottesvorstellung selbstwidersprüchlich und die teleologische Naturerklärung unfruchtbar ist.

[29] Vgl. Anm. 2.

[30] Paraphrase von Spinoza: *Ethik* I, app., lat. S. 81 f.; dtsch. S. 44 f.

[31] Paraphrase von Spinoza: *Ethik* I, app., lat. S. 82 f.; dtsch. S. 45 f.

[32] Paraphrase von Spinoza: *Ethik* I, app., lat. S. 83; dtsch. S. 47.

[33] Dieser Satz verkürzt Spinozas Gedankenführung erheblich und in charakteristischer Weise. Spinoza erklärt die Unvollkommenheiten in der menschlichen Sphäre im Rückgriff auf die alte metaphysische Denkfigur der ›lex continuitatis‹. Während dieser Gedanke zum Zeitpunkt des Erstdrucks unseres Textes noch dem philosophischen Denkstil entsprach und fast wörtlich übernommen wurde [textkrit. Anm. 67], fiel er der späteren, antimetaphysischen Bearbeitung zum Opfer. Bei Spinoza heißt es: »Wer aber fragt, warum Gott nicht alle Menschen so geschaffen hat, daß sie ausschließlich durch die Führung der Vernunft gelenkt werden, bekommt von mir zur Antwort: weil er Stoff genug hatte, um alles, von der höchsten bis zur niedrigsten Sufe der Vollkommenheit zu schaffen, bzw., um es angemessener zu sagen, weil die Gesetze seiner Natur so umfassend waren,

daß sie zur Hervorbringung alles dessen ausreichten, was von einem
unendlichen Verstand begriffen werden kann.«

³⁴ *in dem wir [...] sind*: Die bekannten Worte des Paulus auf dem
Areopag in Athen; *Apostelgesch*. 17,28. Wie Spinoza (Brief 73, an
H. Oldenburg, Opera [Anm. 23], Bd. 4, S. 307) haben sich viele
Pantheisten auf dieses Pauluswort berufen, so auch J.Toland: *Pan-
theisticon*. ›Cosmopoli‹ 1720, S. 55. Die Theologie mußte sich eigens gegen diesen Mißbrauch des Apostelwortes verwahren; vgl.
J. Staalkopff: *Vindiciae oraculi Paulini ad locum act. XVII.28, detor-
sioni B. de Spinoza oppositae*. In: Bibliotheca historico-philologico-
theologica. Class. 3, fasc. 3 (Bremen 1720) S. 470–492.

³⁵ Dieses Argument für die Materialität des Prinzips der Wirklichkeit verkürzt Spinozas Gedanken in *Ethik* I, prop. 3: »Von Dingen,
die nichts miteinander gemeinsam haben, kann nicht eines die Ursache des anderen sein.« Hieraus folgert Spinoza, daß die Gott-
Substanz als Ursache der res cogitantes und der res extensae neben
dem Attribut des Denkens (cogitatio) auch das der Ausdehung (ex-
tensio) hat (*Ethik* I, prop. 15, schol.).

³⁶ *Tertullian [...] verdammt worden.*: Dieser Passus ist fast wörtlich aus Hobbes: *Appendix ad Leviathan*, cap. 3, (zuerst in: Opera
philosophica, Amsterdam 1668, S. 360; dann auch Opera, hrsg.
W. Molesworth. London 1839–45, Bd. 3, S. 561) entnommen.

³⁷ Der in allen Ausgaben des *Traité* fehlerhaft zitierte Passus
wurde stillschweigend korrigiert nach der Tertullian-Ausgabe in
Migne: *Patrologia Latina*. Bd. 2, Sp. 162 C. – Ein Fragment aus
Tertullians verlorener Schrift *Adversus Apellem* bzw. *Adversus Apel-
letianos* a. a. O., Bd. 2, Sp. 1127 f.

³⁸ *Gesetz der Natur [...] machen wollte*: Einige scheinbar offen-
kundige sprachliche Anklänge (»Dieu, c'est-à-dire la nature«: Deus
sive natura) haben eine Anregung dieses Passus durch Spinoza bzw.
ein »assentiment à la métaphysique du philosophe d'Amsterdam«
vermuten lassen; vgl. B. E. Schwarzbach / A. W. Fairbairn: Sur les
rapports entre les éditions du »Traité des trois imposteurs« et la
tradition manuscrite de cet ouvrage. In: Nouvelles de la république
des lettres (1987) S. 117. Es handelt sich jedoch um eine Paraphrase
von Vanini: *De admirandis naturae* [Anm. 8], dial. 50, S. 366: »in
quanam religione vere & pie coli Deum vetusti Philosophi existima-
runt? [...] In vnica Naturae lege, quam ipsa Natura, quae Deus est
(est enim principium motus) in omnium gentium animis inscripsit.
Caeteras vero Leges nonnisi figmenta et illusiones esse asserebant,
non a cacodaemone aliquo inductas (fabulosum namque illorum

genus dicitur a philosophis), sed a Principibus ad subditorum paedagogiam excogitatas, et a sacrificulis, ob honoris et auri aucupium, confirmatas non miraculis, sed scriptura, cujus nec originale vllibi adinvenitur, quae miracula facta recitet et bonarum et malarum actionum repromissiones polliceatur, in futura tamen vita, ne fraus detegi possit. Quis enim, inquiunt, inde redux? Atque ita rusticana plebecula in servitio coërcetur, ob metum supremi Numinis, quod omnia inspiciat et poenis et praemiis cuncta compenset aeternis.« – Sicher wird kein Leser des 17. und 18. Jahrhunderts den fast wörtlichen und umso frivoleren Anklang der Formel vom ›in die Herzen eingeschriebenen Gesetz‹ an *Röm.* 2,15 überhört haben. Diese Formel wurde, gegen die Intentionen des Paulus, häufig von Verfechtern der Suffizienz einer natürlichen Moral bzw. Religion angeführt. In diesem Sinne findet sie sich auch in Spinozas *Tractatus theologicopoliticus* [Anm. 10], lat. S. 392 u. 394; dtsch. S. 195 u. 196.

Eine Paraphrase der Vanini-Stelle, die allerdings stark gekürzt ist und deshalb nicht als Vorlage dieses Passus des *Traité* gelten kann, findet sich auch im *Theophrastus redivivus*, hrsg. G. Canziani/G. Paganini. Florenz 1981/82, S. 395.

[39] Die unsinnige Lesart »Chanoine« (»Kanoniker«; vgl. textkr. Anm. 89) geht auf eine Fehllesung des Eigennamens »Chananias« (Hananja) zurück. Der gesamte Passus ist fast wörtlich entnommen: Spinoza: *Tractatus theol.-pol.* [Anm. 10]: »Ezechielis sententias adeo sententiis Mosis repugnantes invenerunt Rabini [...] ut fere deliberaverint ejus librum inter canonicos non admittere [...], nisi quidam Chananias in se suscepisset ipsum explicare« [lat. S. 92, dtsch. S. 45].

[40] Vgl. Anm. 2.

[41] Diese in der Aufklärung vieldiskutierte Problematik wurde auf Befehl Friedrich II. von Preußen als Gegenstand einer Preisfrage der Berliner Akademie der Wissenschaften ausgeschrieben; vgl. dazu W. Krauss: *Est-il utile de tromper le peuple? Ist der Volksbetrug von Nutzen?* Berlin 1966; ders.: *Eine politische Preisfrage im Jahre 1780.* In: Ders.: Studien zur deutschen und französischen Aufklärung. Berlin 1963, S. 63 ff. Nicht in allen Einsendungen wurde die Frage verneint.

[42] Dieser Paragraph folgt fast wörtlich Hobbes: *Leviathan*, cap. 12 [Anm. 6], S. 96; dtsch. S. 83 f.

[43] Vgl. die vorhergehende Anm.

[44] Dieser Paragraph folgt fast wörtlich Hobbes: *Leviathan*, cap. 12 [Anm. 6], S. 97; dtsch. S. 84.

[45] Paraphrase von Hobbes: *Leviathan*, cap. 12 [Anm. 6], S. 98; dtsch. S. 84 f.

[46] *Dieser [...] Glaubenslehren*: Dieser Passus folgt Hobbes: *Leviathan*, cap. 12 [Anm. 6], S. 98; dtsch. S. 85

[47] Dieser Paragraph folgt eng Hobbes: *Leviathan*, cap. 12 [Anm. 6], S. 99 f.; dtsch. S. 86.

[48] Vgl. die vorhergehende Anm.

[49] Dieser Paragraph folgt eng Hobbes: *Leviathan*, cap. 12 [Anm. 6], S. 101 f.; dtsch. S. 87.

[50] Die im letzten Viertel des 17. Jahrhunderts geführte Debatte über die heidnischen Orakel hat im *Traité* keinen Niederschlag gefunden. So fehlt jede Spur von A. van Dales *De oraculis ethnicorum* (Rotterdam 1683) wie von B. de Fontenelles *Histoire des oracles* ([1]1686), in der dieser u. a. eine Fallstudie über religiöse Betrügereien vorgelegt hatte; vgl. Kap. XVII: Fourberies des oracles manifestement découvertes (Œuvres diverses. Amsterdam 1742, Bd. 4, S. 428 ff.)

[51] Bei Justin dem Märtyrer (*Cohortatio ad gentiles* 10) findet sich zwar die Angabe, die Vorfahren des Moses seien Chaldäer gewesen, womit im antiken Sprachgebrauch die babylonischen Magier, Wahrsager und Astrologen bezeichnet wurden. Die in allen Drucken des *Traité* vorkommende Lesart »Justin Martir« beruht jedoch wahrscheinlich auf einer Verwechslung. Die besseren Handschriften haben die Lesart »Justin« (ohne das Epitheton); vgl. etwa *Le Fameux Livre des Trois Imposteurs Traduit du latin En françois*, hrsg. H. Dübi. Bern 1936, S. 35. Diese Namensform wird man nicht auf den Kirchenvater, sondern auf den Historiker Marcus Junianus Justinus beziehen. Dieser behauptet tatsächlich in seiner *Epitoma historiarum Philippicarum Pompei Trogi*, XXXVI,2,7-11, Moses sei der Sohn [!] des in den magischen Künsten bewanderten Joseph [!] gewesen. Auf diese Stelle der *Epitoma* Justins bezieht sich auch der *Theophrastus redivivus* [Anm. 38], S. 436.

[52] Gemeint ist Joseph; vgl. 1 *Mos.* 41, 33 ff.

[53] Hier ist dem Verfasser des *Traité* eine Verwechslung unterlaufen: *Busiris*, ein Unhold der griechischen Sage, der in Ägypten ausländische Reisende tötet, steht hier versehentlich für *Bokcharis*, jenen Pharao, unter dessen Herrschaft nach dem Bericht des alexandrinischen Historikers Lysimachos (überliefert bei Flavius Josephus: *Contra Apionem* I,105) die Juden aus Ägypten flohen.

[54] Diese Details über die Rettung des Moses, die sich nicht im biblischen Bericht (2 *Mos.* 2, 5 ff.) finden, folgen der Schilderung

dieser Ereignisse bei Flavius Josephus: *Antiquitates Judaicae* II,9,5.

[55] Vgl. *Apostelgesch.* 7,22.

[56] Ein verbreiteter Topos im Milieu von Ungläubigen und Spöttern (»infideles & Lucianistes«); vgl. dazu Naudé: *Apologie pour tous les grands personnages qui ont esté faussement soupçonnez de magie.* Paris 1625, S. 38, dessen Auskunft möglicherweise als Vorlage dieser Stelle gelten kann: »Moyse, qui [...] auoit esté instruit en toute la sagesse des Egyptiens, s'estoit aussi serui de cette Magie [...] pour faire ses miracles; [Naudé geht noch weiter:] & que Iesus Christ mesme l'auoit pratiqué«.

[57] Die korrekte Bezeichnung ›Nomarch‹ (griech. νομάρχης von νομός Provinz, Bezirk) für einen leitenden Beamten einer ägyptischen Provinz findet sich nur in den besseren Handschriften des *Traité*, so in dem von H.Dübi hrsg. Manuskript [Anm. 51], S. 36.

[58] *Nach sechs Tagesmärschen [...] widersprechen wage*: fast wörtlich nach Vanini: *De admirandis naturae* [Anm. 8], dial. 50, S. 361: »[...] post multa itineris pericula superata, ad tutum locum septimo die peruenere: idcirco diem illum Deo consecrandum mandauit Moises, vt suo imperio supremum Numen fauere ostenderet plebi, quae sic instructa, in Moisis seruitute facilius continebatur.«

[59] Gemeint ist die Erhebung der Rotte Korah gegen Moses (vgl. *4 Mos.* 16). Der *Traité* folgt der Schilderung der Ereignisse bei Flavius Josephus: *Antiquitates Judaicae* IV,2,2.

[60] Dieser Gedanke ist von Vanini: *De admirandis naturae* [Anm. 8], dial. 50, S. 361, inspiriert: »[Moses] viuus se in abissum deiecit, vt cum non adinueniretur, in Coelum eleuatum populus crederet«. Ähnlich Campanella, Atheismus triumphatus, cap. 36, Paris 1636, S. 185. Es ist bemerkenswert, daß diese Darstellung des Todes des Moses eine direkte Umkehrung dessen ist, was Flavius Josephus hierüber berichtet: »[...] plötzlich ließ sich eine Wolke auf ihn herab, und er entschwand in ein Tal. In den Heiligen Büchern aber hat er geschrieben, er sei gestorben, weil er fürchtete, man könnte sagen, er sei wegen seiner hervorragenden Tugenden zu Gott gegangen.« (*Antiquitates Judaicae* IV,8,48). In einer von Vanini unabhängigen Formulierung taucht der Gedanke auch im *Theophrastus redivivus* ([Anm. 38], S. 431) auf.

[61] *Zwar war [...] eingesetzt worden sei*: Paraphrase von Vanini: *De admirandis naturae* [Anm. 8], dial. 50, S. 361: »maiorem super omnes Patriarchas honorem Moises ambiebat, quare de se ipso sic

Deum locutum esse dicebat: Constitui te Deum Pharaonis«; vgl.
dazu 2 *Mos.* 7,1.

⁶² Vgl. 2 *Kön.* 2.

⁶³ Über Zamolxis (auch Zalmoxis, Salmoxis), den sagenhaften
Gesetzgeber der Thraker, berichtet Herodot (*Hist.* 5,94 f.): »Er ließ
sich ein unterirdisches Gemach bauen, und als es fertig war, machte
er sich den Thrakern unsichtbar. Er stieg nämlich in dieses Gemach
hinab und lebte drei Jahre in ihm. Die Leute sehnten sich nach ihm
und betrauerten ihn wie einen Verstorbenen. Im vierten Jahr erschien
er wieder bei ihnen; daraufhin glaubten sie an seine Lehren.«; vgl.
auch La Mothe le Vayer: *Petit discours Chrétien de l'immortalité de
l'âme.* Œuvres. Dresden 1756–1759 [Reprint Genf 1970], III/1,
S. 424). Eine Parallele zwischen den Machenschaften des Zamolxis
und der Auferstehung Jesu zog schon Kelsos (bei Origenes: *Contra
Celsum* 2,55).

⁶⁴ Vgl. die im *Esprit*, Kap. XVII, S. 167, zitierte Stelle aus G. Naudé: *Considerations politiques sur les coups d'état.* o. O., 1667, Kap. 3:
»Tous les anciens Législateurs voulant autoriser, affermir, & bien
fonder les Loix qu'ils donnoient à leurs Peuples, n'ont point eû de
meilleur moïen de le faire, qu'en publiant & faisant croire [...] qu'ils
les avoient reçûës de quelque *Divinité*«; als Beispiel wird anschlie-
ßend, wie im *Traité*, Numa Pompilius genannt.

⁶⁵ Über Numa Pompilius, den legendären zweiten König von Rom,
enthält die Fassung des *Esprit* ein eigenes Kapitel [s. die textkrit.
Anm. 142], das nur zu geringen Teilen in die Textfassung des *Traité*
übernommen wurde. Numa ist neben Mohammed eines der meistge-
nannten Exempel für den betrügerischen Einsatz religiöser Vorstellungen zu politischen Zwecken; vgl. Vanini: *De admirandis naturae*
[Anm. 8], S. 368 und Naudé: *Apologie* [Anm. 56], S. 244–269.

⁶⁶ *Egeria*: vgl. Plutarch: *Numa*, cap. 4; Naudé: *Apologie*
[Anm. 56], S. 50.

⁶⁷ Vergleiche zwischen dem biblischen Bericht von der Jungfrauengeburt Mariens mit Mythen der Antike finden sich bereits in der
antichristlichen Literatur der Antike; vgl. etwa Kelsos bei Origenes:
Contra Celsum 1,38. Direkte Vorlage dieses Passus ist eine Stelle bei
F. de la Mothe le Vayer. Wie bei vielen anderen Skeptikern des
französischen 17.Jh. ist auch in seinem Fall die ideologische Einordnung strittig. Ob er tatsächlich der fideistische und damit rechtgläu-
bige Skeptiker war, als der er auch im folgenden Zitat auftritt, oder
aber nicht – seinem Werk entnahmen Religionskritiker zahlreiche
Motive für ihre Zwecke; so auch der *Traité* diese Stelle: »[...] quant à

la naissance de Persée, je m'étonne, que Justin Martyr en ait parlé au sujet de celle du Fils de Dieu, Danaé n'aiant jamais passée pour une Vierge plus chaste que les autres maitresses de Jupiter.«; »Platon a été tenu pour le fils d'une Vierge & d'Apollon. Il faut prendre tels contes pour un artifice de celui, qui tâche [...] de diminuer, s'il pouvoit, la gloire de la Nativité de Nôtre Seigneur. [...] Peut-être étoit-ce par ce même motif, que les Egyptiens soutenoient, que l'esprit d'un Dieu, πνεῦμα θεοῦ, pouvoit engrosser une femme« (*De la vertu des payens* [¹1642]. Œuvres. Dresden 1756–1759, V/1, S. 132 f.).

⁶⁸ Hobbes: *Leviathan* [Anm. 6], S. 103; dtsch. S. 88 f.

⁶⁹ Der *Esprit* hatte dem biblischen Bericht von der Jungfrauengeburt die bei Kelsos (bei Origenes: *Contra Celsum* 1,32) belegte und von der antichristlichen Polemik vielfach aufgegriffene Legende von der Schwängerung Mariens durch einen römischen Soldaten namens Panthera entgegengesetzt; vgl. die textkritische Anm. 143.

⁷⁰ Wie die gedanklich verwandte Stelle im vorigen § [Anm. 67] folgt auch diese la Mothe le Vayer, der von der Meinung der »Tartares« berichtet, »que leur Cingis Cham [...] étoit fils d'une autre Vierge, qui l'avoit conçu des raions du Soleil« (*De la vertu des payens* [Anm. 67], V/1, S. 132 f.)

⁷¹ Es handelt sich um die leicht veränderte Fassung eines Gedichts von Claude de Chouvigny, Baron de Blot l'Eglise (1605–1655); vgl. F. Lachèvre (Hrsg.): *Les chansons de Claude de Chouvigny, Baron de Blot*, Paris 1919; auch in: A. Adam (Hrsg.): *Les libertins du XVIIᵉ siècle*, Paris 1986, S. 77. Diese Verse waren, meist ohne Verfasserangabe, im 18. Jahrhundert weit verbreitet; vgl. M.-H. Cotoni: *L'exégèse du Nouveau Testament dans la philosophie française du dix-huitième siècle* [Studies on Voltaire and the 18th Century 220]. Oxford 1984, S. 80.

⁷² Vgl. *Joh.* 8,7.

⁷³ Vgl. *Markus* 12,17.

⁷⁴ *Die Juden fragten [...] des Volkes ausgesetzt*: Paraphrase von Vanini: *De admirandis naturae* [Anm. 8], dial. 50, S. 357 f.: »Christus a Iudaeis interrogatus, num lapidibus obruenda esset adultera, non abnegat, quia lex obstabat: neque affirmat, quia crudelis animi praebuisset exemplum, quod complures a sua lege auocare facile poterat, sed respondit, *Qui sine peccato est vestrum, primus in illam lapidem mittat*, quare nemo adulteram damnare ausus est: alias petierunt Scribae, an Caesari tributo soluendo essent obnoxii. Negare veritus est, ne laesae Maiestatis reus diiudicaretur: affirmare noluit, quia Moisis legem euertebat: ipse autem (more nouitii Principis, qui

imbecilles cum sint ei vires, omnes veteres immunitates Regno se
conseruaturum pollicetur: at cum fortior euadit, promissis stare re-
cusat) in initio dixerat: Non veni soluere, sed adimplere legem, quam
tamen postea funditus clarus nomine euertit. Respondit igitur, *cuius
est haec imago*? At illi, Caesaris. concludit, *Reddite ergo quae sunt
Caesaris Caesari, & quae sunt Dei Deo*. Sciscitantibus Pharisaeis, in
qua potestate gentes edoceret, vndique esse angustias aduertit: si
dixisset in humana, mendacii redarguebatur, non enim Hebraeorum
sacris erat initiatus: diuinitus sibi datam autoritatem palam affirmare
non audebat ob metum Iudaeorum: igitur subtilissime ipse petiit, in
qua potestate Ioannes baptizaret: quare in pari periculo ipse consti-
tuit Pharisaeos: Deo tribuere Ioannis praedicationem Politica veta-
bat ratio: seipsos enim, qui ei reluctati erant, ilico condemnassent:
neque dicere audebant, Ioannis baptismum fuisse hominis inuenti-
unculam, nam credulae plebis iram sibi comparassent.«

[75] Offenbar nur eine Anspielung auf den aristotelischen Werktitel
De generatione et corruptione.

[76] Paraphrase einer Bemerkung Vaninis über das Ende der paganen
antiken Religion: »Cum igitur Ethnicorum Religionis senectus ac-
cessit, & corruptio instabat, primo corrumpi debebant illius legis
dispositiones: hae autem erant oracula, quae propterea desierunt,
atque illico in eius locum alia subrogata est legis forma vetustae e
diametro opposita: Verum quia haud facile homines de vna Religione
ad aliam pertranseunt, ideo in nouae legis aduentu admiranda opera
fiunt. Sane nulla est lex quae sui ortus miracula non depraedicet.«;
De admirandis naturae [Anm. 8], S. 386 f.

[77] Vgl. *Matth*. 24,23 ff.

[78] *Die jüdischen Propheten [...] Gesetzes finden*: Paraphrase von Vanini: *De admirandis naturae* [Anm. 8], dial. 50, S. 358 f.: »Sapientis-
sima sunt haec Christi acta, sed quod omnem superat admirationem,
illud est de Antechristi aduentu vaticinari, sic enim optime consultum
est Christianae legis aeternitati. [...] vetustae legis prophetae cecine-
runt Messiam futurum virum magnum, omnibus exornatum virtu-
tum dotibus, omni cultu, & veneratione dignissimum. Quare occa-
sionem praebebant compluribus fingendi se Messiam, vt illas praeex-
celsas nominis laudes, quae omnium titillant animos, consequeretur.
At Christus Prophetarum sapientissimus praedixit venturum nouum
legislatorem, suae legi aduersarium, qui erit Deo inuisus, assecla da-
emonum, vitiorum omnium sentina, & orbis desolatio: quare nemo
se finget Antechristum, cum nonnisi dedecus & infamiam inde con-
sequi possit: abeunte Christo, Christi lex perennabit.«

[79] Vgl. 2. *Thess.* 2.7.

[80] *Ebion*: der legendäre, aber lange als historische Figur geltende Gründer der judenchristlichen Bewegung der Ebioniten; *Cerinth*: Kerinthos, judenchristlicher Gnostiker des 1. Jh.; zu beiden vgl. Hippolyt: *Philosophumena* 10,21 f.

[81] *obwohl kaum etwas [...] seiner Göttlichkeit*: Dieser Passus ist übernommen aus Vanini: *De admirandis naturae* [Anm. 8], dial. 50, S. 357, wo ein offenbar fiktiver Dialog mit einem Religionsspötter referiert wird. Dieser sagt: »fabulosa sunt, [...] quae de Antechristo narrationes circumferuntur; nam Paulus asserebat iam iam Antechristi aduentum instare, cum tamen mille & sexcenti anni iam praeterierint absque vllo Antechristiani aduentus inditio. Respondebam ego, Diuum Paulum pronuntiasse de Ebione, & Cherinto [!], qui vere Antechristi dici potuerant, nam Christum Iesum diuinitate spoliare nitebantur«.

[82] Vgl. Anm. 2.

[83] Seit dem Zeitalter der Gegenreformation eine der meistkolportierten Anekdoten der antikatholischen Polemik. Am Ende des 17. Jh. findet sie sich nach der Zählung P. Bayles bei »trois ou quatre cens Auteurs plus ou moins«. (*Dictionaire [!] historique et critique*, Art. ›Léon X‹, rem. I, Amsterdam u. a. ⁵1740, II, S. 83).; vgl. auch die Variante dieser Anekdote im *Theophrastus redivivus* [Anm. 38], S. 512.

[84] Vgl. die Seligpreisung der Armen im Geiste *Matth.* 5,3. Hierzu Kelsos, bei Origenes: *Contra Celsum* 3,44: »Solches wird von ihnen geboten: ›Kein Gebildeter komme heran, kein Weiser, kein Kluger [...], sondern wer unwissend, unverständig, ungebildet und unmündig ist, komme heran.‹ Indem sie auf solche Weise solche Menschen als ihres Gottes würdig bezeichnen, ist offensichtlich, daß sie nur Einfältige und Unverständige und Sklaven, Frauen und Kinder überreden wollen und können.«; vgl. auch *Contra Celsum* 6,14.

[85] Vgl. Platon: *Phaidon* 110 b – 111 c.

[86] *Der Ursprung der Welt [...] erschaffen*: Wieder die tendenziöse Verwertung einer Stelle aus *De la vertu des payens* ([Anm. 67], S. 149) von La Mothe le Vayer, an der eine Lästerung nicht näher gekennzeichneter »impertinens« referiert wird: »[...] la Naissance du Monde étoit bien mieux couchée dans le Timée, que dans la Genese. Ce beau païs que Socrate décrit à Simmias dans le Phædon, avoit beaucoup plus de grace que le Paradis terrestre. Et la fable de l'Androgyne étoit sans comparaison mieux inventée que tout ce que

Moïse a dit de l'extraction d'Eve de l'un des côtés d'Adam.« La
Mothe le Vayer kehrt den Spieß um und setzt diesem Gedanken die
alte, schon von den Kirchenvätern formulierte These entgegen, daß
die platonischen Mythen Plagiate des Alten Testaments seien, das
Platon auf seiner Reise nach Ägypten kennengelernt habe: »Homere
& Platon ont déguisé dans leurs contes fabuleux ce qu'ils avoient
appris en Egypte des livres de Moïse«.

87 Vgl. *Daniel* 7,10; über den Unterweltfluß Pyriphlegethon vgl.
Platon: *Phaidon* 113 b 77. Umgekehrt hatte Tertullian (*Apol.* Kap.
47) Platons Bericht von diesem Fluß als Plagiat der alttestamentli-
chen Offenbarung bezeichnet.

88 *Gibt es [...] Philemon und Baucis erzählt*: Dieser Abschnitt
folgt über weite Strecken wörtlich La Mothe le Vayer: *De la vertu des
payens* [Anm. 67], S. 149–151.

89 Vgl. Platon: *Symp.* 189 d–193 d.

90 Fast wörtliche Übernahme aus La Mothe le Vayer: *De la vertu
des payens* [Anm. 67], S. 148 f.: »Nous voions dans Origene que
Celsus avoit eu assez d'impieté pour soutenir que Jesus Christ tenoit
de Platon les plus belles sentences qu'il eût dites, & particulierement
celle qui porte, qu'un chameau [...] passeroit plus aisément par le
trou d'une aiguille, qu'un homme riche n'entreroit au Roiaume des
Cieux.« Den Gedanken des Kelsos, daß das Wort vom Reichen und
dem Himmelreich (*Matth.* 19,24 und *Luk.* 18,25) Platon entlehnt
sei, hat Origenes (*Contra Celsum* 6,16) überliefert. Kelsos hatte
wohl *Nomoi* V, 743 a ff. im Auge.

91 Auffällig ist die Betonung der Genügsamkeit Epikurs, die dem
landläufigen Bild des hedonistischen Epikureers widerspricht. Ähnliche Stilisierungen finden sich häufig in der Literatur der im 17.
Jahrhundert verstärkt einsetzenden Epikur-Renaissance (P. Gassendi: *De vita et moribus Epicuri.* 1647; S. Sorbière: *De la vie, des
mœurs et de la réputation d'Epicure.* 1652), der daran gelegen war,
dem Philosophen den Makel des Hedonismus zu nehmen. Regel-
recht asketische Züge verleiht ihm J. F. Sarasin in seinem *Discours de
morale sur Epicure* (1645/46); Auszüge in: Adam (Hrsg.): *Les libertins* [Anm. 71], S. 206–215.

92 *es sei besser [...] Freude sei*: Paraphrase von Epikur: *Ratae
sententiae* (Κύριαι δόξαι) 3. Die Ausführungen über Epikur folgen,
stellenweise wörtlich, La Mothe le Vayers *De la vertu des payens*
[Anm. 67], S. 271–273.

93 Das Beispiel Epiktets hatte schon Kelsos (bei Origenes: *Contra
Celsum* 7,53) der Passion Christi entgegengestellt. Der *Traité* folgt F.

de la Mothe le Vayer: *De la liberté et de la servitude*. Œuvres [Anm. 67], Bd. III/1, S. 215 f.: »En effet, quoiqu'il se vit reduit à la dure condition de servir, & d'être l'un des esclaves d'Epaphrodite, Capitaine des gardes de Neron, il parut toûjours incomparablement plus libre que son Maître. Un jour qu'Epaphrodite lui donna quelque rude coup par la jambe, Epictete lui dit froidement qu'il prit garde de ne la lui pas rompre. Ce bourreau aiant redoublé à l'instant de telle sorte qu'il lui en cassa l'os, Epictete ajoûta avec un soûris digne d'être admiré de tous siècles, Ne vous l'avois-je pas bien dit, que vous jouïés à me rompre la jambe? Je sais bien qu'Origene a remarqué l'impieté de Celsus, d'avoir osé préférer là-dessus Epictete à Jesus-Christ. Mais cela n'empêche pas que la vertu du premier ne mérite beaucoup d'estime, encore qu'il n'y ait nulle proportion de Dieu à nous, & du Créateur à la créature.«; vgl. dazu: J.-E. d'Angers: *Stoicisme et »libertinage« dans l'œuvre de François la Mothe le Vayer*. In: Ders.: Recherches sur le stoicisme aux XVIe et XVIIe siècles, hrsg. L. Antoine. Hildesheim/New York 1976, S. 481–506.

[94] *Arrians Buch*: Die erhaltenen einschlägigen Schriften, u. a. von Arrian, bietet die Sammlung *Epicteteae philosophiae monumenta* Bd. I–V, hrsg. J. Schweighäuser. Leipzig 1799/1800 [Reprint Hildesheim/New York 1977].

[95] Vgl. Anm. 2.

[96] Vgl. *Luk*. 6,1.

[97] Vgl. *Luk*. 24.

[98] Anspielung auf das Damaskuserlebnis des Paulus, *Apostelgesch*. 9,3ff.

[99] *Korais* (Kuraish) war kein Zeitgenosse Mohammeds, sondern der sagenhafte Ahnherr der Kuraishiten, eines in Mekka ansässigen Stammes, der Mohammed anfänglich bekämpfte. Vermutlich hat der Verfasser des *Traité* versehentlich eine Episode aus den von ihm ausgiebig benutzten *Antiquitates Judaicae* des Flavius Josephus in die Mohammedbiographie eingeblendet. Bei Josephus (IV,2,2) wird die Erhebung der Rotte Korah (bei Josephus »Kores« genannt) mit den folgenden, im *Traité* an dieser Stelle fast wörtlich wiederkehrenden Worten beschrieben: »Kores, ein durch Abkunft und Reichtum hervorragender Hebräer, gewandt im Reden und in der Behandlung des einfachen Volkes, sah neidisch auf die hohe Würde des Moses [. . .] und ärgerte sich darüber.«

[100] *Und er überredete [. . .] geraten könnte*.: Die vielfach (Naudé: *Apologie* [Anm. 56], S. 232 f.; Bayle: Art. *Mahomet*, rem. V

[Anm. 83], Bd. 3, S. 263; *Theophrastus redivivus* ([Anm. 38], S. 520 f.) erzählte Geschichte wird hier nach Vanini wiedergegeben, *De admirandis naturae* [Anm. 8], dial. 57, S. 442: »impius Mahumetus socio persuasit vt in foueam delitesceret, vt cum ipse magna stipatus caterua eo aduenerit, has ederet voces. *Ego Deus vobis omnibus testor Mahumetum super omnes gentes a me prophetam magnum constitutum,* atque ita ex animo successit. Sed metuens, ne conficta fabella detegeretur, ad populum iam fascinatum conuersus, Dei nomine illi dedit in mandatis, vt quemadmodum Iacobus lapidem erexit in loco vbi Deus apparuit, sic illi singuli in puteum illum deuotionis ergo lapidem proiicerent, & sic miser ille lapidibus obrutus interiit, atque ita illi lapides Mahumeticae Sectae fundamenta extiterunt adeo firma vt per mille annos in suo robore & augmento fuerit, nec ruinae adhuc vllum apparet inditium [!].«

101 Die *Vie de Mahomed* (¹ 1730) des Comte de Boulainvilliers ist – die im *Traité* zitierte Stelle gibt einen Eindruck davon – eine stark sympathisierende Darstellung von Leben und Werk des Propheten. Um so verwunderlicher, daß der anonyme Verfasser des *Traité* aus ihr zitiert. – In der christlichen Polemik gegen den Islam taucht das Betrugsmotiv immer wieder auf; ein häufig aufgelegtes (und von Boulainvilliers mehrfach kritisch kommentiertes) Buch führt es programmatisch im Titel: H. Prideaux: *The True Nature of Imposture fully display'd in the Life of Mahomet.* London 1697; mehrfach übersetzt, vgl. etwa: *La vie de Mahomet, Où l'on découvre amplement la verité de l'imposture.* Amsterdam 1699 u. ö.; vgl. auch von demselben Vf.: *A Discourse For the Vindicating of Christianity from the Charge of Imposture.* London ⁵1712.

102 Der formelhaften Wiedergabe der Grundthesen der Metaphysik Spinozas fallen dessen Differenzierungen, wie etwa im Hinblick auf den Naturbegriff, zum Opfer. Die in der *Ethik* (I, prop. 29, schol.) getroffene Unterscheidung zwischen der schaffenden Natur (natura naturans, d. i. die Substanz) und der geschaffenen Natur (natura naturata, d. i. die Sphäre der Modi und der Einzeldinge) wird im *Traité* – seiner materialistischen Tendenz entsprechend – bewußt eingeebnet.

103 *Da Gott [...] Ursache:* Vorlage dieser Stelle ist Spinozas Brief an H. Oldenburg (Ep. 73), Opera [Anm. 23], Bd. 4, S. 307; dtsch. Briefwechsel, hrsg. M. Walther. Hamburg 1977 [PhB 96a], S. 276; zum Begriff der ›causa immanens‹ vgl. auch *Ethik* I, prop. 18.

104 Diese Formulierung folgt Spinoza: *Tractatus theologico-politicus* [Anm. 10], lat. S. 148; dtsch. S. 73.

[105] Die grob-holzschnittartigen und z. T. unzuverlässigen doxo-graphischen Ausführungen dieses und der folgenden Paragraphen folgen G. Lamy: *Discours anatomiques*. Rouen [1]1675, S. 104: »[...] il y a sur ce sujet [sc. l'âme] un labyrinthe d'opinions. Pour ne pas s'y égarer, [...] je divise les philosophes en deux sectes, dont les uns ont cru que l'ame est incorporelle, & les autres qu'elle est corporelle.« Lamy selbst ist großenteils den Auskünften von Aristoteles (*De anima* I,2) und Cicero (*Tusculanae disputationes* I, 19 ff.) verpflichtet.

[106] Vgl. Lamy: *Discours* [Anm. 105], S. 105: »Pythagore & Platon, avec leurs sectateurs, ont esté de la première opinion, & ont pensé que l'ame est une nature qui se meut d'elle mesme, & que toutes les ames particulieres des animaux sont des portions de l'ame universelle du monde, incorporelles, immortelles, en un mot, de mesme nature qu'elle; comme on conçoit que mille petits feux sont de mesme nature qu'un grand d'où ils ont esté pris.«

[107] Fast wortgetreue Paraphrase von Lamy: *Discours* [Anm. 105], S. 105 ff.

[108] P. Bayle: Art. *Averroes*, rem. E, Dictionaire [!] historique et critique, Amsterdam u. a. [5]1740, Bd. 1, S. 385.

[109] Fast wortgetreue Paraphrase von Lamy: *Discours* [Anm. 105], S. 109 f.

[110] *Dikaiarch*: 4./3. Jh. v. Chr., Schüler des Aristoteles. Als Vertreter der Ansicht, es gebe keine Seele, zitiert ihn Cicero: *Tusculanae disputationes* 1, 21; vgl. auch den ihm gewidmeten Artikel in Bayles *Dictionnaire* [Anm. 108].

[111] *Asklepiades* von Bithynien, Mediziner des 1. Jh. v. Chr.; über ihn vgl. Tertullian: *De anima*, cap. 15 [Migne: *Patrologia Latina*, Bd. 2, Sp. 666].

[112] Vgl. Galen: *Quod animi mores corporis temperamenta sequantur*. Opera omnia, hrsg. C. G. Kühn. Leipzig 1821–33 [Reprint Hildesheim 1965]. Bd. 4, S. 767–822; zu Galens Seelenlehre und deren Fortwirken bis in die Neuzeit vgl. den Sammelband: P. Manuli / M. Vegetti (Hrsg.): *Le opere psicologiche di Galeno*. Neapel 1988.

[113] Fast wortgetreue Paraphrase von Lamy: *Discours* [Anm. 105], S. 110 ff.

[114] *Diogenes* von Sinope, der Kyniker; zu seiner Theorie der Seele vgl. Aristoteles: *De anima* I 2, 405 a 21 f.

[115] *Leukipp und Demokrit*: vgl. Aristoteles: *De anima* I 2, 403 b 31 ff.

[116] Vgl. die hippokratische Schrift *Regimen* (Περὶ διαίτης) I,25. Hippokrates: Opera omnia, hrsg. E. Littré. Bd. 6. Paris 1849 [Reprint Amsterdam 1962], S. 497.

[117] *Empedokles*: vgl. Aristoteles: *De anima* I 2, 404 b 11 ff.

[118] Vgl. Epikur: *Epist. ad Herodotum* 63 ff., sowie die Darstellung der epikureischen Seelenlehre bei Lukrez: *De rerum natura*, Buch III.

[119] Vgl. Descartes: *Meditationes* II,2ff.

[120] Die Formulierung dieses Arguments im *Esprit* (s. die textkrit. Anm. 254) ist deutlicher: Es ist zwar möglich, nicht an die Existenz von Körpern zu denken; man kann aber nicht an der Existenz von Körpern zweifeln, wenn man an sie denkt; vgl. auch den zweiten Absatz der folgenden Anm.

[121] *Zuerst, sagt er [...] die anderen Philosophen*: Die Descartes-Kritik verkürzt die Ausführungen Lamys erheblich; vgl. *Discours* [Anm. 105], S. 111 ff.: »Descartes [...] a proposé son opinion d'une maniere particuliere [...]. Il a pensé, ou pour le moins il a dit tout le contraire des autres Philosophes. Tous, excepté luy, ont cru que le corps est beaucoup plus facile à connoistre que l'ame, & la pluspart ont avoüé qu'ils ne pouvoient déterminer ce que c'est que l'ame; luy au contraire assure qu'elle se connoist plus aisément que le corps. Cependant il propose des moyens qui ne sont pas fort aisez à prendre; il veut qu'on doute de l'existence de tous les corps, sans qu'un chacun epargne le sien même; et comme si le doute universel estoit trop peu de chose, il veut qu'on se persuade qu'il n'y a point de corps, après quoy chacun doit raisonner de cette maniere, Il n'y a point de corps, je suis pourtant, donc je ne suis pas un corps; qui suis-je donc? le voila trouvé; Je suis une substance qui pense. En verité, je ne puis me persuader qu'un esprit aussi beau que Descartes ait icy parlé serieusement.

Premierement, le doute qu'on propose est impossible, on peut bien détourner son esprit de penser qu'il y a des corps, mais non pas douter qu'il y en ait quand on y pense.

Secondement, avant que de pouvoir dire, je ne croy point du tout qu'il y ait de corps, il faut que cet estre qui dit cela soit assuré qu'il n'en est pas un, car il ne peut douter de soy-mesme, comme Descartes l'avoüe; or s'il en est assuré son doute est inutile.

En troisiéme lieu, quelle nouvelle découverte touchant la nature de l'ame nous fait-il faire par ce chemin, il nous apprend que l'ame est une substance qui pense, qui l'a jamais ignoré? S'agit-il de cela? quelque opinion qu'on ait de la nature de l'ame, avoüe-t-on pas

toujours qu'elle est une substance, ou du moins une chose qui pense? Mais c'est la difficulté de déterminer ce que c'est que cette substance qui pense, dont il donne encore moins d'idée que tous les autres.

En quatriéme lieu il suit de son opinion, que les animaux n'ont point de connoissance, ce qui choque le bon sens, & il faut en avoir moins qu'eux pour le croire. Je sçay aussi certainement qu'un Perroquet a de la connoissance, comme je sçay qu'un Estranger en a, & les mesmes marques qui sont pour l'un, sont pour l'autre.

En cinquiéme lieu, il ne peut répondre aux Arguments d'Epicure, comme on pourra le voir si on l'examine.

Enfin, il ne sçauroit luy mesme accorder ce qu'il dit. Le corps & l'ame sont deux natures entierement opposées; selon luy le corps n'est capable que de mouvement, l'ame que de connoissance; donc il est impossible que l'ame agisse sur le corps, ny le corps sur l'ame. Que le corps se meuve, l'ame qui n'est sujette aux Loix du mouvement, n'en ressentira aucune atteinte. Que l'ame pense, le corps n'en ressentira rien, puis qu'il n'obeït qu'au mouvement. Cependant il est tres certain que l'ame ressent les domages du corps; que le corps obeït aux volontez de l'ame; & ainsi l'opinion de Descartes n'est qu'une chimere qu'il a faite à dessein de voir, comme on la recevoit dans le monde, ou pour d'autres raisons qu'on peut bien deviner.«

[122] Auch dieser Paragraph ist stark von Lamys *Discours anatomiques* abhängig. Aus der hier von Lamy formulierten Hypothese über Ursprung und Beschaffenheit der *Tier*seelen und der *vegetativen* Seele des Menschen macht der Kompilator des *Traité* eine materialistische Theorie auch der menschlichen Seele insgesamt. Bei Lamy heißt es: »La plus vraysemblabe opinion qu'on puisse avoir de l'ame des animaux [. . .] est celle que je vais vous dire. Il est certain qu'il y a dans le monde un esprit trés subtil, ou une matiere trés deliée & toujours en mouvement, dont la plus grande partie, & pour ainsi dire la source est dans le Soleil, & le reste est répandu dans tous les autres corps plus ou moins selon leur nature & leur consistence. C'est assurément l'ame du monde, qui le gouverne & le vivifie, dont toutes les parties ont quelque portion. C'est le feu le plus pur de l'Univers, qui de soy ne brûle pas, mais par les differents mouvements qu'il donne aux particules des autres corps où il est insinué, il brûle & fait ressentir la chaleur. Le feu visible a beaucoup de cet esprit, l'air aussi; l'eau beaucoup, la terre trés-peu. Entre les mixtes, les mineraux en ont le moins, les plantes plus, & les animaux beaucoup davantage. C'est ce qui fait leur ame, qui enfermée dans leurs corps devient

capable de sentiment. [...] L'ame donc de l'animal est ce que nous
apellons les esprits animaux, qui se distribuënt dans toutes les parties
du corps: or comme les os n'ont pas de sentiment, quoy qu'ils ayent
un peu de cet esprit animal, de mesme les mineraux, les plantes, & les
Elements, quoy qu'ils ayent une portion de cet esprit, que je nomme
l'ame du monde, ils n'ont pas de sentiment pour cela, & ne sont pas
par consequent des animaux; parce qu'outre cet esprit, il faut un
mélange d'humeurs, & une structure particuliere d'organes pour
faire un animal.« (S. 114–116).

[123] vgl. dazu J. S. Spink: *Libertinage et »Spinozisme«: La théorie
de l'âme ignée.* In: French Studies 1 (1947) S. 218–231.

[124] Die These von der Sterblichkeit der menschlichen Seele folgt –
mit wörtlichen Anklängen, aber in tendenziöser Verdrehung –
gleichfalls Lamy, dessen Theorie sich ausschließlich auf die Tierseelen und die vegetativen Seelenvermögen sowie die »âme sensitive«
des Menschen bezieht, die seiner Ansicht nach in der Tat sterblich
sind. Erörterungen über die Vernunftseele («âme raisonnable») des
Menschen und ihre Unsterblichkeit sind dagegen nicht Sache des
Mediziners, sondern werden strikt dem Zuständigkeitsbereich der
Theologie zugeordnet: »Dans l'homme, outre cette ame qui se dissipe dans la mort, comme celle des bestes, la foy nous enseigne qu'il y
en a une immaterielle & immortelle, qui sort immédiatement des
mains de la Divinité, & qui est unie au corps par le moyen de l'esprit
dont j'ay parlé. C'est elle qui est le principe de nos raisonnemens, &
qui porte en soy-mesme cette inclination naturelle à tous les hommes, de connoistre une Divinité, mais comme elle n'est connüe
certainement que par la foy; c'est aux Theologiens à nous dire de sa
nature ce que nous en devons croire«. *Discours* [Anm. 105], S. 116 f.
Die (von seinen Gegnern häufig als vorgetäuscht angesehene) Anerkennung der Unsterblichkeit der Vernunftseele als *Glaubenssatz*
betont Lamy auch in seiner späteren Schrift *Explication mechanique
et physique des fonctions de l'ame sensitive.* Paris 1677, S. 26. Mit
derselben Tendenz wie der *Traité* hat der anonyme Verfasser der in
den 1720er Jahren entstandenen Abhandlung *L'âme matérielle* diese
Passage von Lamy übernommen; *L'âme matérielle. Édition critique
avec une introd. et des notes par A. Niderst.* Paris 1973, S. 170; vgl.
auch 136 ff., 168.

[125] *Einige haben [...] verdickten*: Paraphrase von Hobbes: *Leviathan*, cap. 45 [Anm. 6], S. 638; dtsch. S. 487.

[126] *Waren diese [...] Macht*: Paraphrase von Hobbes: *Leviathan*,
cap. 45 [Anm. 6], S. 638; dtsch. S. 488.

127 Dieser Paragraph ist eine Paraphrase von Hobbes: *Leviathan*, cap. 45 [Anm. 6], S. 638 f; dtsch. S. 488.

128 Dieser Paragraph ist eine Paraphrase von Hobbes: *Leviathan*, cap. 45 [Anm. 6], S. 639; dtsch. S. 488.

129 Dieser Paragraph ist eine Paraphrase von Hobbes: *Leviathan*, cap. 45 [Anm. 6], S. 639; dtsch. S. 488 f.

130 *Wäre dies [...] behauptet hatte*: Tendenziöse Paraphrase von Hobbes: *Leviathan*, cap. 45 [Anm. 6], S. 643: »But if there be no immaterial spirit, or any possession of men's bodies by any spirit corporeal, it may again be asked, why our Saviour [...] did not teach the people so [...]. But such questions as these, are more curious, than necessary for a Christian man's salvation. Men may as well ask why Christ, that could have given to all men faith, piety, and all manner of moral virtues, gave it to some only, and not to all.« (dtsch. S. 491).

131 *Um aber [...] wohnten*: Paraphrase von Hobbes: *Leviathan*, cap. 38 [Anm. 6], S. 448 f.; dtsch. S. 349.

132 Die Annahme zweier Prinzipien hatte Pierre Bayle als eine Hypothese, die den Ursprung des Übels klären könne, in die Diskussion gebracht. Der einschlägige Artikel ›Manichéens‹ seines *Dictionnaire* [Anm. 83] löste (zumal im Zusammenhang mit dem Theodizeeproblem) eine der wichtigsten Debatten der Aufklärungszeit aus. Um so erstaunlicher, daß Bayle auch in der Endfassung des *Traité* (von einem unbedeutenden Verweis abgesehen; vgl. Anm. 108) überhaupt nicht präsent ist.

NAMENREGISTER*

---

* Kursivierte Ziffern geben die gleichlautenden Anmerkungsnummern des kritischen Apparates unter dem französischsprachigen Text an.

SACHREGISTER*

---

* Kursivierte Ziffern geben die gleichlautenden Anmerkungsnummern des kritischen Apparates unter dem französischsprachigen Text
an.

René Descartes · Philosophische Bibliothek: Neuübersetzungen

Die Prinzipien der Philosophie

Lateinisch–deutsch. Vollständig neu übersetzt, mit einer Einleitung und Anmerkungen hrsg. von Christian Wohlers. PhB 566. 2007. LXII, 711 Seiten.

Discours de la méthode

Französisch-deutsch. Übersetzt, mit einer Einleitung herausgegeben von Christian Wohlers. PhB 624. 2011. LXXVII, 218 Seiten.

Meditationen über die erste Philosophie

Übersetzt und herausgegeben von Christian Wohlers. PhB 596. 2009. 112 Seiten.

Meditationes de prima philosophia. Meditationen über die Grundlagen der Philosophie

Lateinisch-deutsch. Vollständig neu übersetzt, mit einer Einleitung hrsg. von Christian Wohlers. PhB 597. 2008. LVII, 214 Seiten.

Meditationen. Mit sämtlichen Einwänden und Erwiderungen

Vollständig neu übersetzt, mit einer Einleitung herausgegeben von Christian Wohlers. PhB 598. 2009. 651 Seiten. 978-3-7873-1888-9.

Regulae ad directionem ingenii. Cogitationes privatae. Regeln zur Ausrichtung der Geisteskraft – Private Gedanken

Lateinisch-Deutsch. Übersetzt und herausgegeben von Christian Wohlers. PhB 613. 2011. LXXXVII, 269 Seiten.

 Meiner 100 Jahre